曹顺庆教授

曹顺庆教授于 1984 年参加比较文学讲习班暨教学研讨会

曹顺庆教授向导师杨明照先生求教

2022 年 3 月比较文学慕课团队录制慕课，曹顺庆教授与同学们在明远湖畔合影

2019 年曹顺庆教授率队赴美国宾夕法尼亚州立大学参加国际学术会议

赵渭绒老师带领 2016 级本科生到曹顺庆教授家里进行学术访谈并合影

赵渭绒老师带领本科生采访赵毅衡先生

（一）

（二）

（三）

（四）

部分比较文学本科课程学生刊物封面

序言一

四川大学校长　中国工程院院士　李言荣

一所大学的本质就是培养人才和创造知识，这是大学之所以存在的根和本。对于优秀人才的培养，成功的学校尽管路径各不相同，但有一点却是共通的，就是都拥有一支优秀的教师队伍。西南联大当年之所以能在非常艰苦的条件下培养出众多群贤英才，其关键就在于名师大家荟萃；126 年来四川大学能够为国家和地方经济社会发展源源不断地输送包括学术精英、兴业之士和管理骨干在内的 70 多万名各类优秀人才，就是因为有一代又一代大师巨匠潜心育人、默默耕耘。

从 1980 年来到四川大学，曹顺庆教授就扎根巴蜀大地立德树人、孕育桃李。曹老师是四川大学杰出教授、欧洲科学与艺术院院士、中国比较文学学会第四任会长、国批博士生导师、国家级教学名师。作为学者，他方向明、主义真、学问高、德行正，在比较文学乃至整个文学领域发出川大声音，取得了累累硕果，可以说是川大文科的一面旗帜；作为教师，他教书育人、言传身教，用自己的丰富阅历、学术造诣、人格魅力去影响和带动每一位学生。从教四十年来，曹老师视学术为生命，以教育为己任，笔耕不辍，孜孜不倦。特别是育人路上，曹老师以学生为中心，持之以恒创新探索拔尖人才培养的思路路径，为教育事业无私奉献，为川大发展尽心尽力。

《文明互鉴 德沃群芳——曹顺庆教授四十年本科教学改革与比较文学学科建设》全面回顾与总结了曹老师四十年本科教学改革与四川大学比较文学学科建设历程。全书从本科教学改革历史、比较文学学科建设、教学改革特色、教学团队建设、国际学者走进本科课堂、比较文学学科拔尖人才培养与可持续发展六个章节全面总结了曹老师在本科教学改革中拔尖人才培养方面的经验。这既是曹老师人才培养理念与实践的生动展示，也是川大拔尖人才培养的缩影和体现。

拔尖人才培养是一个长周期、慢变量的工作，而且每所高校的实际不同，是不能简单复制的。包括曹老师在内的川大人都认为拔尖人才不仅要对所从事的学科有兴趣、有潜质，更重要的是要与使命感结合起来。如果一个学生没有使命感、没有志存高远的精神、没有将个人成长与国家命运结合起来，是难以成为栋梁的。曹老师就是用他的身体力行去影响、带动、引导学生。作为比较文学领域的权威，他开创的比较文学变异学理论使比较文学中国学派在世界学术舞台上发出了自己的声音。尤其在培养学生的过程中，他强调独立思考能力，鼓励学生要勇于提问、提真问题，以问促思、以思促学，从而自豪地面对世界、自信地面对未来，讲好中国故事，体现中国实力，展示中国风采。

拔尖人才并没有固定的标准，但共同的特质都是拥有扎实的基础和宽广的视野，这样他们才能站得更高、走得更远。所谓“根深才能叶茂”，曹老师就很重视学生基础的培养，早在 1995 年曹老师就在研究生中开设了中国文化元典课程，鼓励学生读“十三经”、背《文心雕龙》，他常常随机点名，让学生起来背诵一段，然后打断，再抽下一位同学接上，就是为了让学生能够保持专注，让同学们能够把精力集中到重要的事情上来。为了更好地拓展学生的视野，曹老师鼓励学生参加学术活动、短期访学，打开更多的观察世界的窗口。每次外出开会或讲学，曹老师也常常带着学生，如果是男生，他会和学生共住一个房间，天上地下、天南海北地聊到深夜。曹老师也是川大较早实践通识教育的教师，为了让学生在探索自然科学的同时感悟文化和艺术的熏陶，曹老师主持的“中华文化”课程，突出对世界及中华优秀文化的教育与熏陶，让学生以更加开放的心态学习和借鉴其他文明的优秀成果，了解人类文明发展的过程和现实世界。

教育是良心活，也是用心活。我们期望，本书能给包括川大教师在内的广大教育工作者带来启迪和思索，把更多的时间、更多的精力、更多的爱心放到学生身上，放到人才培养上，放到教学工作上，真正做到立德树人，努力培养更多的优秀人才。

李言荣

2022 年 5 月 23 日

序言二

Menber of the European Academy of Sciences,
Professor, University of Leuven, Netherlands
Theo D'haen

It is a pleasure for me to write the foreword to the present collection of teaching reform essays resulting from Professor Cao Shunqing's national education reform project under the auspices of the Ministry of Education of China, "Cultivation and Practice of Top-notch Innovative Talents in Literature, History, and Philosophy".

Taking as his example the famous mid-twentieth-century literary scholar Qian Zhongshu, Professor Cao Shunqing notes that in the present era there is a dearth of what the French would call "maîtres *à* penser" or "academic masters." To remedy this situation, top talents in the humanities, next to an innovative spirit, should be equipped with a broad understanding of the ancients along with a profound knowledge of the present. They should have a comprehensive understanding of both Chinese and Western cultures. Finally, they should be well-versed in both the arts and the sciences. This book focuses on the practice and achievements of Professor Cao Shunqing′s undergraduate teaching reform and Comparative Literature Discipline Construction in the past 40 years. As such, it vividly details how the teaching practice of Professor Cao Shunqing has contributed to cultivating superior and innovative talents in the humanities, specifically in the study of literature, history, and philosophy.

Focusing on the cross-integration of the new liberal arts, Professor Cao Shunqing's project aims to improve the talent training mechanism, innovate the talent training model, and explore the experience of talent training. Instilling top-notch innovative talents in the fields of literature, history, and philosophy with both humanistic feelings and scientific literacy, the project promotes the construction of a "new liberal arts" model for the humanities. To this end, Professor Cao Shunqing in his own educational practice teaches students to productively communicate. He has them recite the Chinese Classics. He encourages them to express their opinions and expound and explore international cutting-edge literary theories. He stimulates students to participate in academic conferences, also international, often leading a group of them in doing so. He guides students to finish their dissertation. In his seminars students can talk freely and discourse cultures and civilizations. Highlighting the various dimensions of Professor Cao Shunqing's academic and educational practice such as the profound study of Chinese civilization and culture, the integration of Chinese and Western knowledge and learning, inviting and inciting Western and Chinese academics to learn from one another, but also the development of academic career paths and academic innovation, the combination of personality development and academic ambition, self-improvement and academic contribution, and much more, the essays here gathered comprehensively summarize how the teaching reform achievements of Professor Cao Shunqing over the past 40 years could be replicated, promoted and used for reference throughout China.

Theo D'haen

May 10, 2022

序言二（中文版）

欧洲科学院院士、荷兰鲁汶大学教授　德汉（Theo D’haen）

很高兴能够为曹顺庆教授主持的教育部国家级立项教改项目“文史哲拔尖创新人才培养与实践”成果论文集撰写序言。

以二十世纪中叶的著名文学家钱锺书为例，曹顺庆教授指出，当今时代缺乏法国人所谓的“maîtres *à* penser”或“学术大师”。要扭转这种局面，这就要求人文学科的顶尖人才除了应具有创新精神，还应该体现出博古通今、学贯中西、文理皆通的学术修养。

本书聚焦于曹顺庆教授从教四十年来本科教学改革与比较文学学科建设的实践与成效。它生动地详述了曹顺庆教授如何培养人文学科文史哲拔尖创新人才的教学实践。曹顺庆教授的教改项目围绕新文科背景下的学科交叉与融合，旨在完善人才培养机制，创新人才培养模式，探索人才培养经验，培养兼具人文情怀与科学素养的文史哲学科拔尖创新人才，推进文史哲领域新文科建设实践。为此，他在教育实践中与学生形成了富有成效的交流模式：他要求学生背诵中国古代文论经典；他鼓励学生发言提问；他引导学生探索国际前沿文学理论；他带队参加学术会议、国际会议；他指导学生写作论文；在他的研讨会上，学生们可以畅所欲言，探寻文化与文明的脉络。该文集突出了曹顺庆教授学术和教育实践的多维度，从文明传承与中华文化学习、文明互鉴与中西学术融通、学术路径与学术创新、人格养成与学术志向、自强不息与学术贡献等层面，全方位总结了曹顺庆教授从教四十年来的教学改革成果，形成在全国可复制、可推广、可借鉴的教学改革经验。

西奥·德汉

2022 年 5 月 10 日

目　录

第一章　四川大学本科教学改革历史概述与理念

第一节　“以本为本、科教相长”

——本科教学改革项目历史述介

高等教育是国家发展水平和发展潜力的重要标志，建设教育强国是中华民族伟大复兴的基础工程。高等教育质量的提高最重要的基础便是本科教育，本科教育是衡量高等教育质量的最重要的量尺，也是一所大学的立校之基、发展之本，更是奠定大学生知识、能力、素质和人格的关键阶段。

本科教育（undergraduate education）包括普通本科教育、职业本科教育、应用型本科教育等各类本科层次的教育。本科教育处于义务基础教育与研究生教育、职业领域之间的一个承上启下的中间阶段。“从功能角度看，一流本科教育是促进大学生核心发展力持续增长、大学核心竞争力凝练与大学本真使命达成的大学教育。”[①] 龙宝新认为：“大学生核心发展力主要包括三个方面：价值导航力、知能学习力、自主成长力，每个方面都是大学生人生成长、事业成功的核心动力。……一所大学的核心竞争力主要源自四个方面：科技研发力、文化传播力、社会贡献力与资金吸纳力，这些力量的集中体现就是大学的持续发展力。本科教育直接决定了大学核心竞争力。”[②] 本科教育的目标就是让大学生成长为会生活、会思考、会创造、会担当的各领域优秀人才。综观世界一流大学，无不将本科教育放在“战略”高度，将之视为学校发展的重要部分，以学生为中心，高度重视本科教育。以美国为例，20 世纪 90 年代以来，针对

---

① 龙宝新：《论一流本科教育的核心要素与内涵建设》，《内蒙古师范大学学报（教育科学版）》，2020 年第 4 期。

② 龙宝新：《论一流本科教育的核心要素与内涵建设》，《内蒙古师范大学学报（教育科学版）》，2020 年第 4 期。

美国大学“重科研轻教学”、本科教育质量下降等问题，卡内基教学促进基金会（Carnegie Foundation for Advancement of Teaching，CFAT）相继发表了《学术水平反思：教授工作的重点领域》《重建本科教育：美国研究型大学发展蓝图》《重构大学本科教育：博耶报告的三年回顾》等研究报告，就美国研究型大学的本科教学改革提出一系列建议和设想，这些改革“主要围绕三个层面展开：重塑大学教学文化，提出教与学的学术理念，将教学置于和科研同等重要的地位，以此改变‘重科研轻教学’的传统风气；构建以研究为基础的本科教育模式，促进教学方法和学习方式的更新，打破学科框架，发展跨学科课程学习，帮助学生形成整体的知识观和生活观”①。美国本科教学改革目前阶段的最大趋势便是“质量取向”②，各大高校的人才培养规划虽各不相同，但培养质量是其共同的追求，如宾夕法尼亚州立大学是“增进学生知识、提升创造力、想象力与批判思维”，康奈尔大学是“提供多元文化理解力和激发学生追求卓越的热情”，杜克大学是“激发学生学习热情与创新激情”③，等等。

对我国而言，新中国成立70余年来，我国本科教学改革大致经历了六个时期——以院校改造调整为主的奠基期、以恢复教学秩序为主的重建期、以教育体制改革为主的起步期、以教学内容改革为主的推进期、以提升教学质量为主的深化期、以追求教学卓越为主的提升期。④ 按照王鹏的分期，1949—1977年为奠基期。这一阶段拉开了本科教育改革的帷幕，1949年12月，新中国第一次全国教育工作会议在北京召开，会上确立了关于“教育改造”的方针是以老解放区新教育经验为基础，吸收旧教育有用经验，借助苏联经验，建设新民主义教育。接下来的1978—1984年为奠基期，这一时期由于历史原因，本科教育百废俱兴。1978年4月22日至5月16日，全国教育工作会议在北京隆重召开，邓小平作了重要讲话，他在关于教育事业必须和国民经济发展的要求相适应的问题中提到，要研究发展什么样的高等学校，怎样调整专业设置，安排基础理论课程和进行教材改革。党的十一届三中全会以后，党中央对教育工作作出了一系列新的论断和决策，本科教育事业得到恢复，开始进入起步期（1985—1992）。1985年5月，党中央、国务院召开第一次全国教育工作会议，中心议题是中共中央《关于教育体制改革的决定》，并研究贯彻执行的步骤和

① 时彦：《美国研究型大学本科教学改革的经验与理念》，《教育教学论坛》，2014年第8期。

② 郝广龙、郭峰：《学习质量取向的美国本科教学改革》，《高教发展与评估》，2021年第3期。

③ 郝广龙、郭峰：《学习质量取向的美国本科教学改革》，《高教发展与评估》，2021年第3期。

④ 王鹏：《新中国成立70年本科教学改革的回顾与展望——基于政策分析的视角》，《河北师范大学学报（教育科学版）》，2019年第2期。

措施。该决定成为本阶段教学改革的重要指导性文件。这一时期本科教育改革赋予高校更多的自主权，有效激发了各高校自我改革的主动性。在推进期间（1993—2000），1993 年 2 月，国家教委、国务院学位委员会联合印发《关于进一步深化普通高等学校教学改革的意见》，分别从“加大力度深化教学内容、方法和手段的改革；拓宽专业口径，改进专业管理办法”等九个方面提出了深化高校本科教学改革的要求。1993 年 2 月 13 日，中共中央、国务院印发《中国教育改革和发展纲要》，明确提出要认真贯彻教育方针，深入进行教学改革。这一时期教学内容和课程体系改革是教学改革的重点和难点。进入 21 世纪以来，提高教育质量成为教学改革的重中之重。2004 年 3 月，国务院批转教育部《2003—2007 年教育振兴行动计划的通知》，“高等学校教学质量与教学改革工程”开始实施。进入提升期（2012 年至今）后，保证教育质量仍然是永恒的主题。

2018 年以来，教育部对高校加强本科教学工作、提高人才培养质量高度重视，召开了一系列有关本科教育的重要会议，出台了一系列加强本科教育的重要举措。如 2018 年 6 月，在四川大学召开的新时代全国高等学校本科教育工作会议提出要坚持“以本为本”，推进“四个回归”，建设高水平本科教育、全面提高人才培养能力，造就堪当民族复兴重任的时代新人。此次会议再次强调了本科教育人才培养的核心地位、教育教学的基础地位、新时代教育发展的前沿地位；2018 年 10 月 8 日，教育部发布《关于加快建设高水平本科教育 全面提高人才培养能力的意见》，其中谈到“本科生是高素质专门人才培养的最大群体，本科阶段是学生世界观、人生观、价值观形成的关键阶段……办好我国高校，办出世界一流大学，人才培养是本，本科教育是根”[①]，并决定实施“六卓越一拔尖”计划 2.0，大力推进本科一流专业建设和一流课程建设，实施“双万计划”，打造新时代本科教育的“金专”与“金课”，全面夯实本科教育基础；2019 年 10 月，教育部发布《关于深化本科教育教学改革，全面提高人才培养质量的意见》和《关于一流本科课程建设的实施意见》，两个意见在严格教育教学管理、深化教育教学制度改革、引导教师潜心育人、加强组织保障方面提出了 22 条具体要求和举措，围绕“理念新起来、课程优起来、教师强起来、课堂活起来、学生忙起来、制度严起来、教学热起来”，再次强调了本科教育教学改革的重要性。

---

① 中华人民共和国教育部：《关于加快建设高水平本科教育 全面提高人才培养能力的意见》，中华人民共和国教育部官网，2018 年 10 月 8 日。

一、本科教学改革缘由探究

新文科建设的提出对人文学科本科人才素质培养与实践教学提出了新要求，在这一转型发展的大教育改革背景下，探索新时代文科专业人才培养路径与教学理念是一项重要且刻不容缓的任务。虽然这已经成为各大学的共识，但实际上人文学科教学改革的协调发展、创新能力仍需进一步加强，在教学改革中仍存在以下几个较为突出的现象。

（一）人才创新能力不足

创新能力是人才培养质量的重要方面。2014 年，习近平总书记在中国科学院第十七次院士大会、中国工程院第十二次院士大会讲话中强调要在全社会积极营造鼓励大胆创新、勇于创新、包容创新的良好氛围。不仅理工科行业需要创新，在人文学科中更加急需创新型人才，不仅要培养具有一般工作能力、信息处理能力以及知识运用能力的基础型人才，也要重点关注高精尖人才的培养，只有打造一批创新型人才，才能让中华文化在创新激发中获得新时代因子，从而内化成为当代人的精神文化内涵。但目前拔尖人才、卓越人才所必须具有的创新能力还明显不足。

首先是创新主动性不积极。创新意识最强调的是主动性，要主动培养创新思维，主动思考创新路径，主动运用已有知识体系探索未有，并培养乐于创新、敢于创新和能于创新的品质。创新思维的培养在于对个体批判性思维和发散性思维的启发，目前人才培养中比较常见的是形成了一种依赖旧有知识体系的思维定式，问题在于怎样将这些相关的知识和信息进行批判、综合和组合，以形成新的思维、新的观点、新的理论，在这方面演绎思维能力较强，但是归纳思维、形象思维与抽象思维较弱。

其次是问题意识欠缺。创新的前提是拥有一双善于发现问题的眼睛，能够发现问题、思考问题、提出新方法、建立新理论，并形成一定的影响力。尽管创新思维一定程度上决定了创新能力，但是问题意识的强调在于创新思维转化为创新成果的实践中介，着重提高人才对专业知识的感知力和想象力，最终达到思维的物化转移。目前的本科培养还需要更多地侧重于这一方面。知识传授是教学的基础部分，但是以问题意识为导向的知识创新型课堂是目前教学中较为薄弱的一环。

再次是基础知识薄弱。人文知识的创新是漫长而艰巨的过程，是充分了解专业领域深厚知识后的重组与突破，所谓“基础不牢，地动山摇”。创新具有创造性，但不是偶然的，而是以学术积累为基础的，各学科的研究，特别是人文社科类的研究需要长期积累才能形成优秀的创新性成果。本科阶段是人才培养中打基础的重要阶段，以往的培养模式不注重中学与西学的协调，学生中学学不好，西学读不通，无法中西贯通，以致空疏学风日盛，踏实作风渐衰，出现了“不中不西”的现象。

（二）学科话语转化滞后

随着世界多极化、经济全球化、社会信息化、文化多样化的深入发展，国与国之间的竞争不再局限于硬实力的博弈，还表现在软实力的较量上，尤其是在西方国家强势话语围剿的情况下，习近平总书记指出，“要加快构建中国话语和中国叙事体系，用中国理论阐释中国实践，用中国实践升华中国理论”。对本科教育而言就是及时地将中国理论话语转化为教学内容传达给青年学子，培养他们树立远大的理想和学术抱负，增强社会责任感，在具有扎实的基础知识、学术水平和创新能力之外，意识到只有以话语转换带动学术的自我驱动力，以创新话语带动能力创新，才能有不懈的毅力与动力为国家的发展、民族的振兴奋斗。然而目前人文学科仍然欠缺理论话语建构与学术传承、创新意识之间的有机融合。

首先是教学资源中的前沿话语缺失，在某种程度上也即科研与教学之间的矛盾。科研与教学在当下的高等教育中应当是相辅相成、辩证统一、互相促进的关系。本科教学不仅仅是讲书本，更需要讲前沿、讲新话语、讲新理论，其本身也是一种创造性的学术活动，其教学内容也应该反映学科专业领域的最新进展。这就要求本科教育的学习材料、学习途径以及学习氛围应该沉浸在一个动态更新的学术脉流之中。目前的情况是教师的科研活动与教学结合得不够紧密，教师的科研成果在教学中未有较为成功的转化，高校的科研课题更多的是硕士生和博士生参与，本科生真正参与重大科研项目的机会很少，很难真正了解人文社科项目对当下中国软实力构建的深远意义。

其次是教学资源中传统话语的缺失。传统中文学科专业教学资源配备中，文化原典与学术前沿存在隔阂，课堂教学、教材编写乃至学术讨论中多使用西方术语，对传统文化的阐释出现了失语现象。目前国内高校的中文人才培养方案中普遍存在概论性课程设置偏多、忽略经典文本研读的问题，使学生对中国传统文化经典的理解不足，缺乏专业核心竞争力和文化自信，未能形成自身的话语体系。众所周知，文化自信是文化创新的源头活水，将中华文化原典融入教学资源以达到我物我用的状态，可以语境化、历史化地体察我国的优秀文化。

最后是教学资源中的师生共创话语局面尚未打开。综观人类文明史，学术传承路径与话语构建往往是师生间终生耕耘、矢志不渝主攻一个领域的成果积淀。人类文明源远流长，千年薪火赓续相传。从人类文明轴心时代的苏格拉底、柏拉图、亚里士多德的师生学术传承推动古希腊哲学走向最高峰，到孔子及其三千弟子和七十二贤人的师承促成“儒家思想”的诞生，再到今天胡塞尔、海德格尔与伽达默尔的师承构成了当代现象学与阐释学的内在相连，数千年的学术实践证明，学术话语的呈现最直接、最重要的途径便是师生之间的话语共创。正是师生间的学术传承构建了一个又一个的学派与话语体系，培养了一批又一批的拔尖人才，而师生之间学术传承中的思想融合、理论创发是创新话语构建之枢纽。

（三）国际化教学视野局限

一个国家的视野能够决定其在国际格局中的地位；一所大学的视野能够决定其施教的广度和深度；一个人的视野能够决定其事业和成就，更能决定其人生高度。综观世界高等教育发展的历史、现状，可以看出伴随着世界的全球化、多级化，高等教育的发展日益呈现鲜明的国际化趋势。培养拥有国际视野的人才是世界一流大学的共识，国际化程度体现了高校的学术实力和办学水平，国际影响力也是衡量一所高校成功与否的重要标志。尽管我国各高校都已深切认识到国际化的重要性和紧迫性，也都或多或少地将国际化纳入教学发展目标和战略规划，但在国际化进程中，多数高校正在经历波折和困惑，国际化程度远远低于国外高等院校，甚至成为学校的发展短板。

首先是国际化教学团队建设不足。高等教育国际化是推动本科教育内涵式发展的重要举措，国际化师资队伍的建设不仅是一所大学顺利开展国际化办学工作的保障，对学生、教师个人而言更是拓展国际视野的有效途径。同时，国际组织所需人才必备的素质不仅包含扎实的理论基础、熟练的语言能力、独立、公正、包容等基本素质，还需要有宽阔的国际视野。宽阔的视野很大程度上来源于教授者本身，即教学团队。时代环境下的国际化人才培养要求的是跟上教学目的步伐的国际化的教学团队，然而目前本科教育中国际化师资力量未有明显增强，团队建设接轨国际仍需跋涉一段很长的路。

其次是国际化教学目标不明确。我们现在培养的学生多是学术性人才，侧重于基本规范、基本知识和理论的教学，对国际型人才的培养目标以及国际教育理念的认知存在偏差。培养国际型人才的目的在于其能够参与国际性事务、全球性问题，在关于世界普遍性和民族特殊性的问题中能够拥有一定的话语权。这就不仅要求我们要将国际规则、文化异同等传授给青年学生，还要帮助青年学生树立国际意识，使之适应我国创新发展和走出去的战略需要，培养扎根中华文化，扎根中国本土意识，具有国际视野的国际性人才。

最后是国际化教学路径不清晰。课堂教学中存在国际化理论与实际脱节，教学资源、内容的设置远远不够国际化，师生的国际化交流不够深入、交流次数屈指可数，正规的游学活动“娱乐化”，学术氛围不够浓烈等问题。国际化怎样落实到本科教育教学之中，以怎样的路径春风化雨般融入学生的世界观、人生观、价值观的养成过程之中，怎样防止国际性活动“表面化”“数据化”“指标化”等，都是目前所有大学在国际化进程中面临的现实问题。

（四）“科技＋教学”意识薄弱

当今科技飞速发展，尤其是现代化教学手段和多媒体技术的不断升级，使得在教学活动中教师可以充分借助移动互联网技术，这势必会推动新一轮课堂教学的创新与变革，使得传统教学向数字化、智能化、“科技＋教学”发展。2018 年 4 月 13 日，教育部正式发布《教育信息化 2.0 行动计划》，该计划中提出人工智能、大数据、区块链等技术的迅猛发展将深刻改变人才需求和教育形态。智能环境不仅改变了教与学的方式，而且已经开始深入影响教育的理念、文化和生态。一些发达国家在意识到新形势下教育变革的必然趋势下，从国家层面发布教育创新战略，设计教育改革发展蓝图，探索教学新模式，开发教学新产品，推进新技术支持下的教育教学创新。尽管经过多年的探索实践，信息技术对教育的革命性影响已初步显现，但与新时代的要求仍存在较大差距。

首先是教学主体对运用“科技”的抵触。理论教学往往是传统教学的重中之重，传统教学中学生和教师一直遵循着以教师为中心的教学模式，这样的教学模式是对教师在教学过程中主体性的肯定。信息技术的加入首先造成了教师对专业性的低信心，其在教学中应用的加强会降低或者削弱教师的传统教学技能，使得那些对应用信息技术缺乏信心的教师总是试图避免开展信息技术与学科教学的整合。教学主体不愿意改变自己的教学实践，“科技＋教学”就更加难以推动。

其次是教学主体“科技”知识匮乏。互联网在我国的使用远晚于发达国家，当前高校的教学主体对科技知识的了解程度恐怕还不及随着互联网成长起来的学生。缺乏相应的科技知识储备导致教师在面对未知的信息技术时心存恐惧，一方面唯恐打破学生对自己应用信息技术能力的预期，另一方面在教学过程中无法正确解决技术故障。另外部分教师往往认为信息技术并不能改善和加强学习，不能充分意识到应用信息技术对学科教学的益处，由此导致教学滞后于科技化、信息化。

最后是教学资源对“科技”的支持力度不够。教学与科技的整合需要三方面的支持。一是资源支持。科技的重要体现便是科技产品，教师只有通过硬件科技产品才能了解前沿科学技术，才能有效地结合学科知识将其融入实践教学。二是技术支持。教学主体的知识储备可以通过专业技术培训得到丰富，同时技术也需要持续维护和更新。三是行政支持。一所学校对在教学中应用科技的正确理念将成为教师进行科技整合的力量。然而当前人文学科中科学与教学之间的整合度明显偏低，究其原因在于部分高校在硬件与行政方面的支持力度未达到预期。

本科教学改革是一项具有根本性、持久性、艰巨性和时代性的全面改革，对人文学科而言，如何回答“钱学森之问”，如何培养创新型、复合型、国际型的“学术大师”等，都是本科这一基础阶段面临的重要问题，诸多高校为此积极探索理论实践，深挖成功典型，创新人才培养路径。

二、本科教学改革立项概论

四川大学历来将本科教育视为学校发展的重中之重，尤其是将建设一流本科专业作为办好一流本科教育、培养一流本科人才的着力点，打造本科专业与课程、学科统筹联动、协同并进的新格局，形成以专业建设为抓手，推动本科教育内涵式发展的局面。新时代全国高等学校本科教育工作会议选择在四川大学举办便是对川大本科教育的肯定。曹顺庆教授作为四川大学文科杰出教授、文科委员会主任、四川大学中国语言文学拔尖学生培养基地首席专家、文学与新闻学院学术院长，其在从教四十年中始终将人文学科“本科教育”改革贯彻其中，并取得了显著成效。

为了给造就博古通今、学贯中西的创新型学术大师打下人才基础，自2000年起，曹顺庆教授以四川大学新世纪高等教育教学改革工程、四川省教育厅高等教育人才培养质量和教学改革项目、新文科研究与改革实践项目、国家社科基金重大项目、教育部社科重大招标项目为依托，以负责人带头或以主要负责人参与申报校级、省级、国家级本科教学改革项目近20项，致力于中国语言文学专业人才培养模式的改革与拓新。

（一）教学理念改革项目

从教四十年间，曹顺庆教授始终以培养“博古通今、学贯中西”的优秀人才为本科教学改革的根本目标，衍生出“立足原典，夯基储学”“双语教学，中西融通”“观点碰撞，磨砺思维”“加强学术，走向前沿”“接轨国际，拓展视野”等基本教学理念。

基础扎实是人才培养过程中曹顺庆教授最为重视的一环。基础扎实的表现便在于对中外典籍的自由掌握。只有阅读原典才能让学生真正理解中国文化的内涵，所谓“积学以储宝，酌理以富才”，扎实的基础养成辩证思维。这一观点主要通过教育部教学改革重点项目、国家级优秀教学成果二等奖“文化原典导读与本科人才培养”（2000）、四川省第六届高等教育教学成果奖一等奖“原典阅读与‘中华文化’素质课课程改革研究”（2010）、四川大学新世纪高等教育教学改革工程项目“文化原典阅读与研究型大学本科教学改革研究”（2011）、四川省高等教育人才培养质量和教学改革项目“中外文化典籍阅读与一流人才培养”（2018）等项目呈现。

双语能力甚至是多语能力对曹顺庆教授执教的比较文学与世界文学课程领域而言是基本要求。在整个大学术环境国际化的当下，语言能力不仅是比较文学专业学生的基本能力，更是整体本科教育所应注重的基本能力。曹顺庆教授在高等教育国家级教学成果奖二等奖“比较文学学科建设与双语人才培养”（2005）、高等教育国家级教学成果奖二等奖“比较文学教学团队建设与创新人才培养”（2009）等教改项目中早已明确提出在比较文学学科建设中要以培养“双语人才”为核心，通过设置双语原典教材、双语文化课程、双语教学团队，营造原汁原味的教学氛围，真正培养具备国际交流能力的比较文学专业创新型人才。

以研促学即将学术创新、学术话语、科研参与融入本科教学亦是曹顺庆教授教学改革中的显著方法。2009 年曹顺庆教授在申报四川省高等教育人才培养质量和教学改革项目“研究型大学本科人才培养风格和特色的研究”中就强调对研究型大学的学生而言，较早地接触科研与学术前沿能够使学生目标清晰，自我驱动力更强。2013 年四川省高等教育人才培养质量和教学改革项目“学术创新与本科人才培养的研究”再次强调了学术创新应从本科教育抓起。在曹顺庆教授的从教生涯中，他坚持以科研与人才培育基地如四川大学比较文学国家级科研培养基地、四川省比较文学研究基地、四川省传统文化普及基地、中华传统文化社科普及基地等为依托，通过国家社科基金重大项目、教育部重大攻关项目引导学生参与科研项目，打磨学生学术功底，为人才培育提供了学术契机。

（二）本科课程改革项目

教学理念最终需要回归课堂。课堂改革是学习方式和教学方式的双向转变，改变课堂教学中过于注重知识传授的倾向，强调培养学生形成积极主动的学习态度，使获得知识与技能的过程成为学生学会学习和形成正确价值观的过程，也就是传统学习方式的“被动性、依赖性、统一性、虚拟性、认同性”向现代学习方式的“主动性、独立性、独特性、体验性与问题性”转变的过程。

曹顺庆教授一方面以“原典教学”“通识教育”改革教学方式，如“原典阅读与‘中华文化’素质课课程改革研究”（2010），此项目依托至今仍在四川大学开设的“中华文化”这一本科课程而成。2004 年以前，四川大学学生的文化素质培养工作任务主要集中在文学与新闻学院、历史文化学院和公共管理学院，处于文、史、哲分立的局面。基于这种情况，2004 年曹顺庆教授协同文、史、哲三个学院进行了全面的课程改革，四川大学为全校本科所有专业的学生开设了具有文化素质课性质的“中华文化”必修通识课。2006 年，四川大学与复旦大学出版社联合召开了“中华文化暨大学生文化素质教育”专题研讨会，一致认为文化素质课应加强原典教育。从 2006 年 9 月开始，四川大学全校一万多新生，包括文、理、工、医专业的新生都须上“中国文化原典”这门必修课。《中华读书报》当年就刊登了有关四川大学将在全校学生中开设中国文化典籍课的消息。

曹顺庆教授另一方面通过将“话语创新”“学术前沿”“接轨国际”融入专业课程建设，将课堂空间学术化。如由曹顺庆教授领衔的四川大学比较文学教学团队开设的国家级精品课程“比较文学”“外国文学”，依托教改项目“比较文学教学团队建设与创新人才培养”（2009）、四川省第八届优秀教育教学成果一等奖“以一流学科建设促进创新人才培养：话语建构与学术实践相结合的教学模式”（2018）等，将一流学科话语体系转化为教学内容，如曹顺庆教授提出了“比较文学变异学理论”，组建了一支由国内外一流学者组成的教学团队，成员有曹顺庆教授、赵毅衡教授、哈佛大学教授宇文所安（Stephen Owen）、欧洲科学院院士德汉（Theo D'haen）等，保证了教学团队的多元化、国际化。此外，曹顺庆教授教学团队还积极筹备“中华文化”“比较文学”“比较诗学”等慕课建设，进一步推动教学资源、教学成果的共享共用。

（三）本科教材改革项目

教材是体现教学内容和教学方法的知识载体，是进行教学的基本工具，也是深化教育改革、全面推进素质教育、培养创新人才的重要保证。打造培根铸魂、启智增慧的精品教材，健全教材建设工作体系，统筹推进各级各类教材建设，全面提升教材育人功能，是建设教育强国的重要一环。精品教材的建设具有强基固本的重要作用。

从教四十年以来，曹顺庆教授领衔的教学团队依托教育部教学改革重点项目、国家级优秀教学成果二等奖“文化原典导读与本科人才培养”（2000）等，始终将中外原典阅读、科教结合创新、世界视野拓展作为教材编撰的基准与导向，积极探索，总结教材建设的特点和规律，结合国际国内形势的变化，出版了一系列顺应中国语言文学专业本科人才培养需求的“原典性”基础教材、“前沿性”专业教材。

“原典性”基础教材主要以“高等院校汉语言文学专业系列教材”“中国语言文学专业原典阅读系列教材”为主，先后由重庆大学出版社出版 18 部，由北京师范大学出版社出版 10 部，共计 28 部，分别为：《中国古代文论史》《比较文学》《中华文化概论》《现代西方批评理论》《古代汉语》《古典文献学》《美学与艺术理论》《外国文学》《文学理论基础》《西方文化》《文学写作》《现代汉语》《当代应用文写作》《语言学概论》《汉语国际教育导论》《中国古代文学（上、下）》《跨文化交际》《中国现当代文学》（以上为重庆大学出版社出版），《文学概论》（曹顺庆主编）、《美学》（王杰主编）、《语言学引论》（董秀芳、张和友主编）、《古代汉语》（赵世举主编）、《中国古代文学史》（谭帆主编）、《中国现代文学史》（高旭东主编）、《外国文学史》（蒋承勇主编）、《比较文学》（李伟昉主编）、《中国古代文论》（汪涌豪主编）等（以上为北京师范大学出版社出版），另有四川大学全校本科生必修课教材《中华文化》（复旦大学出版社，2006 年版）等。目前全国多所高校都在使用推广这些教材，收效良好。

“前沿性”专业教材主要以“比较文学专业”系列教材为主，如《比较文学论》（四川教育出版社，2002 年版，台湾扬智文化事业公司，2003 年繁体版）、研究生系列教材《比较文学学》（四川大学出版社，2005 年版）、国家级精品教材《比较文学教程》（高等教育出版社，2006 年初版，2010 年再版）、《比较文学概论》（中国人民大学出版社，2011 年初版，2016 年再版）、马克思主义理论研究和建设工程教材《比较文学概论》（高等教育出版社，2015 年初版，2018 年再版）、《中西比较诗学》（北京出版社，1988 年版，中国人民大学出版社，2010 年版，莫斯科出版社，2017 年俄语版）、《东方文论选》（四川人民出版社，1996 年版）、《世界文学发展比较史》（北京师范大学出版社，2001 年版）、《中西比较诗学史》（巴蜀书社，2008 年版）、《比较文学学科史》（巴蜀书社，2010 年版）、《中外文论史》（四卷本，260 万字，巴蜀书社，2012 年版）、英文专著 *The Variation of Comparative Literature*（德国斯普林格出版社，2014 年版）等。其中曹顺庆教授担任第一首席专家主持的中宣部、教育部马克思主义理论研究和建设工程重点教材《比较文学概论》自出版以来累计印刷 15 次，共销售约 12 万册，先后被北京师范大学、北京交通大学、北京航空航天大学、上海交通大学、四川大学、厦门大学、山东大学、山东理工大学、暨南大学、湘潭大学、烟台大学、中国政法大学、中国海洋大学、中国矿业大学、浙江工业大学、陕西师范大学、西安外国语大学、西北工业大学、西北师范大学、重庆师范大学、华南师范大学等 258 所高等学校采用，较好地满足了我国高等学校汉语言文学、外国语言文学等专业本科教学的需求。2021 年，曹顺庆教授荣获全国首届教材建设优秀个人奖。

（四）人才培养改革项目

人才培养是本科教育的根本大计。曹顺庆教授在 21 世纪初便直面“钱学森之问”——为什么我们的学校总是培养不出杰出人才？以此为出发点，提出当今“没有学术大师”的症结在于本科人才培养忽视了培养博古通今、学贯中西、文理贯通、富有创新力的优秀人才。“创新”“一流”“拔尖”“卓越”是曹顺庆教授对人才培养的期望，也体现了曹顺庆教授对人才培养的动态思考。

如今我国高等教育的发展正面临着从“数量”到“质量”的转变，优秀人才的培养愈发重要。为培养一批服务于新时代的优秀人才，高校需要切实可行的理论指导与可资借鉴的实践经验。曹顺庆教授在教改项目“中外文化典籍阅读与一流人才培养”中认为“一流人才”应具有健全的人格、扎实的基础知识、求实创新的思维、全球化的视野和强烈的社会责任感，通晓古今、学贯中西则是一流人才培养的基础，而巧妙的课堂设计、教材更新以及第二课堂互动等都是教学改革的重点。

曹顺庆教授在其参与的四川省高等教育人才培养质量和教学改革项目“中国语言文学拔尖人才培养体系建设研究”（2021）中提出知识创新和科技创新的新时代对拔尖人才的新要求，拔尖人才需要具备三个基本特质：一是视野宽阔，文理皆通；二是基础厚实，中西贯通；三是求实创新，富有创新精神。继而提出拔尖人才培养中的“大课堂穿插小工坊”的双层课堂模式、“本硕博一体化”的综合培养模式，以及拔尖学生评价体系，实现思维向度的转型，指出对拔尖学生的培养应有多个向度，如高阶学习能力、创新实践能力、终身发展能力、责任与担当能力、沟通协作能力等，以多维度的评价体系培养具有崇高的理想信念、深厚的人文底蕴、扎实的专业知识、强烈的创新意识、宽广的国际视野的拔尖人才。在其主持的四川省高等教育人才培养质量和教学改革项目重点项目“中文卓越人才培养模式改革与创新研究”（2021）中，提出新时代的卓越人才应该在基础厚实、视野宽阔、求实创新、文理皆通、中西贯通等基本素质之上达至知识型、创新型、领军型人才的高度。

当前高等教育过分强调知识的分化与教育的分科，忽视人文教育的整体性，不仅造成了文史哲内部的隔阂与分化，还导致自然科学知识与人文精神的分离，难以培养贯通文史哲和兼具文理素养的复合型拔尖创新人才。针对这些问题，曹顺庆教授 2021 年联合四川大学历史文化学院、四川大学哲学系、四川大学计算机学院资深学者，成功申报教育部首批新文科研究与改革实践项目“文史哲拔尖创新人才培养创新与实践”（2021），此项目积极响应教育部新文科建设中提出的学科交叉融合、复合型文科人才培养等部署，在院系协同、资源共享的基础上进一步升级人才培养模式，一方面加强了文史哲学科内部以及人文学科与其他学科的跨学科融合，结合当前“数字＋人文”的学科发展趋势，抓好智库平台建设，服务文科专业发展和跨学科、复合型人才培养；另一方面依托“拔尖计划”“强基计划”，推进书院制、导师制、学分制交叉融通的拔尖人才培养创新模式，加强文史哲拔尖创新人才培养基地建设，在文史哲专业的本科教育中推广有效经验。同时建设学生学业精准管理数字化系统，建立学生个性化在线学业档案，实现人才的因材施教。

（五）教学资源改革项目

为推动文科教育创新发展，2020 年，《教育部社会科学司 2020 年工作要点》提出重点支持建设一批文科实验室，促进研究方法创新和学科交叉融合，引领学术发展。长久以来，“文科”与“实验室”仿佛是绝缘体，尽管相较于理工农医类专业，人文社科类专业在人才培养过程中涉及实践和验证的环节较少，但随着学科内涵的逐步拓展和时代对人才培养不断提出的新要求，高校文科专业也面临着越来越多的实验需求，尤其是在新文科建设背景之下，文科实验室将成为其中的重要抓手。

曹顺庆教授在四川大学多年文科实验教学和科研发展的深厚积淀下，于 2017 年领衔众人，在四川大学文学与新闻学院建立了“中华文化传承与全球传播实验中心”，下设三个实验研究子平台，分别重点推进数字人文实验、虚拟仿真实验、语言大数据与符号认知实验，配合四川大学双一流学科群“中国语言文学与中华文化全球传播”学科群开展一流学科建设，推进文理交叉，构筑全球化语境下的中华文化立体化传播体系。

2020年，作为实验室主任，曹顺庆教授以“中华文化传承与全球传播实验中心”为主体，再次以国家重点一级学科中国语言文学（第四轮学科评估为A）为牵头学科，融合新闻传播学、软件工程等特色优势学科，由四川大学文学与新闻学院牵头，联合计算机学院（软件学院），协同川大智胜软件、腾讯新媒体学院等，成功申报教育部哲学社会科学重点实验室“中华文化传承与全球传播数字融合实验室”，以创新数字融合为技术手段，推进包括语言、符号、文学在内的优秀文化经典的保护、传承创新与跨文化传播，围绕“中华文化传承与全球传播”重大问题，致力于推进新文科背景下学科的交叉发展。2021年6月，实验室改造基本完成，并正式投入教学，下设三个分中心，分别是：

数字人文典籍大数据分实验室，立足“中国文学与文化典籍大数据”“中华文化数智整合国际传播”两大研究方向，围绕“1＋2＋3＋4”建设规划展开工作。建设1个大数据平台：中华文化数字融合与全球传播大数据平台；主攻两大研究方向：“中国文学与文化典籍大数据”“中华文化数智整合国际传播”；打造3个特色数据库：中华文化数字人文典籍数据库、中国文化研究学术数据库、中华文化国际传播优秀案例数据库；建设4大实验研究平台：“汉典重光”古籍数字化平台、中华文化典籍数字化共享平台、中华文化典籍对外译介实验平台、中华文化数智国际传播实验平台。

数字大文学场景沉浸实验分实验室，主要应对数字化时代中传统文学叙事和文学研究所面临的全面挑战，开展“中华多民族传统故事数字创新转化”与“中国‘大文学’场景与科幻虚拟仿真”两个方向的研究。实验室整合既有文学实践和学术研究资源，在“大文学”理论体系、现代文献学学科发展、国家西部多民族文化相关社科基金重点项目等实践和成果的基础上，引进裸眼3D、全息影像、虚拟现实（VR)、增强现实（AR)、人工智能写作等先进设备和技术，探索本土文学文化在数字化、技术化背景下的未来发展。相关课题组以实验室为平台，推进理论探索、人才培养与社会服务的深度融合。重点研究方向涵盖创意写作的前沿理论与实践、文学场景的沉浸式呈现、数字技术环境下文学的创作及改编等。

数字多模态符号认知分实验室，主要以中华语言文字、中华文化多模态符号为研究对象，以“人工智能图像识别”与“生物神经认知科学”为主要研究手段，推进中国传统文化符号的谱系整理、认知与创新传承、创意传播。实验室努力解决中国传统符号研究的三类难题：其一，汉字形义演变复杂，甲骨文、敦煌文献等残片繁多且分散，手工难以缀合，造成了“符号材料破碎”；其二，巴蜀符号和其他文明之间的关联尚未充分明确，“符号谱系断裂的节点”亟待修补；其三，传统符号研究往往因“神经网络认知黑箱”而无法进入“心理过程”。围绕“中华语言文字谱系数字化构建研究”“中华文化多模态符号认知研究”两个大方向，实验室展开了“符号智能识别、谱系化整理、认知机制探究、创意传播应用”的闭环研究模式，实现了用“人工智能整理符号”“生物神经认知科学理解中国符号心理机制”的路径来攻克“符号材料破碎、符号谱系证据断裂、神经网络认知黑箱”三类问题的系统研究。分实验室由汉语史研究所、古文字与先秦文化研究中心、中华文化研究院、符号学—传媒学研究所以及四川省网络大数据认知分析工程实验室等机构协同展开。

文科实验室的成功申报是四川大学文科教育的重要转型事件，在未来的人才培养中，文科实验室将发挥“主战场”作用，真正使学生做到学以致用，格物致知，理论与实践并重，知识创新与知识探索兼具。

曹顺庆教授的教学改革理念与实践并行，教材建设、课堂建设、平台建设、院系协同建设多点开花。曹顺庆教授通过教改项目突破了原有课堂传授的单一教学方法，建成“课程谱系建设＋教材建设＋科研项目与基地建设＋创新人才培养机制”相结合的“4＋”人才培养立体体系，促进教学任务从知识传授型向能力培养型转变；改进了以往零散的研究模式，带领学生提炼核心学术话语与创新理论观点，进行系统理论建构，将理论创新融入教学与科研，指导学生进行理论建设，扬长避短，因材施教，为学生制定个性化培养方案；打破了传统的被动接受式教学模式，提出“学术传承、文明互鉴、话语构建”三位一体的人才培育理念，鼓励学生挖掘原典新材料、提出学术新话语、发掘学术新视角，以文明互鉴意识促进学术思维创新，引导学生创新学术话语，领悟国际学术前沿。

第二节　“博古通今、学贯中西”

——本科教学改革基本理念及实践

曹顺庆教授在其四十年的教学生涯中一直坚守“立足原典，夯基储学”“双语教学，中西融通”“观点碰撞，磨砺思维”“加强学术，走向前沿”“接轨国际，拓展视野”五大理念，并将之落实到教学改革的具体实践中。

一、立足原典，夯基储学

“立足原典，夯基储学”是曹顺庆教授从教四十年来坚守的基本理念。多年来，曹教授一直在反思一个问题，即“为什么中国当代几乎没有培养出堪称学术大师的一批杰出人才?”中国历史上产生过无数的学术大师，如老子、孔子、庄子、孟子、李白、杜甫……他们与全世界学术大师一起争奇斗艳，在群星璀璨的夜空中闪闪发光。即便到了近现代，在八国联军的侵略下，在日本铁骑的烧杀掳掠中，在国共内战的隆隆炮火中，中国的学术界依旧是人才辈出、大师云集，出现了诸如王国维、鲁迅、钱锺书、季羡林等大家。“这些学术大师甚至是群体性地产生出来的。例如，文学上的鲁（迅）郭（沫若）茅（盾）、巴（金）老（舍）曹（禺），学术研究上的王国维、刘师培、陈寅恪、范文澜，乃至自然科学上的三钱（钱学森、钱三强、钱伟长）。”[①] 究其原因是多方面的，曹教授认为其中的一个重要原因就是教育，他在《高校中文学科课程设置之我见》一文中指出：“我们在整个教育体制、课程设置、教学内容、教材编写等等方面，都出现了严重的问题，导致了我们在人才培养方面的严重失误。”[②] 比如课程设置和教学内容就具有“空洞”的问题，老师多是教给学生大而化之的“概论”“通论”，而非引导学生进行原典阅读，学生很少读甚至不读经典作品就可以应付考试，以致学风日渐空疏，配套教材也相当陈旧，并且大多以概论为主。中国历史上的学术大师大多都具备非常深厚的原典基础，而缺乏原典阅读，导致我们当代的中文教育既不博古，也不通今；既不通中，也不贯西。学生了解了大量概论性的知识，却无法进入原典、理解原典，从而读不懂中国古代典籍，也无法理解西方文论。

中国传统文化博大精深、源远流长，然而，曹顺庆却教授指出，相较于我们的邻国日本、韩国、印度对传统文化的尊敬与传承，现当代很长一段时间以来，国人与传统文化是割裂的，我们对传统文化的不熟悉，造成了文化、文论上的“失语”现象，一味跟着西方模式、西方体系走，无法在继承传统的基础上“返本开新”，造成当代中国文化创新能力的衰减，无法形成具有自己特点的话语体系。西方文化有其文化和精神家园，如《圣经》，当代发达的西方国家一直守护着《圣经》等原典中的文化家园，印度、阿拉伯等国也有自己传承至今的文化家园，而对中国传统经典日渐陌生的当代中国人却找不到几千年来

① 曹顺庆：《“没有学术大师时代”的反思》，《湖南师范大学社会科学学报》，2005 年第 3 期。

② 曹顺庆：《高校中文学科课程设置之我见》，《中国高等教育》，2000 年第 21 期。

所积淀的文化家园、心灵家园。

因此，针对学风空疏、基础薄弱的当代文科教育和学术现状，以及传承中国传统文化、创新中国学术话语的必要性，曹教授在一系列教学改革中尤其强调要"立足原典，夯基储学"，认为中文系本科生需要在教师的引导下精读"十三经"等传统典籍，背诵《文心雕龙》《毛诗序》《文赋》等原典文论。曹顺庆教授在其主持的"文化原典导读与本科人才培养""文化原典阅读与研究型大学本科教学改革研究""中外文化典籍阅读与一流人才培养""文史哲拔尖创新人才培养创新与实践""中国语言文学拔尖人才培养体系建设研究"等项目中，都强调了原典阅读对中文本科教育和人才培养的重要性，"立足原典，夯基储学"也被曹教授落实到教学改革的各个方面。

在课程设置上，曹顺庆教授从1995年开始开设"中国文化原典"课程，直接用阮元主持校刻的《十三经注疏》本，要求学生原汁原味地阅读《周易》《尚书》《诗经》《周礼》《仪礼》《礼记》《春秋左传》《春秋公羊传》《春秋穀梁传》《孝经》《论语》《孟子》《尔雅》这十三部传统经典。与此同时，曹教授还开设了"中国文学批评史研究"课程，要求学生背诵《文心雕龙》《毛诗序》《文赋》《诗品序》等，旨在巩固学生的传统文化知识。这两门课对文学史、文学批评史研究，以及在传统知识基础上的中西比较文学、比较文论研究来说都是相当有帮助的。虽然这两门课都是研究生课程，但曹顺庆教授也要求自己指导的本科生学习这两门课程，要求他们阅读"十三经"，背诵文论。曹顺庆教授也鼓励中文系的其他本科生来旁听这两门课程。在本科生的"中华文化"课上，曹教授强调回到原典、打好基础的重要性，并向本科生传授了阅读原典的三点方法。第一，面和点结合。比如学习《周易》，可以先读《周易正义序》《周易正义卷首》《四库全书总目·周易正义十卷提要》，对《周易》有个总体的、概貌式的印象后，再有选择性的读《乾》《坤》《屯》等。第二，泛读与背诵相结合。中国传统典籍内容丰富，有些内容是可以泛读的，有些内容最好背诵下来，如《礼记》中的《礼运》《大学》《中庸》，古代文论中的《文心雕龙》《文赋》《诗品序》等。第三，持之以恒，贵在坚持。读不懂原典时不要有畏难情绪，一遍读不懂可以读两遍、三遍，"书读百遍，其义自见"，要把这些经典当作"案头本""桌上书""枕边书"，常常翻、常常读、细细品，自然就能渐渐理解其内涵，慢慢进入其境界。[①]

此外，在曹顺庆教授的系列教改项目中，其还主编了本科原典课程的配套

---

① 参见曹顺庆：《中华文化》，复旦大学出版社，2006年版，前言，第8～9页。

教材，如《中华文化》《中华文化概论》《中华文化原典读本》等，以更好地指导本科生学习原典。其中《中华文化》是教育部教学改革重点项目“文化原典导读与本科人才培养”成果，也是四川大学本科“中华文化”课程的配套教材。这本书分为上、下两编，上编为“导读大纲”，涉及40个有关传统文化的专题，如“中华始祖”“士人传统”“儒家思想”“道家精神”“礼乐教化”“诗词艺术”“天文历法”等，基本囊括了有关传统文化的主要知识，具有提纲挈领和指示门径的作用；下编为“经典选读”，精选了经、史、子、集方面的经典文献，并加以注释，力求简明扼要、通俗易懂，既方便学生学习原典原文，又可为教师讲课提供文献依据。在“立足原典，夯基储学”理念的指导下，“中华文化”的授课与典籍原文的阅读密切结合，曹教授要求本科生课前预习典籍原文，并在课堂上抽学生读原文，然后再精讲原文，让学生在读懂原文的基础上学习各专题的相关知识。[①]《中华文化概论》也是“文化原典导读与本科人才培养”这一教改项目的成果，设有“先秦诸子”“儒家思想”“佛教思想”“道家思想”“礼仪风俗”“汉语与汉字”“诗与骚”“唐诗宋词”“明清小说”“古代艺术”“上古史”“史书体例”“古代史学”“民族融合与文化传播”“古代教育与科学技术”十五个专题，配合原典进行讲授。[②]《中华文化原典读本》则是“中国文化原典”课程的配套教材，主要是指导学生阅读“十三经”。[③]

二、双语教学，中西融通

“双语教学，中西融通”也是曹顺庆教授本科教学改革的重要理念。曹顺庆教授认为，本科生教育需要回到原典，尤其是对比较文学学科来说，学生不仅需要阅读中华传统文化典籍原文，还需要阅读西方文学、文论著作的原文，而不是只靠译作学习与研究西方文学、文论。曹教授曾深刻反思学者只靠翻译后的作品进行研究的现象，“详观学界，学者们引证的大多是翻译过来的二手货，甚至是三手货、四手货。不少人外语没过关，在基本上看不懂外文原文或者干脆不读外文原文的情况下，就夸夸其谈地大肆向国人贩卖西方理论。甚至有一些专攻西方学术的人，完全不懂西方，居然也可以当上外国文学教授、西方历史学教授、哲学教授等等。据传80年代初，有一次外国文学在某市召开

① 曹顺庆：《中华文化》，复旦大学出版社，2006年版。
② 曹顺庆、徐希平：《中华文化概论》，重庆大学出版社，2015年版。
③ 曹顺庆：《中华文化原典读本》，北京师范大学出版社，2011年版。

全国学术会议，数名外国文学学者在某风景区考察时碰上外国人以英语问路，七八位外国文学教师竟面面相觑，没有一位可以用英文回答！这种学术状况近年来虽有所改善，但在不少高校中仍然或多或少地存在着。一些中文系外国文学学者仍然依赖译文来做研究，我并不是说不可以参照译文来研究，而是强调应该尽量阅读外文原文，因为如果完全不读原文，一定会出问题。遗憾的是，我们不少学生依然只能读着厚本厚本的以二手货贩来的以其昏昏、使人昭昭的中国式的西方文论专著。可想而知，在这种状况下怎么可能产生学贯中西的学术大师呢?”[①] 曹教授认为，学习和研究西方文化与文学，也需要从原文读起，综观中国学术界的学术大师，从王国维到鲁迅，从钱锺书到季羡林，这些大师的生活学习经历都有一个显著的特点，那就是博古通今、学贯中西。他们从小就读“四书”“五经”，长大后又去国外学习深造。如果我们读不懂中国经典和西方原著的原文，又何谈比较文学的学习与研究呢？又何谈培养博古通今、学贯中西的人才呢？

因此，只让学生通过二手翻译作品来学习西方文学、文论，只依靠二手翻译作品来进行中西比较研究，都不利于比较文学学科的人才培养和学术研究。一方面，比较文学是一门跨学科、跨语言和跨文化的综合性交叉学科，它既涉及中国语言文学，又涉及外国语言文学，其对“双语（中文和英语）”乃至“多语”的要求非常高，语言能力对比较文学的学习和研究来说应是基本能力，因此在教育改革中，应通过设置双语课程、使用英文教材、开展英文讲座等途径，让学生尽可能地接触英文原文，在双语环境中学习比较文学。另一方面，翻译作品也许无法解释清楚原文的内容，甚至会翻译错误，学生若只是通过译作进行学习，学者若只是通过译作进行研究，难免会越学越晕、越研究越乱，出现“以其昏昏、使人昭昭”的教育乱象、学术乱象。因此，只有回到西方文学、文论原文，对比原文进行学习和研究，才能真正理解原典的内涵，才能在此基础上展开比较研究，从而做到中西融通、文明互鉴。

曹教授在其主持的各项教学改革项目中都非常重视“双语教学，中西融通”的理念，并将之落实到具体的教学改革实践中。曹顺庆教授开设了双语课程“西方文学批评史研究”，以英国理论名家伊格尔顿的英文原著《文学理论导论》（*Literary Theory*）[②] 为教材，并使用双语教学，这样既可以让学生接触到原汁原味的英文著作，又帮助学生克服了怕读英文原著的心理障碍，提高

① 曹顺庆：《“没有学术大师时代”的反思》，《湖南师范大学社会科学学报》，2005 年第 3 期。

② 伊格尔顿（Eagleton T.）：《文学理论导论》，外语教学与研究出版社，2004 年版。

了学生阅读英文原著的兴趣。曹教授通过这门双语课程的教学实践发现，学生直接阅读西方文献原著，能更加精确地理解西方学术术语的概念、内涵和话语背景。比如单看译文中的“细读”这一新批评术语，学生可能会理解为“仔细地阅读”，而不知道它对应着英文原文中的“close reading”，也即“封闭式阅读”，从而较难理解“close reading”这一术语的内涵，但回到伊格尔顿讲解西方文论的英文原文，学生就能较好地把“close reading”和“把传统批评理论中的历史因素、传记材料、读者反应等与文本剥离，而只注重文本，重视文本内部的分析”[①]对应起来。与此同时，为了做到中西融通，曹顺庆教授在课程设置方面也进行了较大的尝试，即把中西文论课放在一起讲授。如果上午讲授中国古代文论课，下午就讲授西方文论；如果下午上中国古代文论课，晚上就上西方文论课。总之，在同一时间段内，同时讲授中西方文论，从东方文化跨越到西方文化，从而在中西文化的碰撞中让学生体会中西文化的精髓和不同。这其实是一种巨大的挑战，不仅需要教师自身具有丰厚的学识素养，能博古通今、学贯中西，还要求学生能真正沉下心来，刻苦钻研、心无旁骛。经过这样的学术训练，学生不但能熟练背诵中国原典原文，还能熟读英文著作原文，做到在中西文化中收放自如。在本科比较文学的授课中，曹顺庆教授也常常引用中国典籍和英文原著的原文，强化双语教学，让学生更好地理解和感受中西文化的不同，培养学生中西融通的学术功底和中外皆通的学术视野，教授学生平等比较中国文学与西方文学的思维方法，从而帮助学生形成中西比较、文明互鉴意识，能在思维方式和话语方式上对中西文学、文化作深层次考察。

三、观点碰撞，磨砺思维

在四川大学文学与新闻学院本科生与研究生的平台课上，曹顺庆教授多次指出磨砺思维对于人才培养与学术训练的重要性。中国文化、文论“失语症”的存在，究其本质是创新思维的缺乏，我们的学术研究没有自身的创新意识，无法形成具有自身特色的话语模式，而是完全跟着西方思维、西方模式、西方理论走，借用不合适的西方理论来套中国文学、文论的现象频频出现。比如生硬套用西方“浪漫主义”“现实主义”的批评模式来分析屈原、李白、杜甫、白居易等中国古代诗人的诗歌，套用西方的“形式—内容”模式来理解《文心雕龙》中“风骨”的内涵，套用西方精神分析理论阐释李商隐的诗句“春蚕到

① 曹顺庆、韩晓清：《四川大学文学院院长曹顺庆：博古通今 中西融贯》，中国作家网，2013 年 7 月 17 日，http://www.chinawriter.com.cn/news/2013/2013－07－17/167533.html。

死丝方尽，蜡炬成灰泪始干”……这些强行将西方话语和中国文学结合在一起的案例，体现出我们的自身话语与思维模式的丧失，一味跟着西方思维来分析我们的古代文学、古代文论术语，也会导致我们越来越读不懂古代文学、古代文论。曹教授认为，学术研究中出现的这些问题也反映出此前教育模式和人才培养上的问题，即没有注重学生创新思维的磨炼与培养，导致大多数学生缺乏独立思考的能力，一味赶学界热点，而没有考虑到这一热点之下已经有非常丰富的成果，难以再推陈出新；或是缺乏逆向思维，不敢提出与众不同的观点，只会跟着前人或主流理论走，较少出现质疑的声音。

因此，在四十年的教学改革实践中，曹顺庆教授将“观点碰撞，磨砺思维”的理念贯彻始终，注重通过课堂上或课后的讨论交流、正反辩论来磨砺学生的思维，帮助学生提高创新能力。在每一年的本科比较文学课堂上，曹教授都会给出一些比较文学学科的前沿论题，比如“比较文学学科之死”，并将选择不同论题的学生分成“正方”与“反方”进行辩论，通过激烈的观点碰撞，锻炼学生的逻辑思维能力和语言表达能力。经过课堂上思辨能力的培养与促进，本科生中涌现出诸如席瑞、张明眸、韩墨言等优秀“辩手”，这些学生代表四川大学参加了多个大学生辩论赛，并取得了优异成绩，如2014级本科生席瑞获得“第十五届海峡两岸大学生辩论赛优秀辩手”“首届大学生食品安全杯公益辩论赛最佳辩手”“第十六届海峡两岸大学生辩论赛亚军暨优秀辩手”“华夏杯国际华语辩论邀请赛季军”等称号，并作为辩手参加《奇葩说第五季》，一路进军决赛，展现出四川大学文学与新闻学院本科生在“观点碰撞，磨砺思维”的教学改革和人才培养理念之下逻辑理性与文学感性的统一。在授课的同时，曹教授还会时不时抛出一些问题，比如“不同文明是否具有可比性”“中国是否真如西方学者所说，没有宗教信仰”等，在抛出这些问题后，曹教授会对学生进行思维点拨，鼓励学生课后查阅相关资料，对这些问题进行更深入的思考和研究，并在思考和研究的基础上敢于质疑前人的观点，提出自己的创新性观点。

课堂之外，曹顺庆教授每年都会组织他指导的本科生、研究生开展小型研讨会，每周定期进行集体讨论。在研讨会中，曹教授会让学生提出在学习比较文学以及“十三经”、《文心雕龙》《文学理论导论》等原典时的困惑，并让学生互相讨论、自行解答，以培养他们的独立思考能力和自学能力。对于前人讨论得较多且观点不一的论题，比如《文心雕龙·风骨》中“风骨”的内涵、《原道》中“文之为德也大矣”中“德”的含义，对于具有现实讨论意义且尚未得到解决的论题，比如“如何重建中国文论话语”，曹教授都会组织学生在研讨会中深入讨论、思考，鼓励他们提出自己的观点。曹教授还会在研讨会上让学生就各自的论文互相点评，每周点评一位学生的文章，让同学们互相给对方“挑刺”、提建议。在开学伊始，曹教授会向所有的学生申明，被评点的那位同学，届时无论怎样被批评都不能生气。每次曹教授都会安排两位学生作为“刀客”，由他们负责“主攻”，专门挑论文的刺，丝毫不能手软、留情面，批评得越尖锐越好，其他同学则负责“协攻”，每人都要找出论文的一两点不足。在每周研讨会这一环节，大家都抛开了学术讨论常见的那种虚伪客套，各显神通，对本周提供论文的同学进行火力猛烈的集中“攻击”，每周的研讨会都会出现这样的场面：一方咄咄进逼，一方使出浑身解数，尽力应战招架。曹教授指导的学生也在这种既紧张又兴奋的学术争鸣氛围中，在观点的碰撞与争论中，不断提升自己的思维能力和论辩能力，强化了学术敏感性。

四、加强学术，走向前沿

曹顺庆教授在其四十年的授课与教学改革生涯中，不仅强调对本科生原典基础、中西视野和创新思维的培养，还注重提升本科生的学术兴趣，启发本科生的学术思维，并引导本科生了解学科的前沿知识和发展趋势，推动本科生学术创新意识的形成，在实践中提升本科生的学术能力，以加强中国比较文学学科的人才储备，为中国比较文学的学术发展奠定基础。因此，“加强学术，走向前沿”也是曹顺庆教授四十年教学生涯和各项教学改革项目的重要理念。曹教授对本科生学术能力和前沿意识的培养主要体现在三个方面：

一是在课堂上点拨启发学生，让学生参与学术实践。曹顺庆教授在本科生比较文学的授课过程中，不仅会有意识地让学生接触比较文学学科的前沿问题，比如世界比较文学学科发展危机的讨论、东西方文学文化的可比性问题、比较文学学科理论的新进展、比较变异学、文学的他国化问题等，让本科生了解当前国内外比较文学学术研究的新视野。曹教授也会结合这些前沿问题提出具有学术价值的观点，为学生提供一条主要思路，鼓励和引导有兴趣的同学自己查找资料，对感兴趣的问题进行更全面、深刻的思考，并运用课堂所学，尝试进行比较文学研究、撰写学术论文。每年的本科“比较文学”课程都设有学生创办课程刊物这一环节，为学生提供了良好的学术实践平台。在这一环节中，学生分成几个大组进行比较文学课程刊物的筹办，每个大组需要共同办一本课程刊物，由同学们结合比较文学学科前沿问题，自主进行小组讨论，设计课程刊物的板块、主题，再根据自己的兴趣板块撰写学术论文。课程刊物的筹办不仅提高了学生的学术能力，深化了学生的前沿视野，强化了学生的团队协作能力与学术创新意识，让学生体验到学术刊物的编辑制作过程，还涌现了诸多精品刊物，如《此岸·彼岸》《比较·交流》《风南》等，其中不乏创新性的具有研究生水准的学术成果。

二是鼓励学生课后参加学术前沿讲座与会议，在课题实践中提高学术能力。“他山之石，可以攻玉”，曹顺庆教授常常鼓励学生要主动汲取各种不同的学术思想，积极参与学术交流。作为四川大学文学与新闻学院学术院长，曹顺庆教授每年都会在学院组织一系列学术前沿讲座与会议，如“比较文学国际系列讲座”“中美双边比较文学国际学术研讨会”等，并邀请国内外学术大家来川大讲学或参会。在这些讲座和会议中，学术大家往往会探讨学科前沿问题，讲解自己的最新研究成果。曹顺庆教授时常鼓励本科生积极参加各种学术前沿讲座或学术会议，积极投稿、观摩学习，通过聆听讲座和参加会议接触前沿领域与最新研究，开阔视野、增长见识，并在此过程中加强与国内外学者的交流，在思想的碰撞中产生智慧的火花，在互相探讨切磋中激活学术思想。曹顺庆教授主持了诸多具有学术前沿价值的重大课题，如国家社科基金重大招标项目“东方古代文艺理论重要范畴、话语体系研究与资料整理”。曹顺庆教授不仅让他指导的研究生参与他主持的各项课题，让他们在实践中锻炼学术能力、规范学术写作，还会邀请他指导的本科生和研究生一起参加课题的相关会议，了解课题进展，增强对前沿问题的敏感性。

三是教导学生要多和导师交流，还要转益多师，多和其他名师交流。曹顺庆教授在本科生和研究生的平台课上都会以他自身的学术经历为例，提点学生如何迅速走向学术前沿。曹顺庆教授提到，他的导师杨明照先生不仅帮助他奠定了古代文论功底，其还具有开阔、包容的学术视野和治学思路，时常鼓励学生独辟蹊径，根据自己所长，大胆闯出一条新路。曹顺庆教授不仅承接了杨先生对《文心雕龙》的研究，还在杨先生的鼓励与支持下，结合古代文论基础，走上了中西文论比较研究的道路，“比较文学变异学”这一理论就是在古代文论研究的基础上不断拓宽、延伸、创新而来的。[①] 导师的严格培养、开阔的视野以及对他的鼓励支持，都是曹顺庆教授得以走向学术前沿、创新学术观点的必不可少的支撑。除了与导师杨明照的沟通交流，曹顺庆教授年轻时也转益多师，虚心向学界大师请教，主动与学界大师交流合作。曹顺庆教授提到，他的硕士学位论文《〈文心雕龙〉中的灵感论》就是受到了钱学森先生呼吁建立灵感学的启发写成的，因此他曾“斗胆”写信寄给钱学森先生，向他请教，并很

---

① 参见曹顺庆、李采真：《纪念杨明照先生 110 周年诞辰访谈录》，《中外文化与文论》，2020 年第 4 期。

快得到了钱学森先生的回信与指点。

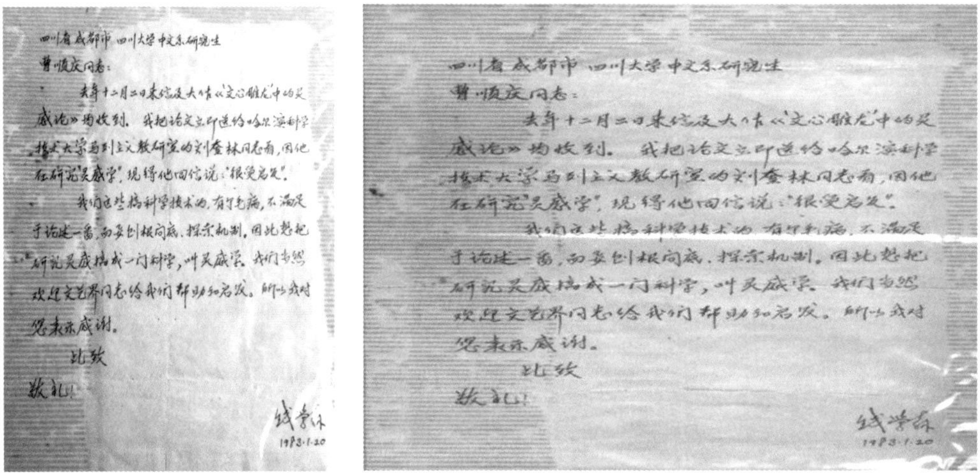
四川省成都市 四川大学中文系研究生

曹顺庆同志：

去年十二月二日来信及大作《文心雕龙中的灵感论》均收到。我把该文立即送给哈尔滨科学技术大学马列主义教研室的刘奎林同志看，因他在研究灵感学，现得他回信说："很受启发"。

我们这些搞科学技术的，有了毛病，不满足于论述一番，而要追根问底，探索机制，因此想把研究灵感搞成一门科学，叫灵感学。我们当然欢迎文艺界同志给我们帮助和启发。所以我对您表示感谢。

此致

敬礼！

钱学森

1983.1.20

图 1－1　曹顺庆教授与钱学森先生的通信

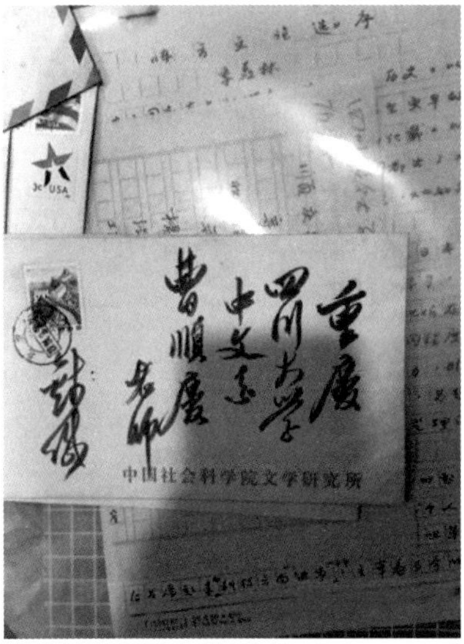

图 1－2　曹顺庆教授与钱锺书先生的通信

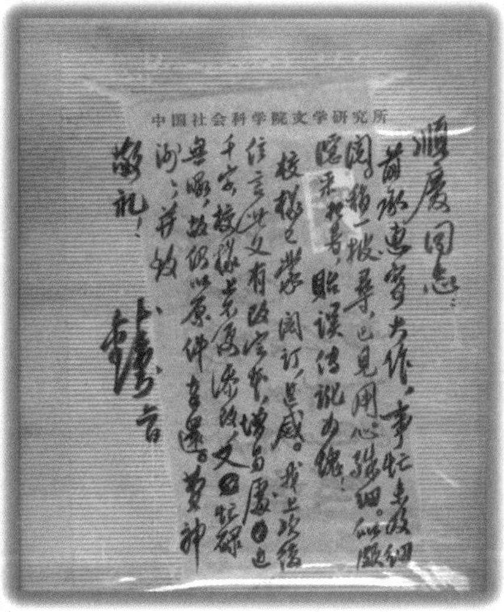

图 1－3　钱锺书先生 1985 年给曹顺庆教授的信

曹顺庆教授也和其他学术大师有诸多往来，比如和钱锺书先生在信件中交流学术问题、和季羡林先生共同编撰《东方文论史》。在国外求学时，他也和宇文所安、艾布拉姆斯、夏志清等国际大师有过往来，并在和大师的交流中了解到学界的诸多前沿知识。在和国内外名师的交流中，在这些大师的帮助下，曹顺庆教授不断拓宽视野，走上了颇具特色的治学之路。在曹顺庆教授的理念中，导师、名师对于学生学术视野的拓展与学术能力的提升具有重要作用，他以自身为例，教导本科生要虚心向老师尤其是大师学习，并要敢于主动向大师请教问题。

五、接轨国际，拓展视野

比较文学是一门需要开放性国际视野的学科。从某种程度上来说，比较文学在国际学术界的崛起顺应了新世纪多元文化相互对话、相互交流的趋势与潮流。曹顺庆教授不仅自身注重学术创新，扩大了中国学者、中国话语在国际学术界的影响力，在其四十年的教学生涯中，还十分重视培养学生的国际视野，依托四川大学文学与新闻学院，在教学改革实践中积极落实“接轨国际，拓展视野”的基本理念。在曹顺庆教授的带领下，四川大学文学与新闻学院引进了大量外籍教师，不断加大师资的国际化建设，定期邀请海内外知名学者举办高水平学术讲座，组织高水平国际学术会议，加强与国际学者的学术交流，创办国际学术刊物，提升国际学术话语，建设具有中国特色、川大风格、国际影响力的“比较文学中国学派”，与国际接轨的教学环境为本科生国际视野的开拓奠定了良好的基础。

在本科比较文学课程建设方面，曹顺庆教授组建了由校内知名学者、外籍高端教授领衔的比较文学顶尖名师团队，打造了中英双语的高水平国际化比较文学课程。除了邀请国际比较文学学会前会长佛克马（Douwe Fokkema）教授、美国哈佛大学宇文所安（Stephen Owen）教授为本科生授课，还聘请了其他著名的比较文学研究者为本科生讲授比较文学课程。通过双语教学模式和外籍教授的授课，本科生接触了当前世界比较文学研究的热点与前沿，在学习比较文学基本理论的同时拓展了国际视野，促进了中西文化视野的融通。

作为四川大学文学与新闻学院的学术院长，曹顺庆教授积极实施作家学者驻校讲学计划，邀请国内外知名学者来我院讲学，开设讲座。比如打造“比较文学国际系列讲座”，邀请了诸多国内外著名学者，如欧洲科学院院士西奥·德汉教授（Theo D'haen）、赵毅衡教授、欧洲科学院院士斯文德·埃里克·拉森教授（Svend Erik Larsen）、金惠敏教授、国际权威期刊《比较文学研究》主编托马斯·毕比教授（Thomas Beebee）、傅其林教授、欧洲科学院院士斯蒂文·托托西教授（Steven Tötösy de Zepetnek）、徐新建教授、李点教授、张法教授、阎嘉教授、伍晓明教授等，通过打造国际对话平台，促进国内外比较文学研究的碰撞、交流与创新。“比较文学国际系列讲座”充分呈现了国内外顶尖学者长期深思熟虑并正在拓展的研究成果，具有前沿性、前瞻性。曹顺庆教授鼓励本科生积极旁听这些国际讲座，以与国际研究、国际视野接轨。曹顺庆教授还联系国外多所高校、科研机构举办了10余次高端国际会议，如第22届国际比较文学大会、东欧马克思主义批判理论国际会议等，为本科生和研究生提供了跨文明对话的国际交流平台。

曹顺庆教授积极落实本科生人才培养改革项目，以国际会议、国际交流营等为平台支撑，带领学院建立和完善了本科生国际交流机制，设立了专门的国际交流基金，如“大川视界”国际交流经费，鼓励本科生走出国门，赴国外访学、参加会议，体验不同的文化，开阔国际视野，不断提升对比较文学学科的感悟与认知。本科生中涌现出诸多具有国际视野并推进中国文化走向世界的优秀人才，如2016级本科生张明眸不仅致力于诗经文化的保护，还获得了国家留学生基金管理委员会奖学金，在国际访学中积极促进中西跨文化交流，推进中国文化走向世界。

第三节 “因材施教、立德树人”

——本科教学改革的推进与比较文学学科建设成效

基于“立足原典，夯基储学”“双语教学，中西融通”“观点碰撞，磨砺思维”“加强学术，走向前沿”“接轨国际，拓展视野”五大教学改革基本理念，曹顺庆教授四十年来不断推进本科教学改革和比较文学学科建设，并在课程建设、教材建设、专业建设和人才培养等方面取得了系列成效。

一、课程建设成效

曹顺庆教授从教四十年间，始终践行立德树人的理念，在教学与课程建设方面成效突出，先后获评“国家级教学名师”（2008），主讲的“中外语言文学与文化专题研究（中华文化——〈十三经〉）”课程获教育部课程思政示范项目（2021）、“比较文学”获国家级精品资源共享课程（2018），主持的项目“原典阅读与‘中华文化’素质课课程改革研究”获省级教学成果奖一等奖（2010），参与的“打造跨校跨地区通识教育联盟，构筑优质教育资源共享体系”项目获国家级教学成果二等奖（2018）。这些成果不仅表明了曹顺庆教授几十年的初心与坚守，更展现了其教学理念上的远见卓识。

从教四十年间，曹顺庆教授带领四川大学文学与新闻学院国家级重点学科比较文学与世界文学教学团队，不断优化本科课程设置，构建比较文学课程新谱系，推广比较文学优质精品课程。不仅开设原典阅读课程，引导学生深入原著，夯实中西文史哲原典基础；还落实了双语课程，引导学生在文明互鉴视野下进行学术创新；进一步融合了数字媒介技术，完成了网络教学平台和线上课程建设。

在比较文学课程新谱系的构建方面，曹教授带领团队建设了“优质精品课程＋原典课程＋中西双语课程”的比较文学课程新谱系，进一步完善并丰富了比较文学课程结构，培养了学生的国际视野和跨文明对话意识。曹教授及其团队坚持使用古代典籍和英文原著教学，要求学生直接阅读中国古代典籍原著和外文原著，并背诵重点篇章。还将科研上取得的理论创新如“跨文明研究”“变异学”有效地运用到本科生教学中，指导学生从事相关科研活动，引导学生以宽阔的学术视野来理解世界文化与文学，帮助学生把握中国比较文学的话语和特点，并从原典中获取创新之源，推动比较文学从继承走向不断开拓创新之路。

曹教授及其教学团队将比较文学教学与数字媒介和网络平台相结合，开设了系列线上课程，构建了多个线上教学平台。2014 年 3 月，国家级精品课程比较文学在线课程登陆四川大学精品课程平台、爱课程等网络平台，广受师生好评。2016 年 10 月，四川大学比较文学自建网络平台正式上线，包括学界动态、学术成果、电子期刊等多个栏目，为比较文学专业学生和爱好者提供了学术交流、资源共享的平台（如图 1—4、1—5 所示）。其中比较文学课程学习平台主要分享课程视频、课程资料，系统地向学生介绍比较文学的历史、发展现状及比较诗学理论，培养学生的比较文学理论素养。

图 1—4　课程网站截图（一）

图 1−5 课程网站截图（二）

2022 年，依托原有的国家级精品课程“比较文学”，曹教授带领比较文学教学团队建成“比较文学”线上慕课，成员除了比较文学研究领域的曹顺庆教授、赵渭绒教授，还包括美学研究领域的张法教授、哲学与文化研究领域的金惠敏教授、梵语诗学和印度文论研究领域的尹锡南教授、东亚研究领域的张哲俊教授、科幻研究领域的王一平教授、人类学研究领域的梁昭副教授等。另外还开设了“比较诗学”“比较文学（英文）”线上慕课以及相应的线下课程，以打造高质量的中西双语金课。

图 1−6 慕课宣传片（一）

图 1—7 慕课宣传片（二）

二、教材建设成效

曹顺庆教授从教四十年不但学术研究硕果累累，人才培养桃李芬芳，而且在教材建设上也成就卓著。曹顺庆教授编著的第一部国家教委“九五”教材规划《东方文论选》（四川人民出版社，1996 年版）荣获国家级教学成果（教材）二等奖，他先后撰写或担任主编的重要教材有《中西比较诗学》（北京出版社，1988 年版，中国人民大学出版社，2010 年版，莫斯科出版社，2017 年俄语版）、教育部面向 21 世纪课程教材《世界文学发展比较史》（北京师范大学出版社，2001 年版）、普通高等教育“十一五”国家级规划教材《比较文学教程》（高等教育出版社，2006 年版）、四川大学全校学生必修课教材《中华文化》（复旦大学出版社，2006 年版）、马克思主义理论研究和建设工程重点教材《比较文学概论》（高等教育出版社，2015 年初版，2018 年再版）、《比较文学变异学》（商务印书馆，2021 年版）等 15 部，还担任了 18 部“教育部教学改革重点项目”系列教材（重庆大学出版社）和 7 部“中国语言文学专业原典阅读系列教材”（北京师范大学出版社）总主编。除了《东方文论选》获国家级教学成果（教材）二等奖（2001），他主编的《中西比较诗学史》获四川省第十四次社科成果奖一等奖（2010）、《比较文学学科史》获四川省第十五次社科成果一等奖（2012）及教育部第六届高等学校科学研究优秀成果奖（人文社科）二等奖（2013）、《中外文论史》获四川省第十六次社科成果一等奖（2014）及教育部第七届高等学校科学研究优秀成果（人文社科）二等奖（2015），担任总主编的“中国语言文学专业原典阅读系列教材”被多所高校选用推广。曹顺庆教授担任第一首席专家主持的中宣部、教育部马克思主义理论研究和建设工程重点教材《比较文学概论》自出版以来累计印刷 15 次，累计销售约 12 万册，被全国 258 所高校选用。

针对中国人文学科教学过程中过于强调理论知识的框架建设，忽视对中外文化经典作品的研读鉴赏而导致的学科建构空疏问题，曹顺庆教授制定了以阅读中外原典为重中之重的教学方案，在由他主持的教育部教学改革重点项目“文化原典导读与本科人才培养”的教学改革实践和研究基础上，立足“原典阅读”和夯实基础，组织了一批学科带头人、教学名师、著名学者、学术骨干，为培养高素质的中文学科人才群策群力，编写了“高等院校汉语言文学专业系列教材”和“中国语言文学专业原典阅读系列教材”。这两套教材特色鲜明，立意高远，以秉承百年名校传统为要，承续严谨学风，培养新一代基础扎实、融汇中西的创新型人才。两套教材共 28 部，分别由北京师范大学出版社（10 部）和重庆大学出版社（18 部）出版，目前全国多所高校都在使用推广。在此基础上曹顺庆教授设计了多层次、多范围的原典教材，如针对四川大学文、理、工、医各学科本科生编写的文化素质必修课教材《中华文化》（复旦大学出版社，2006 年版），针对硕士、博士研究生编著的《中华文化原典读本》（北京师范大学出版社，2011 年版）等。

四十年来，曹顺庆教授始终将中外原典阅读、科教结合创新、世界视野拓展作为教材编撰的基准与导向，以内蕴真学问、大学问的精品教材育人、化人、成人。在“互联网＋时代”，他紧跟技术前沿，利用新科技手段和新媒体技术打造多元化、信息数字化的教材创新平台，以教材建设为基点，构建了“教材编写—课堂教学—人才培养”及“本科—硕士研究生—博士研究生”全阶段培养、全方面发展的高等教育教学的立体创新格局，实效显著，体现了他的育人初心与不懈追求。

三、专业建设成效

（一）汉语言文学专业建设

2022 年，曹顺庆教授作为专业负责人的“汉语言文学专业”获得“第三批高校省级课程思政示范专业”认定。汉语言文学专业是四川大学建设最早的专业之一，已有 120 余年的历史，四川大学的前身四川高等学堂、四川省高等学校、公立四川大学、国立四川大学均设有中文系。四川大学汉语言文学专业积淀深厚，名家辈出，成果丰硕，特色鲜明，位列全国学科专业前列。

1. 专业基础与总体建设

四川大学的汉语言文学专业创设于 1902 年，著名学者向楚、谢无量、潘重规、杨明照先后担任系主任。新时期以来，汉语言文学专业建设成果突出：1980 年，获批全国首批博士学位授权点；1993 年，汉语史成为全国首批国家级重点学科，也是当时四川大学第一个国家级重点学科；1995 年，获批教育部汉语言文学本科人才培养基地；1999 年，成立博士后流动站；2000 年，获批博士一级学科授位权；2004 年，获批 985 国家级创新平台；2007 年，获批全国首批一级重点学科（全国共 5 个，分别为北京大学、复旦大学、北京师范大学、南京大学、四川大学），位列全国汉语言文学专业前列。在教育部第一轮、第二轮全国高校学科评估中，四川大学中文学科均排名全国第五，第三轮评估没有参加，第四轮学科评估的成绩为 A，为中国西部中文学科最高排名。2017 年以中国语言文学为主干学科的“中国语言文学与中华文化全球传播”学科群入围四川大学“双一流”建设名单。2019 年，汉语言文学专业成为首批国家级一流专业，2021 年成为“四川大学 2035 先导计划”核心学科。

2. 师资队伍与科研建设

谢无量、赵少咸、杨明照、庞石帚、李劼人、任二北、缪钺、林如稷、华忱之、石璞、张永言等著名学者曾执教汉语言文学专业；赵振铎、向熹、项楚、赵毅衡等名师仍活跃于讲台；曹顺庆、李怡、金惠敏、张弘、张法、傅其林、张哲俊等长江学者特聘教授和国家级万人计划领军人才以及王兆鹏、王晓路、徐新建、阎嘉、俞理明、吴兴明、周维东等知名学者担任本科教学中坚，保证了本科生的培养质量。

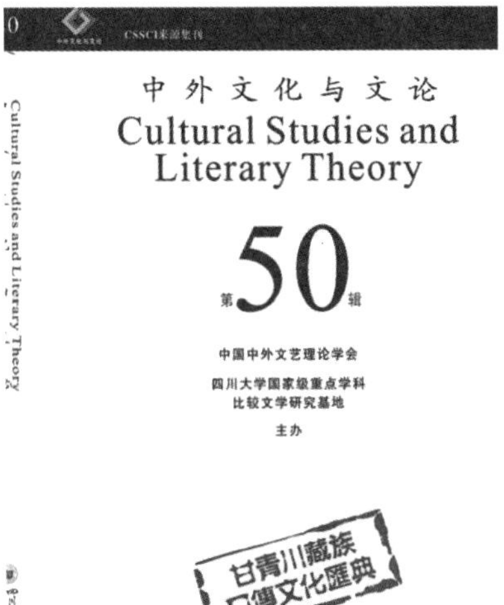

图 1−8 《中外文化与文论》封面

图 1−9 英文期刊封面

目前，汉语言文学专业的教师独立承担的国家社科基金项目有140余项，其中包含16项国家社科基金重大招标项目；发表重要学术论文（CSSCI）共1820篇，曹顺庆、李怡、赵毅衡、张法、金惠敏、张弘等学者在国内外权威期刊发表论文数百篇；出版学术专著462部；获国家级科研奖励35人次；获省部级科研奖励173人次。强大的科研力量充分保障了学生培养的科研学术水准。

汉语言文学专业主办的学术刊物《中外文化与文论》《现代中国文化与文学》《汉语史研究集刊》《符号与传媒》《阿来研究》是CSSCI来源集刊，主办的英文国际期刊 *Comparative Literature*：*East and West*（劳得里奇出版社）是ESCI期刊。

3. 课程建设与教学改革

汉语言文学专业立足自身定位与特色，力图以一流课程的建设支撑一流专业的发展，并扎实推进教学改革，实现本专业人才质量的全面提升。

首先，积极进行精品课程建设。建成“比较文学”“中华文化”国家级精品课程，“中国现当代文学”“普通话实训与测试”“中国诗歌艺术”“中国古代文学”等多门国家级一流课程，并建成“中国现代文学”“普通话实训与测试”“中国诗歌艺术”“中国古代文学”“现代汉语”“普通话语音训练”“外国文学经典欣赏”等多门省级一流课程。其中，国家级精品课程“中华文化”践行原典教学，是四川大学全校数万名本科生的必修课程，也是四川大学荣获国家级教学成果特等奖的重要举措和案例之一。

其次，学院于2019年启动了“立德树人”教学改革项目申报工作，并在此基础上开展了“从0到1”教学改革项目，共有26项成果获得立项。这些项目围绕“立德树人”的课程设计、实践、理论探索、经验推广等开展实质性的调研，旨在深入贯彻落实立德树人的根本任务，提升教师的教学能力。

最后，着力打造精品慕课，如“走近杜甫”“琴韵剧谭”“中国现代文学”“外国文学欣赏”“普通话实训与测试”“中国诗歌艺术”“走近苏东坡”“巴蜀现代文豪”等，在线总参加人数超过40万人次，社会影响广泛。其中“走近杜甫”“中国现代文学”“巴蜀现代文豪”分别获得“最美慕课”奖，在中央电视台《新闻联播》推出的时长两分钟的“慕课”专题报道获得了介绍。

目前汉语言文学专业共有教师105人，其中教授52人，具有博士学位的教师95人。专业教师中有长江学者特聘教授6人、长江讲座教授5人、青年长江学者2人，国家级教学名师2人，享受国务院政府特殊津贴专家11人，教育部新世纪优秀人才10人，以及“双百”人才多人。

汉语言文学专业立足培养拥有高素质学术文化水平、德才兼备的人才的育人目标，推进科研与教学相互哺育，强化个性化培养和跨学科培养。培养了一大批优秀人才，如长江学者特聘教授张法、王一川，作家戴月行（颜歌），企业家赵永庄、苏丁，以及近几年毕业的优秀本科生席瑞、张明眸、韩墨言、吕清怡等。其中的优秀本科生或是从《中国诗词大会》《奇葩说》等节目中脱颖而出，或是积极参与全国英语口语测评大赛、“大学生创新创业训练计划”国家级项目、国际辩论赛等，有多位获得国家奖学金和国际奖学金，展现了川大学子的文化底蕴与学术风采。就毕业去向而言，往届学生中一部分选择在国内继续研读，一部分选择就业，还有一些选择出国深造。早期毕业生中有杨明照、任半塘（任中敏）、王利器、潘重规、王叔岷等学术大家名家。本专业的学生在各领域皆成绩显著，达到了专业拔尖人才和杰出人才培养的成效。

（二）比较文学与世界文学专业建设

四川大学中文系于1982年开始比较文学研究，1984年在比较文学研究室的基础上建立了比较文学研究所。1998年，四川大学文学与新闻学院在比较文学研究所的基础上建立了比较文学与比较文化研究所，主要研究比较诗学、比较文学学科理论、中外文学关系。研究所依托四川大学中国语言文学博士后流动站、比较文学与世界文学博士点和文艺学博士点，由曹顺庆教授任所长，学术阵容强大，科研成果卓著。2000年，四川大学文学与新闻学院创办比较文学系，并于2001年开始招收比较文学专业本科生。经过四十年的实践探索，四川大学比较文学专业在曹顺庆教授的带领下及其主持的一系列教学改革项目的推动下稳步发展。

目前，四川大学比较文学与世界文学专业在全国比较文学学科排名中位列第一（参见教育部排名及武书连等相关排名），在全球比较文学专业国际研究力量高校排名中位列第一（哈佛大学位列第二），所隶属的一级学科“中国语言文学”在教育部第四轮评估中被评为A类学科，并入选“双一流”建设学科。从1984年至2002年，四川大学比较文学专业完成了从本科到博士后的人才培养体系的建构，影响辐射省内外、国内外，在中国和世界比较文学界发出了自己的铿锵之音，在领军人物、比较文学机构建设、全球学术交流平台建设、比较文学研究、比较文学著述、比较文学学科理论、比较文学人才培养方面均处于国际领先水平。在研究机构建设、学术期刊建设、全球学术交流平台搭建、学术研究领域建设等方面成效突出。

1. 研究机构建设

由曹顺庆教授领衔的四川大学比较文学基地于2014年获批“四川省比较文学重点研究基地”，是全国第一个比较文学重点研究基地。2020年，四川大学比较文学基地获批“比较文学国家级培育基地”。

2. 学术期刊建设

1989年4月，曹顺庆教授创办了全国首份《比较文学报》，美国学者李达三（John Deeney）教授在其所著的《从中国人的观念看比较文学》（英文版）中盛赞这份报纸的出版“在比较文学史上是独一无二的”创举。1994年10月，曹顺庆教授创办《中外文化与文论》（CSSCI来源集刊），该刊积极参与国际国内比较文学学术热点争鸣，有意识地构建中国的比较文学学科理论。1999年11月，曹顺庆教授创办国内首份比较文学英文国际期刊 *Comparative Literature*：*East and West*（ESCI期刊），为国内学者提供了和国外学者对话的平台。

3. 全球学术交流平台搭建

曹顺庆教授和国内外著名高校及专家学者展开积极的沟通合作，带领四川大学比较文学专业走向国际化，不断扩大四川大学比较文学专业在国际的影响力。2016年7月1日—3日，四川大学和美国宾夕法尼亚州立大学联合举办第七届“中美双边比较文学国际学术研讨会”。同年7月27日，曹顺庆教授作为中国比较文学学会会长代表中国比较文学学会在奥地利维也纳成功拿下第22届国际比较文学学会年会举办权。这是中国比较文学和四川大学比较文学专业走向世界的强有力证明，也是这一学术领域的一个新的里程碑。2019年9月，由曹顺庆教授领衔的双一流学科群代表团前往美国宾夕法尼亚州立大学参加“第8届中美双边比较文学论坛”。2020年，曹顺庆教授及其团队打造了三大学术平台：比较文学国际系列讲座、四川大学比较文学校友论坛、国际比较文学博士生论坛。这是国内比较文学首次“全球性”系列学术讲座。

4. 学术研究领域建设

在曹教授的带领下，四川大学比较文学专业的比较诗学研究、比较文学学科理论、中外文学关系研究极具创新特色，在国内处于领先水平，以此研究领域孵化国家级科研立项数十项。如1996年国家社科基金“九五”规划重点项目“中外文学发展比较研究”、2002年国家社科基金“十五”规划项目“中外文论比较研究”、2007年国家社科基金“比较文学变异学理论研究”、2007年国家社科基金重点项目“比较文学学科史”、2012年教育部哲学社会科学重大课题攻关项目“英语世界中国文学的译介与研究”、2019年国家社科基金重大项目“东方古代文艺理论重要范畴、话语体系研究与资料整理”等。

四、人才培养成效

曹顺庆教授在本科优秀人才培养方面也取得了突出成效。从教四十年间，曹教授进行了全方位的教学方式改革，不断改善中学与西学分离的培养现状。在教学改革实践中，曹教授首先通过建设双语课程激发本科生中西思维的碰撞，引导本科生进行文明互鉴与学术创新；通过带领本科生参加国际学术会议，为他们提供中西对话的契机；通过引进高端外籍教授开展英文学术论文写作工作坊，做到融通中西，切实引导本科生参与国际学术研究，培养了一批学贯中西，能够进行文明互鉴的本科人才。

在教学改革中，曹顺庆教授进行了多层次培养资源的开拓。一方面通过中华文化原典与学术前沿教材双重建设，为培养既具学术前沿视野又具厚实基础的研究生提供了丰富的教学资源。另一方面通过科研项目与培育基地建设，为培养学贯中西、古今贯通的学术人才提供了学术实践平台。曹顺庆教授先后获批五大重点科研项目，如国家社科基金重大项目、教育部重大攻关项目、教育部首批新文科研究与改革实践项目、拔尖人才计划研究课题等，积极引导学生参与科研项目，与国际学术界对话；建成了四大科研与人才培育基地（四川大学比较文学国家级科研培育基地、四川省比较文学研究基地、四川省传统文化普及基地、中华传统文化社科普及基地）；打造了三大学术平台（比较文学国际讲座、四川大学比较文学校友论坛、国际比较文学博士生论坛），为培养本科拔尖人才提供了实践平台。

曹顺庆教授开展了多领域学术研究，比如率先提出中国文论“失语症”问题与中国文论话语建设、比较文学变异学理论等，创新性地进行“英语世界中国文学的译介与研究”，并将研究范围拓展至“法语、德语、西班牙语、日语、梵语世界”。曹顺庆教授积极推进科研与本科教学的相互哺育，依托其开创的创新性学术领域及项目，鼓励本科生参与学术研究实践与话语理论建构，为本科人才培养提供了多领域学术研究实战平台，培养了一批具有创新性思维与学术实践能力的实战型本科人才。

曹顺庆教授以立德树人、因材施教、个性化培养的原则为指导，坚持知识传授、能力培养及人格养成“三位一体”的人才培养模式。一方面，在传授知识的同时，注重本科生的精神品格培养，强化使命驱动教育和川大精神秉承，鼓励学生自觉承担服务中华民族伟大复兴的重要使命，并在具体教学中秉持原典理念，践行原典教学，使本科生从原典入手，深入传统文化的学习与传承，推动中华文化在全球的传播，为中华民族伟大复兴做出贡献。在牢固树立国家意识、中心意识、使命感和责任感的同时，鼓励学生加强川大精神的承继与光大，树立身处西部、胸怀天下的远大志向，锻造勇立潮头的责任、信心和勇气。另一方面，不断创新教学方法，强化个性化培养，充分尊重学生的个性特点，使每一位学生都能成才，以自身的道德风尚和专业水准全面推进学生茁壮成长，培养了一批具有学术使命感与责任感的个性化本科人才。

比较文学是一门需要跨学科视野的学科，曹顺庆教授在教学改革与人才培养过程中不断促进学科交叉，推进本科人才的跨专业培养，全面打通文史哲政经，打破人文学科、专业、院系间的分区格局，整合大学文科人才培养资源，建设大学文科课程体系，组建大学文科教学团队，设立大学文科研究课题，开辟多元化、贯通式、跨学科的人才培养新模式，培养出一批具有跨学科视野的创新复合型本科人才。

第二章　四川大学比较文学学科团队建设

作为国内比较文学研究的重镇，在本科比较文学教学方面，四川大学比较文学教学团队不仅发扬了杨明照先生等学者的研究思想和教学传统，而且在曹顺庆教授的带领下，以学生为本，不断探索创新，建设核心教学团队。经过老中青三代教学团队的努力，四川大学比较文学学科形成了“教、学、研互动”的特色教学模式，在中国高校教学改革的背景下，邀请国际学者为本科生上课，真正做到了对话国际、互动交流，推动了比较文学学科的进一步发展。

第一节　教学队伍的建立与发展

一、比较文学的“四川阶段”

比较文学作为一门独立的学科诞生于19世纪70年代的欧洲。在西学东渐的潮流中，中国比较文学于20世纪初发轫，后作为一门学科开始孕育。经历了几十年的曲折与沉寂，比较文学在改革开放的浪潮下重新焕发生机。[①] 四川学界在这一阶段迎来了飞速发展的机遇，成为中国比较文学发展的前沿阵地，逐渐形成了一支科研过硬的比较文学研究队伍。乐黛云三十年前便高度评价“‘川军’是全国比较文学研究的四大方面军之一”，并在采访中多次提到“强大的比较文学川军”[②]，形象而恰当。曹顺庆、王涛将四川比较文学的发展脉络归纳为与中国比较文学同命运、共沉浮的三个阶段：

> 第一阶段（1978—1988），是四川比较文学的自我觉醒期。在整体研究状况上深受法国影响研究和美国平行研究的影响，处于无意识的比较阶

① 乐黛云、王向远：《中国比较文学百年史整体观》，《文艺研究》，2005年第2期。

② 张叉、乐黛云：《乐黛云教授访谈录》，《中外文化与文论》，2017年第35辑。

段。此期开展的比较诗学研究是四川乃至整个中国比较文学研究中最具特色的研究成果之一。

第二阶段（1988—1998），四川比较文学成长为中国比较文学中的一支不可或缺且强有力的生力军。在对中国比较文学的反思和重建中，四川比较文学界在中外文学关系、比较文学原理、比较诗学等研究领域涌现出一大批可喜的研究成果。其中四川比较文学研究者先后提出的“失语症”“重建中国文论”等重大学术命题对中国比较文学的发展起到了积极的推动作用。

第三阶段（1998—2008），是世界格局中四川比较文学的形成期。在世界比较文学发展的危机和契机中四川比较文学团队提出的比较文学“变异学”“跨文明研究”的学科理论突破性地重建了比较文学的学理构架，推动了以中国学者为核心、以“跨文明研究”为基本特征、以变异学等理论为核心的世界比较文学第三阶段的形成。①

可以看到，在第一阶段，由于自身理论发展较为滞后，“比较诗学”是中国比较文学界关注的重心，四川比较文学也是如此。第二阶段主要是对中国比较文学的反思与重建。在此阶段，四川比较文学学者开始为学术界贡献自己的理论成果。在第三阶段即强调“跨文明异质研究”阶段，这是以曹顺庆教授为代表的中国学者在比较文学学科领域提出的理论创新，也使比较文学走上了新的发展阶段。经过三个阶段的发展，四川比较文学由吸收理论到提出具有创新意义的理论，这与中国比较文学逐渐形成的研究体系和建立自身的学术话语一致。三个阶段的研究贯穿起来便形成了“川大学派”的特色，落实到本科教育中，各个阶段的命题与川大的教学改革相配合，并体现在比较文学教材的编写与教学中。

在中国比较文学稳步前进的学术大背景下，四川比较文学的发展在教学、研究机构和学术期刊等方面多点开花。作为四川比较文学研究中心之一的四川大学，在1982年便开始了比较文学的研究与教学。1984年建立比较文学研究室，开设比较文学课。1989年创办了全国第一份《比较文学报》。1994年创办了《中外文化与文论》。1998年，四川大学文学与新闻学院在比较文学研究所的基础上建立了比较文学与比较文化研究所。1999年创办英文国际期刊*Comparative Literature*：*East and West*。

四川大学继承了杨明照先生古代文学思想理论研究的基础，形成了具有学

---

① 曹顺庆、王涛：《四川比较文学三十年》，《天府新论》，2009年第5期。

术特色的学术团队。曹顺庆教授作为杨明照先生的第一位博士生，从中西比较诗学研究起步，最先受到国内外学者的瞩目，其代表作《中西比较诗学》被译为俄文在莫斯科出版社出版。曹顺庆教授专注于中西文论文化模式和文化根源的研究，著有多卷本《比较文论史》。2005 年，曹顺庆教授提出了两个重要的比较文学学科理论问题：比较文学跨文明研究和比较文学变异学理论。2014 年，国际著名出版社斯普林格（Springer）在海德堡、伦敦、纽约同时发行曹顺庆教授的英文著作 *The Variation Theory of Comparative Literature*，引起国际学界的广泛关注，得到世界著名学者的好评，产生了世界性的影响。一些对比较文学有浓厚兴趣、立志从事比较文学研究的人士逐渐形成了一个研究群体。1995 年，陈厚诚撰文说："中青年学者中涌现出了杨武能、曹顺庆、何开四、王锦厚、龚翰熊、李敬敏、陈厚诚、张良春、朱徽、王泉根、肖明翰等一批实力相当雄厚的比较文学研究者。"这些学者立足比较文学的视角在不同的领域进行研究，如杨武能教授以比较文学的视角研究德语文学与中学西播、现代中国文学在德国的情况，陈厚诚教授从中西比较角度研究中国现代十大文学批评模式，朱徽教授进行文学翻译的基础研究，傅勇林教授着重于诗学语言学研究，张昌余教授研究了酒文化与中国文学之间的关系。①

曹顺庆教授不仅在学术创新事业上创作甚丰、造诣甚高，在教学和学生培养方面也做出了卓越的贡献，培养了一大批博士生，其中许多优秀的博士已经成为各自研究领域的专家，成为包括四川大学在内的全国众多高校的著名教授、博导，如傅勇林、蒋承勇、叶舒宪、徐新建、李伟昉、王晓路、阎嘉、李天道、曾明、尹锡南等。曹教授率领众弟子创建了以四川大学为中心、辐射全国、发声国际的比较文学学术群体，涵盖了文艺学、比较文学、外国文学、文学人类学、美学等众多学科。曹教授鼓励弟子们发挥跨学科的优势，如叶舒宪、徐新建在文学人类学方面的研究已经处于国内领先地位。② 杨荣在 2009 年就评价说："四川比较文学与世界文学学科已经形成一个学术实力雄厚、在国际上有一定影响、在国内领先的学术群体。""这个学术群体以四川大学曹顺庆教授为领军人物，在他的周围团结着一批专家学者，四川大学的比较文学与世界文学教学与研究已成为四川比较文学的核心阵地。"③

① 陈厚诚：《比较文学在四川》，《中国比较文学》，1995 年第 1 期。
② 辜佳丽：《杨明照先生与川大学派》，《中外文化与文论》，2020 年第 4 期。
③ 杨荣：《比较文学视阈下的四川民族文学教学与研究》，《四川文理学院学报》，2009 年第 19 期。

二、四川大学比较文学教学团队

如今，四川大学比较文学学术团队已经得到了充分的发展，形成了老中青三代一体，互相补充、互相学习、彼此依靠的可持续发展的研究梯队，拥有多个较为稳定且在国内颇具影响力的研究群体，如曹顺庆教授领军的比较文学研究团队，赵毅衡教授、唐小林教授领衔的符号学研究团队，徐新建教授带领的多民族国家文学与文化研究团队，以王晓路教授、阎嘉教授、傅其林教授为代表的比较诗学与比较文学团队等。曹顺庆、赵毅衡、金惠敏、张法、张哲俊等第一代研究队伍中的主力成员已经成为颇具国际影响力的比较文学专家。徐新建、阎嘉、尹锡南、赵渭绒与梁昭等中年比较文学学者已经脱颖而出，成为新时期第二代研究队伍中的中坚力量。庄佩娜、王一平、莫俊伦、张帅东、杨清等青年教师已崭露头角，是第三代研究队伍中的新生力量。老中青三代的主要优势是多有本科甚至硕士外语专业背景，拥有比较文学博士学位甚至博士后工作经历，接受了比较文学严格的学术训练，基础扎实，潜力巨大。① 教学团队成员的相关介绍见表 2—1：

表 2—1　四川大学比较文学教学团队成员简介

姓名	出生年月	职称	研究方向
曹顺庆	1954 年 2 月	教授	比较文学、比较诗学、中国文化与文论、文化与传媒
赵毅衡	1943 年 5 月	教授	形式论、符号学、叙述学
徐新建	1955 年 11 月	教授	比较文学、文学人类学、多民族文学
金惠敏	1961 年 11 月	教授	文化理论、比较哲学、美学
张　法	1954 年 12 月	教授	美学、文艺学、思想史
王晓路	1953 年 10 月	教授	文学理论、文化批评、国际汉学
张哲俊	1961 年 1 月	教授	比较文学、东亚文学
赵渭绒	1976 年 12 月	教授	东亚比较文学研究、中国古代文学研究
尹锡南	1966 年 12 月	教授	印度古典梵语文艺理论、中国与南亚国家人文交流、印度汉学（中国学）史
王一平	1984 年 2 月	教授	当代英美文学、类型文学、比较文学理论
梁　昭	1979 年 1 月	副教授	比较文学、文学人类学、中外多民族文学比较研究
莫俊伦	1984 年 2 月	副研究员	福克纳研究、比较诗学、译介学

① 张叉、谢逸雯：《四川比较文学四十年》，《攀枝花学院学报》，2021 年第 38 期。

续表2-1

姓名	出生年月	职称	研究方向
庄佩娜	1983 年 12 月	副教授	比较文学、文化与翻译
张帅东	1992 年 7 月	讲师	比较文学与世界文学、19 世纪英国小说
杨　清	1991 年 12 月	讲师	比较文学

在近 40 年的发展中，四川大学比较文学的学术教学团队经历了人数由少到多、研究背景日趋多元的历程，教学模式也从单人上课发展到团队上课。1984 年，四川大学汉语言文学系开设比较文学本科课程，作为专业选修课，主要由曹顺庆教授授课；此后王晓路、徐新建先后加入，与曹顺庆教授轮流授课；2007 年年轻学者梁昭加入教学团队；2009 年赵渭绒参与授课；到了 2012 年，比较文学成为国家级精品资源共享课，由老中青三代学者共 15 人组成教学团队，分工协作，共同授课。此外，在保障学术培养的前提下，全体师生进一步加强思想政治建设，2022 年团队教授的汉语言文学专业被四川省教育厅评为第三批高校省级课程思政示范专业。团队的发展见表 2—2：

表 2—2　四川大学比较文学课程团队教学发展

课程性质	授课教师	授课模式
专业选修课	曹顺庆	单人授课
专业必修课	曹顺庆、王晓路、徐新建	轮流授课
国家级精品资源共享课	曹顺庆、徐新建、梁昭、赵渭绒等	团队授课

下面就比较文学学术教学团队的部分成员作一简单介绍：

曹顺庆教授是欧洲科学与艺术院院士，四川大学文科杰出教授，文学与新闻学院学术院长，国家级教学名师，中国比较文学学会第四任会长，四川省社科联副主席，国批博士生导师（1993 年），国务院学位委员会学科评议组成员，教育部教学指导委员会中文学科副主任委员，国家社科基金评委，教育部跨世纪优秀人才，霍英东教师基金获得者，做出突出贡献的中国博士学位获得者，享受国务院政府特殊津贴专家，教育部百篇优秀博士论文指导教师，国家级精品资源公开课负责人，中国古代文学理论学会副会长，中国中外文论学会副会长，美国哈佛大学、康奈尔大学访问学者，美国普渡大学 A&HCI 期刊 *Comparative Literature & Culture* 客座主编，英文国际期刊 *Comparative Literature：East and West* 主编，英文国际期刊 *Comparative Literature & World Literature* 主编，《中外文化与文论》（CSSCI 来源集刊）主编，《文学评论》编委，《中国比较文学》编委。其英文专著 *The Variation Theory of Comparative Literature* 由德国斯普林格（Springer）出版社出版，代表作《中西比较诗学》被译为俄文在莫斯科出版社出版，主要中文著作有《中外文论史》《东方文论选》《中国古代文论话语》《比较文学教程》《比较文学学科史》《中华文化》《世界文学发展比较史》《比较文学学科理论研究》等。主持多项国家社科基金重点项目、教育部社科基金重大招标项目，多次获国家级教学成果奖、教育部人文社科优秀成果奖、四川省政府教学成果奖、四川省政府社科优秀成果奖。在国内外多个期刊发表学术论文，如英文期刊 *European Review*（《欧洲评论》，A&HCI 期刊）、*Orbis Litterraum*（《世界文学》，A&HCI 期刊）、*Comparative Literature & Culture*（《比较文学与文化》，A&HCI 期刊），国内学术期刊《文学评论》《文艺研究》《外国文学研究》等。

赵毅衡教授是四川大学符号学—传媒学研究所所长，双语半年刊《符号与传媒》（*Signs & Media*）主编，主攻形式论、意义理论，其中英文论著、编著及文学创作、译作成果丰赡。主编《符号学译丛》《符号学前沿研究》丛书，主要中文著作有《美国现代诗选》《远游的诗神》《新批评》《文学符号学》《苦恼的叙述者》《当说者被说的时候：比较叙述学导论》《必要的孤独：形式文化学论集》《建立一种现代禅剧》《礼教下延之后：中国文化批判诸问题》《意不尽言：文学的形式—文化论集》《符号学：原理与推演》《广义叙述学》《趣味符号学》《断无不可解之理》《形式之谜》《哲学符号学：意义世界的形成》《新批评文集》《符号学文学论文集》等。主要英文著作有 *The Uneasy Narrator: Chinese Fiction from the Traditional to the Modern*，*Towards a Modern Zen Theatre*。主要文学创作有中篇小说《居士林的阿辽沙》、长篇小说《沙漠与沙》、散文集《对岸的诱惑》《有个半岛叫欧洲》。参与编辑的刊物有 *World Literature Today*（Board Specialist），*Semiotica*（Member of the Editorial Committee）。担任职务的国际学术组织有 Academy of European Cultural Heritage（International Advisory Board Member）、International Association of Semiotics（Member of the Collegium）。

徐新建教授现已成为文学人类学与中国少数民族文学学科带头人，教育部人文社科重点基地四川大学中国俗文化研究所研究员，四川省文史馆特聘馆员，四川省学术带头人；兼任中国比较文学学会常务理事、文学人类学研究分会会长、四川省比较文学学会执行会长。在比较文学、文学人类学、多民族文学等方面硕果累累。在《新华文摘》《文学评论》《文艺研究》《民族研究》《文艺理论研究》及 *Journal of Cambridge Studies*、*Revue de literature compare*

（法国《比较文学评论》杂志）等刊物发表论文数十篇；担任国家社科基金重大项目“中国多民族文学的共同发展研究”和教育部人文社科基地重大项目“藏彝走廊的民俗遗产研究”“西南多民族生死观与民俗考察研究”首席专家，兼任学术辑刊《文学人类学研究》主编。

王晓路教授为四川大学文学与新闻学院比较文学与世界文学专业博士研究生导师，还是四川大学外国语学院英语言文学专业博士研究生导师、国务院侨办文化讲座讲授、美国亚利桑那大学客座教授、国际比较文学学会结构委员会（the Structures Committee，ICLA）委员、美国《比较文学与比较文化》（CLCWEB）期刊（A&HCI 检索）编委、中国人民大学《复印报刊资料·文化研究》编委、英文期刊 *Comparative Literature*：*East and West* 执行主编。加拿大不列颠哥伦比亚大学、麦吉尔大学、多伦多大学英文系访问学者，芝加哥大学英文系访问学者，杜克大学文学系和亚太所访问教授，比利时根特大学汉学系访问学者，东吴大学、香港中文大学、香港城市大学访问学者。主要成果有专著《全球化与人文学术的现代性》《思想的对话——文学与文化之间》《西方马克思主义文化批评研究》《文化批评关键词研究》等七部；译著《文学理论的未来》《文化研究指南》等五部。参与英文版权威辞书 *Encyclopedia of Contemporary Chinese Culture*（《当代中国文化百科全书》）文学类词条的撰写。发表中文、英文论文共 100 余篇。

赵渭绒教授是教育部马克思主义理论研究和建设工程重点教材编写组专家，中国比较文学学会理事（负责全国青年学者工作），中国比较文学学会教学分会常务理事，四川省比较文学学会秘书长，韩国外国语大学外籍教授。主要研究方向为比较文学学科理论、中外文学关系研究，近期主要聚焦于比较文学学科理论研究及中韩文学关系研究。先后在《外国文学研究》（A&HCI 期刊）、《文艺研究》（A&HCI 期刊）、《中国比较文学》（CSSCI 来源期刊）上发表论文 40 余篇（其中多篇被《高等学校文科学术文摘》、人大复印资料全文转载，出版专著《西方互文性理论对中国的影响》，参与编写教材 5 部，如《比较文学概论》（教育部重大攻关项目）、《比较文学》（副主编）、《西方文化》、《中国现当代文学》、《文学写作》等。主持省部级以上科研项目 4 项、国家社科基金项目 2 项，参与国家社科基金重点项目、教育部重大课题攻关项目多项。获四川省教学成果奖一等奖、四川省社会科学优秀成果奖等多项奖项。

王一平教授是英国伦敦大学伯贝克学院、曼彻斯特大学访问学者。主要研究方向为当代英美文学、类型文学等。先后在《外国文学评论》《外国文学研究》《外国文学》《国外文学》及 *English Studies*、*World Literature Studies*、

Orbis Litterarum 等国内外重要学术期刊上发表论文数十篇，主持国家社科基金项目 2 项，霍英东青年教师基金项目、四川省社科基金项目等省部级项目 5 项，四川大学引进人才项目等院校级项目 2 项，参与国家社科基金重大项目多项。ESCI 期刊 *Comparative Literature*：*East and West* 的副主编。获四川省第十九次社会科学优秀成果奖二等奖，参与撰写的著作 2015 年获教育部第七届人文社会科学优秀成果奖三等奖。2018 年被评为四川省学术和技术带头人后备人选，2020 年入选四川省“天府万人计划”社科菁英。

梁昭副教授是国家级精品课程“比较文学”的主讲教师，教育部重点研究基地四川大学中国俗文化研究所研究人员，中国多民族文学论坛学术委员会秘书长、四川省比较文学学会副秘书长、四川大学《文化遗产研究》副主编。美国哈佛大学访问学者。主要研究方向为文学人类学、中国多民族文学、比较文学。出版专著《表述“刘三姐”——壮族歌仙传说的变迁与建构》，参与撰写《比较文学学》《外国文学》《大学语文》及“世界文学读本系列”等；发表论文 30 余篇。国家社科基金重大项目“中国多民族文学共同发展研究”子课题负责人。主持教育部项目 1 项、中央高校基本科研业务费“四川大学青年学术人才”项目 1 项。主要教授文化人类学、文学人类学、田野考察、外国文学等课程。

庄佩娜副教授为四川大学文学与新闻学院副研究员、英文期刊 *Comparative Literature*：*East and West* 管理编辑，主要研究方向为比较文学、文化与翻译等。先后在《中南民族大学学报》《外国文学研究》及 *Comparative Literature and Culture*、*Cultura* 等国内外学术期刊发表论文 10 余篇。

曹顺庆
欧洲科学与艺术院院士，中国比较文学学会会长，教育部“长江学者”特聘教授

赵毅衡
四川省比较文学学会副会长，四川大学符号学—传媒学研究所所长

徐新建
中国比较文学学会文学人类学研究分会会长，四川大学文学与人类学研究所所长

梁昭
中国比较文学学会理事，四川省比较文学学会副秘书长

赵渭绒
中国比较文学学会理事（青年委员会副主任），四川省比较文学学会秘书长

图 2—1　四川大学比较文学团队国内授课学者（部分）

黄维樑于2017年论及四川比较文学时说："成都可说已成比较文学之都。"[①] 此时围绕曹顺庆教授这位比较文学领军人物，以四川大学和中国比较文学学会为平台，已经涌现了一大批优秀的比较文学学术人才。如徐新建是中国文学人类学学会副会长、四川大学文学人类学研究所所长，赵毅衡是四川省比较文学学会副会长、四川大学符号学—传媒学研究所所长，梁昭是中国多民族文学论坛学术委员会秘书长、四川省比较文学学会副秘书长，赵渭绒是中国比较文学学会副秘书长、四川省比较文学学会秘书长。可以看出四川大学在四川比较文学乃至中国比较文学界的龙头地位。

三、"内""外"结合的比较文学教学团队

为拓宽四川大学比较文学的国际视野，提高本科比较文学课程的授课质量，曹顺庆教授还邀请了许多国外学者加入授课团队。例如比利时欧洲科学院院士、四川大学外籍长江学者讲座教授德汉（Theo D'haen），欧洲科学院副主席、丹麦奥尔胡斯大学比较文学系荣誉教授、四川大学外籍长江学者讲座教授拉森（Svend Erik Larsen），著名汉学家、哈佛大学教授、美国人文与科学学院院士、美国哲学学会成员、麦伦基金会杰出成就奖获得者宇文所安（Stephen Owen），美国亚利桑那大学人文学院东亚研究系教授、博士生导师、四川大学文学与新闻学院长江讲座教授、全球化研究学位项目中心联席主任李点，华盛顿大学比较文学系教授、*Modern Language Quarterly* 杂志的主编马歇尔·布朗（Marshall Brown），国际权威期刊 *Comparative Literature Studies* 杂志的主编、美国宾夕法尼亚州立大学教授毕比（Thomas O. Beebee），美国俄亥俄州立大学东亚语言文学系教授马克·本德尔（Mark Bender），西方后殖民理论思潮的主要代表佳亚特里·斯皮瓦克（Gayatri C. Spivak）等国际知名学者。国际学者的授课内容主要涉及世界文学研究、英文论文写作和北美汉学研究等，本土学者则主要讲授中国特色的比较文学，涉及比较文学变异学、多民族文学比较研究、符号学原理与应用、形象学、类型学和翻译学等。两者相辅相成，丰富了学生的知识面，拓宽了学生的研究视角。

① 张叉、黄维樑：《守正创新，开辟中国比较文学研究的新天地——黄维樑教授访谈录》，《外国语文论丛》，2017年第7辑。

Svend Erik Larsen
欧洲科学院副主席、丹麦奥尔胡斯大学比较文学系荣誉教授、四川大学外籍长江学者讲座教授

Theo D'haen
比利时欧洲科学院院士、四川大学外籍长江学者讲座教授

Gayatri C.Spivak
西方后殖民理论思潮的主要代表

Thomas Beebee
国际权威期刊*Comparative Literature Studies*主编、美国宾夕法尼亚州立大学教授

图 2−2　四川大学比较文学团队国外授课学者（部分）

通过对内培养和对外引进等多种方式，四川大学比较文学学术团队得到了向下纵深和对外广博的充分发展，形成了独有的团队教学优势与风格。改革开放以来四十余年的时间，学术团队的人数不断扩充，层次不断丰富，结构不断优化。这些不同时代的学者利用自身不同的学科背景，在比较文学这条道路上不断开拓前进，取得了丰硕的学术成就与育人成果。团队的影响力不断扩大，逐渐形成了多层次的从西南地区向全国乃至全世界辐射的发展势头。

第二节　团队教学的实践和特色

作为教育部直属的全国重点大学之一，四川大学坐落于素有“西南重镇”之称的成都市，为近现代中国社会的发展持续输出高质量、高素质人才。四川大学比较文学学科在拥有国际影响力的情况下仍然积极进取，勇于创新。为贯彻落实 2007 年教育部《关于实施高等学校本科教学质量与教学改革工程的意见》中“教学团队与高水平教师队伍建设”的精神，四川大学比较文学学科建立了比较文学教学团队。

四川大学比较文学教学团队依据多年授课中积累的教学经验与具体教学情况，逐渐建立了一套较为成熟的多点团体教学模式，搭建了老师与学生之间的双向互动平台，培养了学生多个点位上的综合能力。一方面，四川大学比较文学教学团队负责的比较文学课堂从“教”与“学”两个方面共同发力，为本科生培养提供了坚实的教学基础与灵活的教学方法；另一方面，团队教学模式为比较文学学科教师梯队的建立提供了制度保障。

一、“教”：团队合作的多点教学

作为一种教学形式，团队教学有效地克服了以往“以点代面”的传统教学形式的弊端，使得教学更加互补、多元化，更具思辨性，规避了“短板效应”造成的诸多不足。简而言之，团队教学是以团队代替个人，拥有共同的教学目标和互补性质，形式更加多样的“殊途同归”的教学形式。四川大学比较文学教学团队在课程教学上所采取的多个点位的形式正是团队教学这一形式的良好实践。

比较文学课程作为四川大学文学与新闻学院本科生培养计划中的一门基础课程，是培养中国语言文学专业优秀人才的必修课。在具体的开设过程中，比较文学的课程容量较大，学生数量较多，传统的单一的教学模式不足以全方位覆盖教学过程中的所有问题。而在团队教学中，教师所教授的领域在进行课程安排时可以分流，针对学生问题的解答更具专业性与学科特异性。并且多个教师的存在能够保证学生的每个疑问都能得到充分的解答，这既是团队教学在教学实施上的优势，也是团队教学所能兼顾的第一个点位。

除了对应机制的优化，比较文学团队教学的一个最明显的优势在于其教学实施过程中的专业性与分散性，这是团队教学的第二个点位。作为国家级精品资源共享课，比较文学课程的受众不仅有校内的本科生，还包括广泛的社会人群。在课程设计上，比较文学团队充分考虑了这些因素，制定了广泛覆盖比较文学各流派分支与主要研究方向的教学计划。在团队教学中，多位老师共同进入课堂授课，更具针对性地负责自己研究领域的教学任务，这种形式最大限度地保证了比较文学具体领域的铺展与内容的完善，做到了各领域皆有专攻，不疏漏、不模糊、不薄弱。例如，通过 2020 年春季学期比较文学课程的教学安排表（表 2—3），我们能够清楚地看到授课教师的分工与课程安排。课程负责人曹顺庆教授介绍比较文学的学科背景、学科概况，之后的课程中，庄佩娜、王一平、赵渭绒、梁昭、莫俊伦、徐新建几位老师依次实施教学任务，在每周的课程主题中分别对包括流传学、渊源学与媒介学、翻译学、接受学与变异学等在内的比较文学各类别与流派作详细讲述。教学团队采取“总—分—总”的教学结构稳定地保证了教学效果。

表 2—3 2020 年春季学期四川大学比较文学课程教学安排表

行课周次	课程安排	授课教师
第一周	关于在线学习及后期学习的具体安排及答疑、过程考核、课程考核等	赵渭绒
第二周	绪论：比较无处不在	曹顺庆
第三周	什么是比较文学	
第四周	流传学	庄佩娜
第五周	渊源学、媒介学	王一平
第六周	比较文学与翻译研究	庄佩娜
第七周	形象学	赵渭绒
第八周	接受学、变异学	
第九周	类型学	梁昭
第十周	主题学与文类学	
第十一周	比较诗学	莫俊伦
第十二周	跨学科研究	
第十三周	总体文学	
第十四周	跨文明比较文学	徐新建
第十五周	学生课堂 PPT 打擂初选	全体教师
第十六周	学生课堂打擂决赛	
第十七周	期末考试	

比较文学团队中既有本土教师，也有外籍教师。如在 2020 年春季学期比较文学课程中授课的莫俊伦就是外籍教师。莫俊伦毕业于瑞德福大学，获得佛罗里达州立大学硕士学位、四川大学比较文学与世界文学博士学位，是四川大学的副研究员，他的主要研究方向为福克纳研究、比较诗学、译介学等。在 2020 年春季学期本科生课程教学中，莫俊伦老师主要讲授了比较诗学、跨学科研究与总体文学。这种“中西合璧”的形式是对比较文学教学团队视野的拓展与内容的扩充，在本土教师稳健“内向”的属性的基础上，合理地保证了比较文学“外向”一面的发挥。四川大学比较文学学科在建立伊始便具有强烈的交流性，学科的特性决定了比较文学既要强调本民族文化对世界文化的接受，重视以世界文化的语境观照中国本民族的文学，积极吸收他民族文化的营养，又要保持清醒，从与他民族文化的比较中发现自身的优势与不足，为世界文化的发展做出自己的贡献。因此，本土教师与外籍教师兼备的教学团队为学生提供了包含中外的双向学科视野，不仅能够帮助学生更为深入地了解比较文学学

科，还能加强教学团队成员之间的学习与交流，对中国比较文学学科的世界发展有一定的促进作用。这是四川大学比较文学团队教学的第三个点位。

团队教学还保证了教学任务在具体的教学过程中更具机动性，这是比较文学团队教学的第四个点位。新冠肺炎疫情暴发之后，全球进入了不同程度的应对状态。在这种情况下，教师的安排更可能受到多重因素的影响而出现意外。在计划临时变动的情况下，团队教学的形式比传统的单一的教师教学形式更能呈现应对风险的能力。在教师因种种因素而不能授课的情况下，团队教学可以对具体的课程安排进行合理调整，由其他老师代为授课，或将其他老师负责的课程提前，以合理应对意外事件。

综上，四川大学比较文学教学团队采取团队教学的形式，兼顾了学生覆盖、课程教授、外向视野、机动调整这四个具体点位的教学，建立了多点教学这一较为成熟的模式，并不断完善与发展。

二、“学”：习、做、演的互动展演

以上所述体现出团队教学中“教”的一面，作为“教”的反馈与补充，四川大学比较文学团队的教学在具体课程中呈现出“学”的一面，并在课堂中发挥了独特的作用。

与站在教师一方，侧重于教学输出的“教”相对，“学”则站在学生一方，侧重于教学接受。“教”与“学”总体而言是一个过程的两个方面，在团队教学中具有同等重要性。需要注意的是，这种解释性的说法只是阐明了“学”在教学点位中的重要性，并不意味着“学”在团队教学的范畴之外；相反，作为比较文学总体教学策略中的一个环节，“学”同样在比较文学团队教学的总体安排之中，是团队教学的重要补充。

团队教学对于“学”这一环节的总体策略大致分为习、做、演三步。具体的实施情况则要根据实践不断调整。这三个部分彼此区隔，兼具内在的联系性与递进性，从促进学生充分发挥自身的能动性出发，不仅注重学生在传统教育中所学到的知识理论层面的培养，同样注重学生在实践操作层面的能力以及综合运用所学知识的能力的培养。

第一步，“习”。这一步与“学”这一整体概念对应，强调的是学生在专业课程的学习过程中对比较文学专业知识的理论性习得与概念性掌握，并基于此对学生在课堂上所学知识的消化情况进行设计与考查，主要是综合测验与课堂作业，要求学生或即时或通过课后思考，以课程论文的形式对所学知识进行总结与反思，并结合自身的学术兴趣与学术视角自主选择题目，独立完成课程论文的组织与写作。

特殊时期，“习”的具体形式也会因教学团队所采取的教学模式进行调整。在国内疫情较为严重的时候，一些课程只能通过线上的形式进行。为与线上教学相适应，教学团队讨论设计了期末测验开卷形式，以对学生的理论知识与学科素养进行考查。开卷的形式既规避了死记硬背的填鸭式教学的弊端，又对学生灵活调动所学知识与创造性思辨能力提出了要求。

对专业知识的理论性习得与概念性掌握具有知识储备的效果，是基础性的学科知识，也是更进一步思考与辨析的基本。鉴于此，学生对专业知识的学习效果必须被纳入考查与评价体系，然而，若过分拘泥于对既有理论的背诵与复述，难免会在培养学生的思维能力时存在弊端。因此，在进行比较文学课程教授时，教学团队并未拘泥于“习”这一教学目标，而是在教学设计中通过对“学”的合理规划，兼顾学生对基础概念的学习与掌握，以及学生对所学知识的综合理解与运用这两个目标。

第二步，“做”。这是比较文学团队教学设计中较为突出且颇具创新性的环节。这一部分紧承第一步而来，形式上更具多样性。颇具代表性的如，在2020年春季学期比较文学教学中，教学团队在学生已经自行组好分队的基础上，要求小组成员结合自己的课程论文，以小组为单位自行编排并设计一本有关比较文学的杂志。杂志从设计到成形的过程涉及论文创作、格式编排、版面设计、软件操作等多个层面，是对学生综合能力的充分调动，有助于从多个方面提升学生的综合实践能力。在这一过程中，学生的团队合作与分工能力在交流中得到了锻炼，论文撰写对学生对比较文学课程的掌握情况提出了更为实际的要求，对杂志的自行排版与设计充分调动了学生的创新性。而对排版过程的参与以及论文最终的展演式要求，也对学生写作过程中的论文格式提出了隐性规范。

学生通过“做”而呈现的成果实际上为师生之间的交流提供了一个更为具象化的互动平台。学生对教学内容进行学习之后，发挥各自的能动性进行写作，并产出了“杂志”作为综合学习成果汇报展演；教学团队的老师通过阅读浏览学生的杂志，能够直观地了解学生的具体学习情况，并以此为参照，对教学内容进行合理化修改。

第三步，“演”。这是比较文学团队课程教学过程中最直观、最具互动性的部分。“演”的意思是学生结合课程内容，选择一个主题，自行收集资料，通过小组成员的合作，用多种形式展现主题论述的内容。一般而言，学生们选择的形式有两种：将经典文学作品改编为话剧剧本，或以小组形式进行课程论文展示。“演”是最能体现创新意识的部分，经典文本为学生的自我实践提供了广阔的场域，也是学生将学科知识与自我意识融汇之后积极进行自我展示的舞台。同时，戏剧展演这种形式几乎能将所有的小组成员囊括在内，成员的普遍参与既能够平衡小组合作机制，又能保证每个学生都有展示自我的机会。

图 2-3 曹顺庆教授与团队教师在学生打擂赛后合影

图 2-4 本科生打擂赛照片

图 2-5 打擂赛剧照《水中的奥菲利亚》

在期末，课程专门用一节课来让学生“演”。在“演”的过程中，教学团队以评委的形式参与，对学生的表演给出即时而具体的反馈。

“演”作为四川大学比较文学教学团队教学实践的重要形式之一，自施行伊始便得到了每一届学生的积极响应。通过教学团队和学生的共同参与，“演”提供了一个即时性的互动形式，教师与学生双方在实际的交互中参与课程教学，促使比较文学的学科知识更为活态化地为学生所习得。通过比较文学教学团队多年的教学实践，“将比较文学的学科知识以表演的形式进行实践”甚至演化出了“打擂”的形式，即在小组之间进行比赛，比拼胜负。这一举措更具趣味性，也能够充分调动学生的积极性，使小组演出能够良性循环。目前，小组的剧本展演以及随之而来的“打擂”一定意义上已经成为川大比较文学课程的一种传统。

然而，受新冠疫情这一不稳定因素的影响，“演”作为线下的传统教学形式面临着极大的威胁。出于对课程教学方案稳定性的考虑，教学团队在充分讨论之后，决定在全民防疫的大背景下，将“演”部分传统的戏剧展演改为小组汇报。作为“演”的另一种形式，小组汇报与戏剧展演同样具有群体属性。学生完成论文的写作并在小组内进行综合，最后各小组派遣代表，在教学团队与其余学生面前对小组成员的论文进行整体展示。与戏剧展演的形式相比，小组汇报更具比较文学的学科专业化倾向，并且，小组汇报以组内成员的论文为主，也能充分保证学生对课堂的参与。

“教”“学”相生。作为侧重于学生的学习与接受过程的教学形式，四川大学比较文学教学团队在设计“学”的教学时，充分考虑了学生的学习与生活需求，通过习、做、演三步，奏出一篇彼此关联、相互协调的教学乐章。在此过程中，比较文学教学团队充分发挥了“团队”的整体性功能，体现了教学目的上的一致性与教学步调的调和性。

三、教与学之间：比较文学教学团队的动态建设

比较文学的教学课堂是由教师、学生以及教学内容三个要素构成的。通过对所教授知识的关注，团队采取了“教”的多重教学模式；通过对学生作为知识接受主体的关切，同样以“学”作为应对。而对于“教师”这个课堂教学中不可或缺的主体要素，四川大学比较文学团队同样通过“团体教学”的形式发展了独特的构成模式，并初见成效。

这是一种“教”与“学”之间的动态的组织建设过程。通览比较文学教学团队建立以来的课程安排，除去具体教学内容的调整，教师名单的变化同样不容忽视，其见证了团队中成员的变化。除了作为课程负责人的曹顺庆教授，每

一届的教学名单中都既有教学经验丰富的老教师，又不乏年轻的、新进的师资力量。这种“新旧结合”的教学形式不仅能为教学提供更新鲜的视角，让新与旧的观念彼此碰撞、互相影响，共同致力于比较文学学科的进步，还能通过对年轻教师的团队化训练，培养出一批批能够接续四川大学比较文学学科传统的高素质人才。并且，通过对年龄不同、资历各异的教师的接纳与培养，比较文学教学团队构建了错落有致的老中青人才梯队，为团队教学与学科发展持续输出专业化的学科人才。

尽管教学团队组织的整体格局的搭建对于比较文学学科的教学与发展起到了主要作用，但是比较文学团队的建设中最为首要、关键的因素还是离不开一个合适的团队负责人，这个团队负责人应该“具备基本的法定权、强制权、奖惩权，更应具有较强的专长权及个人影响力”①。曹顺庆教授担任了这一角色，即比较文学课程负责人，以及组织比较文学团队的团队负责人。作为中国比较文学学科的领军人物之一，曹顺庆教授在比较文学学科领域具有巨大的影响力，他的研究向世界传递了中国的学科话语，为世界比较文学的发展做出了重要贡献。曹顺庆教授担任团队负责人既是当仁不让，也是实至名归。多年来，曹顺庆教授凭借其独到的视角与长远的眼光，带领四川大学比较文学团队不断前进、发展，培养成果显著，为学界持续输出学科的独特力量，这固然离不开团队每一位成员的持续努力，也与团队负责人的贡献密切相关。

比较文学团队的建设是一个持久的动态过程。曹顺庆教授作为团队负责人，首先发挥了“领航”作用，为团队建设提供了明确的发展方向。在此基础上，对“教”与“学”实践中所暴露的问题的回应反向推动了教学团队的发展。在多重因素的建构下，比较文学教学团队完成了老中青人才梯队的建设，为教学和学科研究持续输出川大力量。

四、教学成果：学生的创造与成长

当前，四川大学比较文学教学团队的特色教学模式已经基本形成，在具体使用该模式的教学中，学生也给出了相应的反馈，推动了团队教学的发展。2020 年春季比较文学课程中的一个小组就响应了教师的要求，自行编排了一本杂志。该杂志编排精美，设计用心，学生们充分发挥了主观能动性，结合日常生活与研究兴趣等，写出了主题多样的课程论文。该小组一共 19 人，相应地杂志中的篇目一共 19 篇，目录编排如下：

---

① 田恩舜：《高校教学团队建设初探》，《理工高教研究》，2007 年第 4 期。

壹·为有源头活水来：流传学研究

《太宰治的“公—私”对抗与个人经验对〈惜别〉中鲁迅形象的影响》

《论黄碧云〈失城〉与鲁迅哲学观的影响》

《分析中国化语境下的外国戏剧改编——以粤语音乐剧〈窈窕淑女〉为例》

贰·通向巴别塔之旅：译介学研究

《不同认知，不同“创造”——概念整合视阈下英译〈老残游记〉中文化负载词的个性化翻译》

叁·各花各有千秋色：形象学研究

《反叛的女神：反叛女性形象的神话表征——以〈金瓶梅〉〈罗密欧与朱丽叶〉〈大师与玛格丽特〉为例》

《海伦与妲己：命定的红颜祸水及其隐喻》

《论〈大唐狄公案〉的情色书写与男性去势——以〈铁钉案〉为主》

《浅谈〈竹取物语〉对“嫦娥奔月”传说的接受和变异——以若干“仙女升天”题材的作品分析为例》

肆·曲中有意随风寄：主题学研究

《遥远星空的民族底色——跨文明视角下刘慈欣〈三体〉系列与阿瑟·克拉克〈遥远的地球之歌〉的差异研究》

《虚无之思——〈传道书〉与〈志公禅师劝世歌〉对读》

《不同文明文学体系下的“折箭教子”故事类型学研究》

《关于中外“养成系爱情”情节的探讨——以〈源氏物语〉和〈神雕侠侣〉为例》

《在交流中被塑形的彼岸——以文言小说为视点分析明初阴间观的渊源及域外影响》

伍·借问汉宫谁所似：文类学研究

《王蒙、福克纳、伍尔夫小说意识流手法的比较》

《〈浮云〉与〈罪与罚〉的悲剧内核剖析》

《比较文学视野下的钱锺书小说与英国小说》

陆·墙外花叶有辉光：跨学科研究

《人工智能写作现实与文学艺术》

《非虚构写作中的跨文明对话——以何伟的“陌生人”描写为例》

《文学到游戏：〈阴阳师〉》

柒·附加诗歌专题

图 2—6　学生杂志封面

虚无之思：
《传道书》与《志公禅师劝世歌》对读

图 2—7　杂志内页

可以看出，学生在论文写作和杂志编排的过程中有意识地实现了对比较文学教学团体所设计的课程的内化，具体的论文主题也体现出学生将所学知识与日常生活经验相结合的倾向，颇有“百花齐放”之感。一方面，作为课程实践的杂志表现出学生对专业知识具有较为全面的把握；另一方面，杂志的内容也能映照出教学团队所制订的教学计划在教学过程中的科学性。

在四川大学 2019 级本科生的春季比较文学课程中，一位学生在修该课程时，针对小组讲演的教学形式表达了自己的想法：

我认为小组报告的形式对我们的学习的确是有帮助的。在疫情期间，为了保证教学秩序，演戏表演的形式被取消了。但是，虽然比起戏剧表演来没有那么有趣，现有的小组展示的方式也能够给我们自我展示的机会，而且对于我们有关理论的学习更有帮助。在我看来，小组报告主要有两方面的优点：其一，在论文整合的过程中组内成员可以自由地交流协作，实现信息的共享和协作能力的培养；其二，在课堂汇报里，小组成员可以在组外收获老师和全体同学的点评，同时实现了三方灵活动态的交流，有助于学术思维的发散和学术能力的提升。

也有学生表示自己更倾向于小组表演的形式，认为这种形式“更加公平，不会有人在其中浑水摸鱼，也不会只顾着玩，而小组报告的形式很有可能无法取得好的表演效果，甚至连最基本的学习效果都不能达成”。综合学生们的意见，教学团队在进行课程教学形式设计时，以学术领域为课程编排的基本出发点，亦不忘兼顾现实，综合课程特性、学生反馈，不断完善教学模式，推动教学与研究齐头并进、双线发展。四川大学比较文学教学团队将学科知识作为种子，以“教”与“学”的双核模式持续进行课堂的耕耘，必将迎来花繁叶茂的丰收。

第三节　国际学者与本科课程

四川大学比较文学教学团队在纳入本土学者的同时，也将眼光投向国际学术界。自宇文所安（Stephen Owen）教授在四川大学开展比较文学课程相关讲座以来，团队陆续邀请众多国际学者为本科生上比较文学课。这是伴随着国内高校课程改革而采取的举措，不仅是比较文学课程的题中应有之义，也为四川大学的师生拓宽了国际视野。

一、团队教学与国际视野

四川大学比较文学教学团队邀请国际学者为本科生上课，这与比较文学自身所具有的跨国界、跨文明、跨学科的性质分不开，也与高校教育的课程改革有着密切的联系。

（一）比较文学学科具有国际性

在诞生之初就带有国际视野的比较文学学科，经过法国学派与美国学派的研究，形成了具有体系性的研究框架，中国学者的加入更是为其提供了新的方法，开拓了新的领域。

> 法国学派强调文学关系的重要性，提出“比较文学是文学史的一个分支”，它研究“曾存在过的跨国度的精神交往与实际联系”。基亚进一步提出比较文学是一种国际文学的关系史，强调在跨国文学史的关系研究中延

伸国别文学的研究范围。[①]

法国学派之后兴起的美国学派提倡平行研究，虽然美国学派认为法国学派的影响研究是局限性的，但仍然强调比较文学是跨国别的研究，“雷马克的比较文学定义中就明确比较文学是‘超越一国范围之外的文学研究’”[②]。此后，比较文学学科理论经过不断的发展与完善，在以曹顺庆教授为代表的中国学者的推动下，产生了众多的比较文学研究方法，如跨文化的“阐发法”、中西互补的“异同比较法”、探求民族特色及文化根源的“模子寻根法”、促进中西沟通的“对话法”及旨在追求理论重构的“整合与建构”。[③] 这些研究方法的产生表明比较文学具有跨文明研究的独特性：

> 如果说法国学派跨越了国家界限，沟通了各国之间的影响关系，美国学派则进一步跨越了学科界限，并沟通了互相没有影响关系的各国文学，那么，正在崛起的中国学派必将跨越东西异质文化这堵巨大的墙，必将穿透这数千年文化凝成的厚重屏障，沟通东西方文学，重构世界文学观念。[④]

由此可以看到，比较文学的学科理论从法国学派的影响研究到美国学派的平行研究，再到中国学者提出的跨文明异质研究，研究视野不断扩大，研究范围也由单纯的文本批评拓展到对不同文明的观照。从中也可以看出贯穿比较文学发展体系的一个关键词是跨国界。作为比较文学的性质之一，跨国界决定了国际学者为本科生上课的合理性与可行性。

（二）教学改革下的国际视野

自20世纪90年代以来，我国文学研究逐渐走向百花齐放的阶段。经过钱锺书、乐黛云等学者的不懈努力，中国比较文学研究迈入新的阶段。新时期，在曹顺庆等学者的带领下，尤其是比较文学变异学理论的提出，中国比较文学研究迎来新的转向。与此同时，一些具备相应条件的高校在汉语言文学专业一级目录下增设比较文学二级课程，四川大学在曹顺庆教授的推动下，牢牢把握先机，将比较文学带入本科课堂。现如今，四川大学比较文学教学团队经过老中青三代的发展完善，已经形成了一套既贴合学生的学习需求，又能展现比较文学学科优势的教学模式。

四川大学比较文学教学团队也意识到，只有本土教师授课是远远不够的，

---

① 曹顺庆主编：《比较文学教程》，高等教育出版社，2010年版。

② 曹顺庆主编：《比较文学教程》，高等教育出版社，2010年版。

③ 曹顺庆：《比较文学中国学派基本理论及其方法论体系初探》，《比较文学》，1995年第1期。

④ 曹顺庆：《比较文学中国学派基本理论及其方法论体系初探》，《比较文学》，1995年第1期。

这不利于与国外学者形成内外联动的学术往来，也不利于推动比较文学的学科发展。为此，四川大学进行了相应的课程改革，在本土教师授课的基础上，邀请国际学者上本科课程，最大限度地满足学生个性化学习的需求，也推动了比较文学学科领域国内外学者之间的交流互动。

具体而言，比较文学团队在教学上进行了一系列尝试，课堂讲授、学生实践、学术讲座等相应开展，以提升学生的专业能力。在教学上，主要采取以国内学者为主讲、国外学者开展专题授课与学术讲座的形式。国内比较文学领域具有代表性与影响力的学者担任主讲，如曹顺庆、徐新建、赵毅衡、赵渭绒、梁昭等，同时邀请国外授课团队给学生讲授专题内容，展现国外的比较文学课程特点，与国内学者的教学形成互动。因本校学者的研究兴趣与范围有一定的导向与限制，为满足学生多样化的发展需求，比较文学教学团队除邀请国内学者外，也邀请国际学者外开展系列学术讲座。国际学者在四川大学进行课堂讲学及开展学术讲座，不仅可以帮助师生开拓国际视野，还能促进四川大学比较文学的研究以及学科的发展。

二、本土学者与国际学者的教学

受邀到四川大学上本科课程的国际学者中，授课团队主要有宇文所安（Stephen Owen）教授、毕比（Thomas O. Beebee）教授、拉森（Svend Erik Larsen）教授、托托西（Steven Tötösy de Zepetnek）教授、德汉（Theo D'haen）教授等。讲座团队主要有马克·本德尔（Mark Bender）教授、斯皮瓦克（Gayatri C. Spivak）教授、李点教授等。

以2016年春季学期的课程为例，比较文学教学团队的具体分工与内容安排见表2—4：

表2—4 四川大学2016年春季学期比较文学课程教学分工

授课教师	所在学校	授课内容
曹顺庆	四川大学	比较文学概述、变异学
徐新建	四川大学	多民族文学比较研究
赵毅衡	四川大学	符号学原理与运用
梁昭	四川大学	形象学、类型学
赵渭绒	四川大学	翻译学
德汉（Theo D'haen）	比利时鲁汶大学	世界文学研究
拉森（Svend Erik Larsen）	丹麦奥胡斯大学	英文论文写作
李点	美国亚利桑那州立大学	北美汉学研究

可以看出，本土教学团队在教授比较文学知识体系的同时，也将学者们在比较文学领域的重大理论突破带入了课堂。曹顺庆教授在“比较文学概述与变异学”的行课周次中，不仅讲授比较文学的学科发展脉络，也以具体的研究案例讲解“比较文学变异学”，帮助学生加深对变异学的理解与应用。徐新建教授在讲授“多民族文学比较研究”专题时，将“文本与表述”的理论成果带入课堂，通过跨文化比较的方式与世界各民族的研究多元互动，这对本科生来说既是一次知识的累积，更是一次学术视野的开拓。赵毅衡教授作为国内符号学研究的主导力量，主要给本科生讲授“符号学原理与运用”专题。梁昭主讲的“形象学与类型学”、赵渭绒主讲的“翻译学（译介学）”，不仅让学生在课堂上接触了前沿理论，还能通过具体的案例深入了解比较文学研究框架。例如在讲授译介学时，赵渭绒还邀请译介学的提出者上海外国语大学的谢天振教授来川大讲学，与本科生互动，引导同学进行学术思考。王子彦同学就因为这次契机深入了解了比较文学这一学科，选择比较文学方向作为未来深造的方向，并在四川大学攻读比较文学专业硕士研究生。

2016 年春季授课的国际学者分别是来自比利时鲁汶大学的德汉教授、丹麦奥胡斯大学的拉森教授、美国亚利桑那州立大学的李点教授，学者们主要讲授了“世界文学研究”“英文论文写作”“北美汉学研究”等专题，多集中在专题研究的讲解以及国外比较文学发展情况的介绍方面。

例如，拉森教授的英文论文写作专题课程不同于其他分享式的课程，而是着意提高学生的英文论文写作水平。当然，拉森教授的课程不是局限于给予学生论文写作上的指导，还通过讲座的形式分享自己的研究范例。拉森教授认为想要成为一个合格的比较文学学者需要具备以下素养：第一，扎实的材料搜集能力与调整并扩展现有知识储备的能力；第二，掌握相应的理论和方法，这些理论和方法不仅是进行研究的有力工具，还要与自己的研究方向相关；第三，了解学科门类发展现状，这可以对研究者的思想和研究策略的相关性和原创性进行判断。拉森教授还认为，对比较文学而言，还需要具备将其放到整个人文学科的大背景之下进行研究的能力。① 秉持这样的理念，拉森教授在课堂上比较重视学生的实际运用能力，鼓励学生在掌握相关理论的基础上进行多元探索。

① 张叉：《比较文学的问题与前景——斯文德·埃里克·拉森教授访谈录》，《东方丛刊》，2018 年第 2 期。

图 2—8　四川大学外籍讲座教授斯文德·埃里克·拉森（Svend Erik Larsen）

德汉教授的“世界文学研究”专题则在更加广阔的背景下进行授课，相较于其他学者专题式的课堂，德汉教授的课堂视野更加广泛，使学生既能够从微观层面梳理所学的具体知识，也能够从宏观层面对比较文学有更加全面的认识。

李点教授的“北美汉学研究”是跨学科、跨文明对话的典型教学案例，正如曹顺庆教授所言：

> 将中国的学问与国外的研究在世界学术空间中展开，在积极的交流对话中书写自己的本土知识与学术思想，尊重他者的文化理论与差异，反思“自我”与“他者”之间不同的文化以及在此文化基础上建构起来的思想与学说，在比较中发现知识生长点，在反思中进行跨文化双向阐释。①

李点教授将海外汉学研究带入本科课堂，使学生们可以了解国外的汉学研究动态，并借此反观国内学者的相关研究，打破国家之间的研究壁垒，真正理解跨文化对话交流。

除徐新建教授外，马克·本德尔教授在中国多民族文学研究方面也做出了巨大贡献。本德尔教授由早年对苏州弹词的研究转向中国少数民族文学的翻译、整理与研究。② 近年来，他致力于民俗研究、表演研究以及中国少数民族民间文学研究，尤其在彝族、苗族、瑶族等少数民族口头文学研究领域颇有建树。本德尔教授还着力推动中国少数民族语言文学在美国的研究与传播。③ 本德尔将自己的研究成果带入四川大学本科课堂，与徐新建教授的多民族文学课

---

① 曹顺庆、吴结评：《从“海外汉学”到“中国学”学术共同体的构建——曹顺庆教授访谈录》，《西华大学学报（哲学社会科学版）》，2018 年第 1 期。

② 马克·本德尔、文培红：《从阿巴拉契亚到喜马拉雅——美国学者马克·本德尔访谈录》，《文化遗产研究》，2015 年第 2 期。

③ 马克·本德尔、梁昭等：《前沿对话：多民族文学的瓶颈与突破》，《文学人类学研究》，2020 年第 1 期。

堂形成了极好的互补，使学生对多民族文学的比较、翻译研究有了更清晰的认识，激发了学生对多民族文学的兴趣。

此外，四川大学还邀请了英国、美国、日本、新加坡、奥地利等国的学者以讲座的形式为全院学生介绍国际比较文学发展的动态。如 2022 年 1 月 23 日，四川大学比较文学国家级培育基地召开了“比较文学暨文化理论年度全球学术雅集”活动，邀请了英国东英吉利大学艾莉森·唐奈（Alison Donnell）教授、美国芝加哥大学苏源熙（Haun Saussy）教授、美国杜克大学刘康教授、美国加州大学尔湾校区施瓦布（Gabriele Schwab）教授、新加坡国立大学菲利普（John W P Phillips）教授、日本菲利斯女学院大学岛村辉教授、奥地利克拉根福大学雷纳·温特（Rainer Winter）教授、美国戈兰谷大学 Peter Zhang（张先广）教授等国际学者在云端相聚，充分探讨了在媒介剧变格局下的“元宇宙”问题，文明互鉴问题，人类命运共同体问题，文学与生态问题，文学与科学、哲学等交叉学科（如生态关系学、生物政治学等新兴学科）问题。受邀学者及其讲座主题见表 2—5、2—6、2—7：

表 2—5　2022 年四川大学“比较文学暨文化理论年度全球学术雅集·年度人物”讲座

讲座板块	主讲人	所在学校	讲座主题	主持人、评议人
年度人物	曹顺庆	四川大学	世界文学的起源与文明互鉴的意义 The Origin of World Literature & the Significance of Mutual Learning among Civilizations	赵毅衡（四川大学）
	艾莉森·唐奈（Alison Donnell）	英国东英吉利大学	Recent Development in Craibean Literary Studies: Moving forward through returns and restorations	
	苏源熙（Haun Saussy）	美国芝加哥大学	如之何？A Personal History Among Language and Literatures	
	曾军	上海大学	中西文论互鉴的方法论反思 Methodological Reflection on Mutual Learning between Chinese and Western Literary Theories	
	叶舒宪	上海交通大学	学问做在祖国的大地上——文学人类学的国家智库作用 Learning on the Land of the Motherland: The Function of Literary Anthropology as National Think Tank Does	

表 2—6 2022 年四川大学“比较文学暨文化理论年度全球学术雅集·年度聚焦”讲座

讲座板块	主讲人	所在学校	讲座主题	主持人、评议人
年度聚焦	刘康	美国杜克大学	欧陆文化的美国化：百年欧美文学研究范式转换 The Americanization of European Literary Theory: The Paradigm Shift of European and American Literary Studies in the Last Hundred Years	金慧敏（四川大学）
	施瓦布（Gabriele Schwab）	美国加州大学尔湾校区	Nuclear Temporalities	
	菲利普（John W P Phillips）	新加坡国立大学	The Vulnerable Nexus: Intersections in Literature and Science	
	岛村辉	日本菲利斯女学院大学	日本文学与疾病：袭击日本大正时代的“流行感冒” Japanese Literature and Disease: The “Influenza” that Hit Japan in the Taishou Period	
	张法	四川大学	中西文论互动中的中国当代文论 Contemporary Chinese Literary Theory in the Interaction between Chinese and Western Literary Theory	
	雷纳·温特（Rainer Winter）	奥地利克拉根福大学	Power, the Body and Reflexivity, the Project of Critical Hermeneutics	
	Peter Zhang（张先广）	美国戈兰谷大学	New Media, New Literary Theory, and New Literature from an Interological Horizon	

表 2-7 2022 年四川大学“比较文学暨文化理论年度全球学术雅集·年度综述”讲座

讲座板块	主讲人	所在学校	讲座主题	主持人、评议人
年度综论	王宁	上海交通大学	国际比较文学研究新格局及中国的贡献 The New Pattern of International Comparative Literature Studies and China's Contribution	赵渭绒（四川大学） 杨清（四川大学）
	高旭东	中国人民大学	“五四”：文艺复兴还是启蒙运动? “The May Four Movement”：Renaissance or Enlightenment?	
	张辉	北京大学	和而不同，多元之美：乐黛云教授的比较文学之道 Harmony and Beauty in Diversity：Professor Yue Daiyun's Comparative Literature Approach	
	宋炳辉	上海外语大学	世界文学的谱系：一个语言地理的视角 The Genealogy of World Literature：A Perspective of Linguistic Geography	
	安德鲁·彭达基斯(Andrew Pendakis)	加拿大布洛克大学	Deleuze and Politics of Middleness	
	瑞安·毕晓普(Ryan Bishop)	英国南安普顿大学	Some Current Interdisciplinary Publishing Trends	
	寇淑婷	四川大学	东方文学研究新动向 New Trends in Oriental Literature Studies in China	
	颜芳	华中师范大学	The “Altusser—Mao” Problematic and the Reconstruction of Historical Materialism：Maoism，China Althusser on Ideology	
	林青	四川大学	评马非索利的“对立耦合”概念 Interpretation on Maffesoli's Coincidentia Oppositorum	

由上述可见，本土教学团队与国际学者的教学契合度相当高。本土教学团队进行主讲之后，由国际学者带来具体的个案分析，有力地补充了本土学者的教学。在专题课堂中纳入整体研究的视野，既能够发挥具有国际视野的课堂教学的优势，又符合学生个性化、多样化发展的需求，进一步推动了四川大学本科比较文学教学的发展。借助学术讲座平台，国内外学者进行了多元对话与交流，学生也能够通过讲座了解学术前沿，从而促进比较文学学术的繁荣。

三、师生眼中的国际学者授课

对具有跨学科性质的比较文学课程而言，国际学者上本科课是比较文学的内在要求；对研究与学习比较文学的师生而言，国际学者上本科课既有利于学生的学习，也有利于国内外学者的交流互动。

（一）教师对国际学者上本科课的看法

四川大学比较文学教学团队对国际学者上本科课这一具有创新性的课程教学改革高度认同。梁昭认为，国际学者上本科课有两个方面的优势：一是比较文学学科的跨学科、跨国界、跨文明性质决定了比较文学的教学需要有国际学者来对本土学者作一个必要的补充，这不仅可以带动学生的学习积极性，也能够促进国内专家学者与国外学者之间的对话交流，从而推动学术的发展；二是本科阶段更多的是自主化的学习，国际学者配合本土教师团队上本科课，为学生带来了更多的研究面向，学生可选择的范围更加广泛，十分有利于学生养成在探索中求知的习惯。学生通过比较文学课程培养起来的跨文明思维范式，不管是对继续深造还是步入社会都具有不同程度的益处。

赵渭绒结合自身的经历，提出了对国际学者上本科课的看法：

> 比较文学本身是一门具有开放性视野和宽广胸怀的人文学科，其学科强调的跨越性就包含跨语言、跨国界、跨民族文化等多重含义。因此，对比较文学学科来说，其教学的国际化要求相比于其他传统学科更为迫切。自从我 2009 年留校走上川大本科比较文学课堂起，川大的比较文学教学在曹顺庆教授的领衔下就特别重视国际化教学。我们先后邀请了宇文所安、佛克马、高利克、拉森、德汉等著名国际学者为川大本科生授课，促使学生在课堂上与国际一流学者进行零距离的交流。这么多年坚持下来，取得了良好的效果，很多本科生经过课堂的启发，硕士阶段纷纷选择出国深造，并在某一领域深入钻研，最终成长为具有国际化视野的科研人才。这些都离不开我们最初对本科教学国际化的设计及具体实施。事实证明，邀请国际学者为本科生上课已经成为行之有效的教学方法并产生了良好的教学效果。这三年由于新冠肺炎疫情的影响，国际学者到川大本科比较文学课堂授课的做法被迫中断，但我们还是通过线上的方式举办了各类学术讲座，并鼓励同学们积极参与。这些做法不仅使川大师生受益，也惠及全国比较文学界，一些学者在参与了川大举办的线上学术会议与学术雅集后

纷纷表示，川大邀请国际著名学者举办线上讲座让他们受益匪浅。

梁昭本人就是国际学者到四川大学进行交流活动的受益者。从聆听美国哈佛大学宇文所安教授的讲座开始，到入选由宇文所安主持的哈佛大学燕京学社的“比较文学项目”，再到赴哈佛大学访学一年，这些经历对梁昭的学术研究助益良多。中外互补、中外互鉴的经历，让她对苏源熙所说的“事物经过比较，就不再是它自身”有了深刻的体会。梁昭认为：

> 比较（文学），是一种方法、一种视野，更是一种生活方式、生活实践。从国际学者的跨国授课和演讲，到中国学者和学生的跨国、跨文化的交流，“比较”得以实在而生动地展开。

（二）学生对国际学者上本科课的看法

从学习的角度，学生们评价国际学者的授课开拓了他们的视野。王子彦[①]认为国外学者上本科课有以下几点好处。第一，邀请海外学者为本科生授课，侧面展现了国外某些高校的比较文学以及跨学科研究的情况，是课程的一大突破。虽然国外学者的眼光在某种程度上也有局限，但是能与本校老师形成很好的互补关系。第二，对学习比较文学而言，接触并掌握英文术语十分重要。在本科阶段，很多同学没有机会专门学习英文术语或者是外文文献，这导致在读研期间看英文文献比较吃力。国外学者上本科课，学生们可以在课堂上学习相关英文术语并增加印象，有助于以后的学术发展。第三，国外老师的讲课和表述风格会给本科生带来一些自我展现的影响。由于中国特有的含蓄、内敛传统，大家在展现自己的时候比较含蓄，但国外的学者相对而言更加愿意表现自己。学生在吸收国内大家风格的同时，也能够学习国外专家的自我展现特色，这不论是对本科学习还是之后的深造都具有积极正向的影响。

李孟洋[②]从三个方面阐述了对国际学者上本科课的看法。其一，国际学者都是全英文授课，这对非英语专业的学生而言是一个比较大的挑战。面向非英语专业学生的英语课程大部分都是偏实用的，而全英文上课必然对学生的注意力以及英语水平有较高的要求。但也正是全英文授课提高了学生对学术英语的关注，对本科生而言，能够提前了解到研究生阶段的相关知识点并能阅读外文

---

① 王子彦，四川大学文学与新闻学院 2015 级汉语言文学专业本科生，四川大学 2021 级比较文学与世界文学专业硕士研究生。

② 李孟洋，四川大学文学与新闻学院 2016 级汉语言文学专业本科生，四川大学 2020 级文学人类学专业硕士研究生。

原典是非常难能可贵的。其二，除了讲授知识点，在课程讨论环节，同学们可以根据自己掌握的知识与授课专家就相关学术问题展开讨论，这不仅可以锻炼同学们的学术英语表达能力，也能够巩固所学的知识点。其三，在授课内容上，国际学者讲授的多为其他国家比较文学的相关研究，本校老师则是着重讲解比较文学的学科发展以及理论体系。本校老师和国际学者可以很好地形成系统与个案研究的互补关系，学生在学习了相关理论方法之后，也能够对如何进行个案研究有比较深入的了解。

徐婷婷①也提出了自己对国际学者上本科课的观点。一方面，国际学者的个案教学多是结合具体文本进行讲解，这对学生的文本细读能力与阐发能力提出了一定的要求。文本阐发能力是在大量阅读原典的基础上慢慢培养出来的，同学们不仅在上本校老师的课程之前需要阅读相关原典，在上国外老师的课程之前也需要阅读相关英文原典与理论。老师们在教学上非常重视对学生阅读原典能力的培养，这是在川大学习能够切身体会到的。国际学者的授课刚好与老师们的教学理念吻合，形成了和鸣的状态。另一方面，国际学者的授课带有强烈的个人色彩，也能够展现自身对作品解读的优势。比如在上“比较诗学”课程的时候，授课老师引用了文艺复兴时期英国著名诗人弥尔顿的《失乐园》《复乐园》《力士参孙》等诗歌作品，学生通过老师的讲解，更能体会作品在具体文化语境中的样态。

严可健②同学认为，国际学者上本科课这一做法是在东西文明交流互鉴的背景之下施行的，这本身就体现了比较文学的专业性。同时，通过国际学者的授课，再结合本校老师的讲课内容，学生能更清楚跨文化比较的内核，也正是经过比较文学的学习，打算继续深造的学生对硕士阶段的研究方向有了更多的选择。严同学也表示选择文学人类学作为硕士阶段的专业，与其在本科期间比较文学课程上培养的兴趣相关。

不论是本土教学团队还是在接受课程训练的学生们，都对国际学者上本科课持高度认同的态度。国际学者上本科课，不仅有助于开拓师生的国际视野，也有利于比较文学学科自身的发展。

几十年来，以本科课程为平台，以比较文学刊物和公众号为依托，比较文学研究硕果累累。学科团队精益求精，已经形成了以曹顺庆教授为领军人物，

---

① 徐婷婷，四川大学文学与新闻学院2017级汉语言文学专业本科生，四川大学2021级文学人人类学专业硕士研究生。

② 严可健，四川大学文学与新闻学院2017级汉语言文学专业本科生，四川大学2021级文学人类学专业硕士研究生。

“教—习—做—演”的团队教学模式。其间培养了许多青年学者，他们成为教学团队中的新鲜血液，也为西南地区、中国以及世界比较文学输送了大量的优秀人才。立足本土发展，四川大学比较文学团队的影响已辐射到全国，并吸纳了许多国际学者。在对接国际视野的同时，不忘承接中国传统汉语言文学研究和前人的研究，做中国特色的比较文学研究，致力于让其走向世界。团队中的成员不论学术背景、国籍，都有着中西结合、互相学习，做比较文学学术前沿的共同追求。响应教育部近年来对本科教学改革的最新要求，四川大学比较文学将一流学科建设转化为本科教学内容，真正做到了教学内容多元、教学团队一流、实践平台一流。此后也将总结本科教学实践过程中的经验，不断创新、不断改进，继往开来、与时俱进、砥砺前行，将四川大学比较文学本科课程做成教学改革的新高地、新示范。

第三章　四川大学本科教材改革特色研究

第一节　“原典本位、筑基储学”

——教材改革素质创新

曹顺庆教授曾提出过一个令人深思的问题：“我们当代的教育，竟然没有培养出一个学贯中西的大师出来。”① 对于当下的教育质量，曹顺庆教授也进行了反思，“很多人认为，我们现在的教育，正处于一个辉煌的时代，我们的教师队伍在进步，学科在完善，我们培养出来的学生越来越多，整个社会都呈现出一个有利教育的大好局面。……但是，在这样一个迅速发展的时代里，我们的教育却有很多不尽如人意的地方，特别是一些潜在的问题和危机也随着教育的发展逐渐明显，甚至直接摆到我们面前，成为不得不迫切解决的问题”②。不可否认的是，“现在的学生，素质是越来越差了”。③

通过四十年的教学经历，曹顺庆教授总结了当前教育尤其是中国语言文学专业学科教育的通病，“学生们整天忙着背诵和抄笔记，几乎没有时间认真看书……课程重复多，教材质量跟不上，特别是宏大的概论、通论太多，而具体的导读课、原典课比较少。老师们一个劲地满堂灌，学生们则是如坠云里雾中，学不到什么东西。就算学到了一些东西，也是别人的陈言滥语，缺少自己的理解”④。

“原典”是曹顺庆教授教学心得中的一个核心关键词。“原典”本是文献学意义范畴上的概念，“原”指“本原”，“典”指“经籍”，是指未经翻译或转

---

① 曹顺庆：《中外打通 培养高素质学生》，《中国大学教学》，2006 年第 1 期。
② 曹顺庆：《中外打通 培养高素质学生》，《中国大学教学》，2006 年第 1 期。
③ 曹顺庆：《中外打通 培养高素质学生》，《中国大学教学》，2006 年第 1 期。
④ 曹顺庆：《中外打通 培养高素质学生》，《中国大学教学》，2006 年第 1 期。

写、保持原貌的经典文本。如《国语辞典》所释，“原典”是指相对于译文译本的原初著作，也可以是时代的引申义，指优秀传统文化中的典籍原作，还可以指对经典源头书的注疏经典。原典因其原创性、典范性、思想性，在人文社会科学的教育中具有重要价值。对中国语言文学专业而言，加强中外典籍原典阅读具有培养学生的阅读能力、提高文献整理与研究水平、传承传统文化等重要意义。高校课程、教材中的“原典缺失”造成了学生的“素质缺失”，长此以往，学生的自主创新能力将在大量的课程与无意义的概论背诵中消失殆尽。

如何解决这一难题？曹顺庆教授认为，基础是第一要义。现在的大学生、研究生甚至很多学者不通今、不博古。究其原因在于基础不扎实，不熟悉中国文化典籍而大谈古典文化，大谈传统，结果漏洞百出；不熟悉西方典籍而大谈“存在主义”“结构主义”等学术名词，以其昏昏，使人昭昭。“不能博古，不能通西，主要在于我们的应试教育促使学生重知识、轻素质的结果。很多教师不注重学生自我获取知识、解决问题的能力，而主要考察学生的纯记忆性质的知识面。学生们在这样的教育体制下，也自然习惯了浮夸取巧的学风。这使得学生的素质较低，能力较差。”[①]

曹顺庆教授以其自身求学、治学、教学的经历给出了自己的治“病”之“方”——阅读原典，打通中外。“原典本位”的理念在教材方面的体现在于曹顺庆教授通过一系列教改项目建设的一批“导读性”的原典教材。

一、《中华文化》——文、理、工、医通识兼修

《中华文化》是四川大学每年万名本科生“中华文化原典”必修课的重要承载教材。“中华文化原典”课程开设之初经历了一个艰难的由分到合、由合及精的探索过程。2004 年以前，四川大学学生的文化素质培养工作任务主要集中在文学与新闻学院、历史文化学院和公共管理学院，处于文、史、哲分立的局面。基于这种情况，2004 年由四川大学教务处牵头，协同文、史、哲三家进行了全面的课程改革，为全校本科所有专业学生开设了具有文化素质课性质的“中华文化原典”必修课。初衷便是通过“中华文化”课程的建设，充分发挥百年川大文、史、哲人文学科的优势，把川大深厚的人文底蕴转化为学生的境界、修养和素质。2006 年，四川大学与复旦大学出版社联合召开了“中华文化暨大学生文化素质教育”专题研讨会，会上双方一致认为文化素质课应加强原典教育。从 2006 年 9 月开始，四川大学全校一万多名新生，包括文、

① 曹顺庆：《中外打通 培养高素质学生》，《中国大学教学》，2006 年第 1 期。

理、工、医专业的学生都须上“中华文化原典”这门必修课。之后在本科生原典教育研讨会上，来自全国40多所高校的教学主管交流了开设文化素质课程的心得体会，并成立了《中华文化》教材编委会。

2006年，曹顺庆教授担任主编的原典教材《中华文化》由复旦大学出版社出版。这本教材的主要内容就是以传统的经、史、子、集经典阅读为基础，帮助学生学习传统文化。诸多高校如西南民族大学、成都理工大学、重庆师范大学、成都电子科技大学、贵州师范大学等已将《中华文化》作为人文素质教育课的教材和参考书。

图3—1 《中华文化》

《中华文化》分上、下两编。上编为“导读大纲”，下编为“经典选读”。“导读大纲”包括40个有关传统文化的专题：中华始祖、远古风骚、多元一统、大同世界、士人传统、学术源流、儒家思想、道家精神、兵家智慧、玄学思潮、宗教信仰、禅宗文化、理学心学、礼乐教化、孝道文化、科举制度、学校教育、汉字源流、古典文论、诗词艺术、古代散文、历代辞赋、传统戏曲、古典小说、史家传统、金石之学、琴棋书画、古代科技、天文地理、五行观念、姓氏源流、古代女性、婚姻风尚、图书文化、敦煌文献、游侠武术、饮食服饰、传统节日、养生文化、中外交流。

此教材以“中华始祖”开篇，正所谓追源溯流。我国古籍中关于中华始祖的传说不胜枚举，如有巢氏、燧人氏、伏羲氏、天皇氏、地皇氏、人皇氏、太昊氏、炎帝（神农氏、列山氏）、黄帝（有熊氏、轩辕氏、帝鸿氏、缙云氏）、帝颛顼（高阳氏）、帝喾（高辛氏）、尧（陶唐氏）、舜（有虞氏）等远古圣贤“帝王”，他们都是中华民族历代相传、名垂千古的人文初祖。其中尤以《史记》所载“五帝”——黄帝、颛顼、帝喾、尧、舜（《史记·五帝本纪》）时代相对较晚，历史文化影响至为深远。此部分收录了《尚书》《大戴礼记》《世本·作篇》《史记·五帝本纪》。

“远古风骚”专题选取的原典源自《诗经》《楚辞》。作为我国最早的一部诗歌总集，《诗经》中的绝大部分作品产生于西周初至春秋中叶的黄河流域，其中既有宫廷、官府的制作，也有经官方音乐机关收集整理的民间作品。总体来说，这些作品显著地反映了黄河流域文化（特别是周文化）的特征。《楚辞》是战国时期以屈原为代表的楚国人创作的诗歌，它是《诗经》三百篇以后的一种新诗体。荆楚的历史极为悠久，至战国时期，它已经从一个古老的氏族社会逐渐发展成为一个强盛的封建王国。由于特殊的地理位置、历史发展和社会状况，楚文化具有与中原文化明显不同的一些特点。《诗经》与屈原作品合称“风骚”，是中国古代诗歌的最高典范。

“多元统一”专题收录了《周易》《公羊传》《礼记》《春秋繁露》《史记》《新唐书》中的经典篇章。从上古时期到先秦，以汉人为主干，融入了东夷、西戎、南蛮、北狄等不同民族。到了魏晋南北朝时期，中原动荡，但又成功地融合了匈奴、鲜卑、羯、氐、羌等不同民族。宋代积弱不振，但文治艺术精致发达，融合了契丹、西夏、女真、蒙古等民族。清朝时，满人以武力统治中国，经过两百余年，却学习、吸收并融入了以汉文化为主干的中华文化。所以说中华文化是在多元民族融合中形成的。

“大同世界”专题收录了古代中国人有关理想社会的想象，如《礼记》《太平经》《春秋公羊传》《桃花源记》《原道醒世训》《大同书》等，这些篇目清晰地描绘了人类社会对于建立一个完美世界的永恒梦想，以及在时代的演变中这一传统理想社会观的演变。

“士人传统”专题收录了《论语》《礼记》《后汉书》《颜氏家训》《世说新语》中的经典篇目，展示了在中国独特的政治文化土壤之中，代表古代知识群体的士人阶层所呈现的特色鲜明的文化性格。如孔子的“士志于道”构成了中国传统士人文化性格的基本内涵。这一悠久的士人传统是中国知识分子最珍贵的精神遗产。

“学术源流”专题收录了《庄子》《论六家要指》《淮南子》《汉书》中的经典篇目。学术是一个国家的精神支柱，作为历史悠久的文明古国，中国灿烂而不间断的历史文化与自古就重视学术的传统是密不可分的。此专题以中国学术的起源以及中国学术思想的流变为脉络，为学生解答中国学术思想变迁的历史和重要转折点。

“儒家思想”专题收录了《大学》《中庸》《论语》《孟子》中的经典篇目。儒家思想是中国文化的正统和核心，它集中体现了中国文化的基本精神，并深刻影响了中国历史的发展进程。没有儒家思想就没有中国文化，这是毋庸置疑的。此专题以“六经”“仁义”“尧舜文武”“仲尼”四大要素为学生解读儒家思想。

“道家精神”专题收录了《老子》《庄子》《列子》中的经典篇目。与经世型的儒家文化相比，道家文化具有超世型的特点。此专题辨析了“道家”与“道教”之间的联系与不同，严格来说，“道家”与“道教”是两个不同的概念。所谓“道家”，是指以老子、庄子为代表的一个先秦学术流派，“道教”则是东汉末期开始形成的一种本土宗教。但是，道家和道教之间又有极深的渊源。一方面，道家为道教提供了精妙的道论，成为道教最重要的理论基础；另一方面，道教在继承道家思想的过程中，又不断发展和弘扬道家精神，成为道家精神的主要载体。

“兵家智慧”专题收录了《十一家注孙子》《孙膑兵法》《司马法》《尉缭子》《李卫公问对》《太白阴经》《守城录》等中的经典篇目。军事在我国古代政治生活中占有突出的地位。兵家智慧就是古代军事、战争实践的理论结晶，我国古代的兵书卷帙浩繁，军事实践活动丰富多彩，其间蕴藏的军事思想博大精深，如在战争观上，认为战争从本质上讲是政治的继续，战争与军事必须以政治为后盾，军事与政治要互相配合，提出富国强兵的主张，强调军事与经济的互动关系等。古代的兵家思想在现代军事理论、战争实践以及社会其他领域中仍然具有非常重要的借鉴意义，是我们取用不尽的智慧源泉。

“玄学思潮”专题收录了《周易略例》《南华真经注疏》《世说新语》等中的经典篇目。经学的终结迎来了玄学的兴起，这里的玄学特指“魏晋玄学”。此章以经典为脉络，以“才性之辨”“有无之辨”“言意之辨”“名教自然之辨”四个玄学核心问题向学生展示了一幅立体的魏晋玄学思想图。

“宗教信仰”专题收录了《魏书》《法苑珠林》《云笈七签》等中的经典篇目。中国是一个多民族和多宗教的国家，由于宽容的态度和实用主义精神，中国历史上没有哪一种宗教可以占有严格意义上的排他的“国教”地位。许多宗教在民间信仰中已经大大走样，形成一种多元的、实用的、自成体系的民间宗教信仰系统。民间的宗教信仰系统不关心对世界的全面看法，也不试图解释人类的存在和未来的前景，它不是一种全面的、综合的、严格的学说体系，而只是种种“有用”的观念与“有用”的法术之集合。

“禅宗文化”专题收录了《敦煌新本六祖坛经》《祖堂集》《五灯会元》《百丈清规》等中的经典篇目。禅宗是中国人在接受、消化外来佛教的基础上，在中国思想文化土壤上创立起来的完全中国化的佛教，同时对中国及周边国家（如日本、韩国）和西方文化都有深远的影响。因此，要学习中国古代的文、史、哲、艺术等，不弄清楚它们与禅宗文化的关系及所受的影响，就不能得出令人信服的结论，也不可能总结出符合历史实际的规律。

“理学心学”专题收录了《韩愈全集·原道》《周敦颐集》《二程集》《张载集》《四书章句集注》《朱熹集》《陆九渊集》《王阳明全集》《黄宗羲全集》等中的经典篇目，探讨了宋明理学中最重要的两个派别程朱理学和陆王心学的根本分歧，即前者侧重“道问学”，后者侧重“尊德性而后道问学”。

“礼乐教化”专题收录了《周礼》《仪礼》《礼记》《家礼》中的经典篇目。儒家主张礼乐相互结合，既用礼端正人们的外在行为方式，使之合于社会等级秩序，也用乐缓和人与人的关系，陶冶人的内心，提高人的修养，最终达到从内心认同社会秩序和价值标准的目的，从而实现治国平天下的理想，这就是儒家崇尚的礼乐文化。

“孝道文化”专题收录了《孝经》《大戴礼记》《佛说父母恩难报经》《佛说盂兰盆经疏》《文昌孝经》《陈少梅二十四孝图》等中的经典篇目，让学生思考孝的内涵、孝道文化对中国文化的影响以及在当今社会的意义。

“科举制度”专题收录了《通典》《通志》《文献通考》等中的经典篇目以及三篇八股文，向学生展示了科举制度的历史以及中国古代的官员选拔制度，存续 1300 年的科举制度对我国古代的政治、经济、军事、思想文化、社会风尚乃至民族性格的影响。

“学校教育”专题收录了《礼记》《白鹿洞书院揭示》《文献通考》《四川省城尊经书院记》等中的经典篇目，向学生介绍了中国古代学校教育的主要形式以及它们的区别和联系，让学生思考在构建新世纪中国大学文化的过程中，如何挖掘和转化传统学校教育特别是书院教育的优秀传统。

“汉字源流”专题收录了《说文解字》《汉书》《周礼》等中的经典篇目，向学生展示了汉字的发展是一个不断继承与扬弃的过程，在这个过程中，汉字的形体发生了很大的变化。

“古典文论”专题收录了《毛诗序》《典论·论文》《文赋》《文心雕龙》《诗品》《与李生论诗书》《二十四诗品》《童心说》《闲情偶寄》等中的经典篇目。中国古代文论源远流长，自成体系，独具韵味，成果卓著，是世界文论三大体系（欧洲文论、印度文论、中国文论）之一。文学理论的思维方式、言说方式及理论形态，既可以是逻辑的、哲学的，也可以是诗性的、审美的。在世界三大文论体系中，西方文论话语以逻辑的、哲学的体系见长；印度文论以修辞性的庄严论、诗性的情味论和韵论为特色；中国古代文论话语虽不乏哲学的、逻辑的体系（如《文心雕龙》《原诗》《闲情偶寄》等），却体现了鲜明的诗性特征，且这种诗意的、审美的言说是全方位的。

“诗词艺术”专题收录了《全唐诗》《全宋词》《沧浪诗话》《历代诗话》中的经典篇目，向学生展示了中国作为“诗的国度”，中华诗词艺术的博大精深以及真实可感，探讨了诗歌观念、构成要素、表现艺术、诗学常识、阅读态度等诸多话题，如“语言、格律与节奏”“诗与音乐”“诗与画”“诗与戏剧”“意象”“意境”“象征与隐喻”“色彩”“时间与空间”“古典与今典”“通感与博喻”“风格与流派”等。其他专题不再赘述。

这 40 个专题基本上囊括了有关传统文化的主要方面。每个专题通过“经典选读”和“参考资料”两种书目及思考题，起到提纲挈领和指示门径的作用。下编“经典选读”更是精选了包括经、史、子、集在内的经典文献，并加以注释，力求简明扼要，通俗易懂，既方便学生学习，又可为教师讲课提供文献依据。“导读大纲”和“经典选读”相互为用，相得益彰。作为教育部教学改革重点项目“文化原典导读与本科人才培养”的成果，此教材不仅是专门为高校文、理、工、医各学科本科生编写的文化素质课程教材，也适合多数专业的研究生使用，更是了解和学习中华文化的别开生面的读本。一卷在手，中华文化可尽收眼底。

曹顺庆教授作为《中华文化》教材编写的首席负责人，一再强调中华优秀传统文化是我们民族的“根”与“魂”，在教材中向学生传授经典，使学生从经典中学习中华优秀传统文化的精髓，提高学生的文化认同，树立学生的中华情，培育学生的中华魂，实现中华优秀传统文化在新时代的赓续与发扬光大。

二、高等院校汉语言文学专业系列教材

针对通识课堂，曹顺庆教授设计了《中华文化》教材，同样针对专业需求，曹顺庆教授亦立足“原典阅读”，组织了一批学科带头人、教学名师、著名学者、学术骨干，为培养高素质的中文学科人才群策群力，编写了“高等院

校汉语言文学专业系列教材”和“中国语言文学专业原典阅读系列教材”。这两套新型教材特色鲜明，立意高远，以秉承百年名校传统为要，承续严谨学风，力求培养新一代基础扎实、融汇中西的创新型人才。

其中曹顺庆教授任总主编的“高等院校汉语言文学专业系列教材”（18部）由重庆大学出版社出版，包括《中国古代文论史》（曹顺庆、李凯主编）、《比较文学》（曹顺庆、徐行言主编）、《中华文化概论》（曹顺庆、徐希平主编）、《现代西方批评理论》（赵毅衡、傅其林、张怡主编）、《古代汉语》（俞理明、雷汉卿主编）、《古典文献学》（张子开、项楚主编）、《美学与艺术理论》（冯宪光、肖伟胜、马睿主编）、《外国文学》（刘亚丁、邱晓林主编）、《文学理论基础》（阎嘉主编）、《西方文化》（曹顺庆主编）、《文学写作》（干天全、刘迅主编）、《现代汉语》（杨文全主编）、《当代应用文写作》（干天全、刘迅主编）、《语言学概论》（刘颖主编）、《汉语国际教育导论》（傅其林、邓时忠、甘瑞瑗主编）、《中国古代文学（上、下）》（周裕锴、谢谦、刘黎明主编）、《跨文化交际》（刘荣、廖思湄主编）、《中国现当代文学》（李怡、干天全主编），现以曹顺庆教授主编的《中国古代文论史》《比较文学》《西方文化》《中华文化概论》为例探讨专业教材中的原典融入与创新。

（一）《中国古代文论史》（重庆大学出版社，2014 年版）

中国古代文论其源远，其流长，其体大，其义精，其辞美。中国古代文论早在先秦时期便已滥觞，后人踵武前贤，赓续其脉，终成大观，既有如刘勰《文心雕龙》之体大思精、笼罩群言之作，亦有如钟嵘《诗品》、严羽《沧浪诗话》、陈骙《文则》、王国维《人间词话》等专攻一体之作，还有评点及大量散见于日记、尺牍、序跋、注疏之中的精妙之论。中国古代文论根深叶茂，义理深广精微，用词考究典雅、准确传神，既是华夏文脉之体现，亦是后人镜鉴之宝藏。随着中国古代文论研究的持续深入，出现了大量与中国古代文论史相关的教材，很多教材还是名校名家组织编撰，并冠以各种教学改革成果称号，这些教材已经为我国高校学生培养工作与弘扬传统文化做出了诸多贡献。但翻检当下使用的教材，普遍存在以下弊端或不足：为保证理论体系的完整性，知识性介绍占据了教材的绝大部分篇幅，而原典材料严重不足。这直接导致了教材内容的空洞乏味，进而影响学生的学习兴趣、学识修养与学理判断。

图 3－2 《中国古代文论史》

有鉴于此，曹顺庆教授结合在中国古代文论领域长期的教学经验，深感编撰一部从实际教学实践和重难点出发，以“回到原典”为总体思路，并辅以导读性文字教材的迫切性。此教材作为教育部教学改革重点项目“文化原典导读与本科人才培养”系列教材之一，在编撰中本着让学生主动阅读、学会阅读、学会思考、学会生活的教育理念，本着以阅读原始文献培养学生阅读能力的教育途径，本着“老师少讲，学生多读”的教学原则，贯彻“三重视”的基本精神：

一是重视原典本身。此教材以中国古代文论原典为基本内容，为学生提供原始材料，让学生掌握一手文献。为帮助学生读懂原典，教材在原典前提供了“题解”，对所选原典的作者、主要内容进行概述，并在原典之后加以简要注释，以帮助学生解决阅读中的语言文字障碍。

二是重视史论结合。长期以来，高校和学术界将“文论选”和“文论史”分离，使原本应该合在一起的东西一分为二，结果是，读了“文论选”却没有形成文论史的概念和线索，读了“文论史”却没有具体文论原典的材料印证。为了消除这一弊病，20 世纪 90 年代以来编写的“中国古代文论史”一般在历史叙述之后附录部分文论原典，但仍然是“以叙述为主，以原典为辅”。《中国古代文论史》的编写完全体现了“原典第一”原则，即主要提供大量原典文献，简要叙述中国古代文学理论发展史，真正实现“以史带论”，以材料呈现理论观点。

三是重视检测学习效果和引发进一步思考。此教材在每篇原典之后附有“延伸思考”，一方面是为了检测学生的阅读和学习效果；另一方面能引发学生进一步阅读和思考，使学生把阅读的兴趣和能力进一步延伸到其他原典和问题当中。

根据上述理念和原则，此教材的编写体例是：导论部分简要介绍了中国古代文学理论的发展历史、基本特征和学习方法，然后根据中国古代文学理论发展的历史分期，分七章介绍不同时期的文论原典。在这七章中，首先是“题解”，简要介绍原典的作者、写作背景、主要内容、历史地位和影响等，然后是原典材料本身，之后是注释，最后是延伸思考。为了培养学生阅读原典的能力，原典本身和注释采用繁体字排版。曹顺庆教授希望这种编写体例能够有效促进学生阅读中国古代文学理论原典的能力，也有助于“古代汉语”“中国古代文学”以及其他中国传统文化类课程的学习。

（二）《比较文学》（重庆大学出版社，2014 年版）

比较文学的教材即使称不上汗牛充栋，也早已是不胜枚举，其中不乏经典和富有创意的版本。但这本《比较文学》却是一部不一样的教材。此教材紧密结合系列的改革方向，在中文专业的理论课教学中把原典选读直接纳入教学内容，使学生能够从课程学习过程中直接窥见理论的来源和应用的典范，更多地领略原创性知识的生产过程，以及优秀学者是如何运用理论与方法去探究和回答实际问题继而推动理论发展的。因此，此教材尽可能将传统教材的原理和知识部分压缩到最小的比重，而将更大的空间留给原典选读和经典的研究范例的学习，有效地扩大了课程的知识容量，开阔了学生的学术视野，有助于增强他们的阅读能力、思考能力与分析批判的能力。

图 3—3 《比较文学》

此教材在理论框架上借鉴了“十一五”国家级规划教材《比较文学教程》

（曹顺庆主编）的基础架构，即从比较文学的学科内涵与发展脉络切入，再以影响研究、平行研究、变异研究、总体文学研究四大研究领域为线索组成五大板块，每章内部再按照研究视角和方法的不同分别组成基础单元（节）。在单元的体例上则采用以理论为先导，以原典为核心的编排模式，每一章节在简略的理论知识概述之后，均有两到三篇原典作为支撑。每节文末还推荐了两到三种中外文论著作，作为延伸阅读材料，供同学们课外选读，以引导学生进一步拓宽阅读面。考虑到比较文学是一个实践性很强的学科，其特点是抽象的理论推演较少，主要依赖大量的个案研究与实证分析，因而教材在原典的选择上，分为理论经典和研究范例两类，前者多为比较文学发展史上具有里程碑意义的名篇，后者则为中外学者开展比较文学个案研究的典范之作。考虑到比较文学课程对学生跨语际实践能力的特殊要求，此教材对英文文献大多直接选用原文而非汉语译本，以便学生能绕过翻译媒介可能造成的变异，直接面对原文，领略经典的魅力，并同时提升外语阅读水平。

（三）《西方文化》（重庆大学出版社，2014 年版）

西方文化源远流长、内容丰赡，时间上历经上下三千年，空间上纵横数万里，其中涌现了大批对人类思想文化产生巨大影响的伟人巨子，其作家数量之众，作品题材之丰，人物形象之丰富，主题内容之广博，文学流派之繁杂，艺术成就之巨大让人惊叹。《西方文化》这本教材分文学、艺术和哲学三部分对西方文化作整体勾勒，精选了西方历史上最为著名、最为重要的作品，以让学生从整体上认识西方文化。

图 3—4 《西方文化》

如文学部分仅对西方文学各个历史分期的基本特征和主要文学成就进行简要介绍，接着就是“原文”阅读。当然，这里所称的“原文”是翻译过来的资料，这是由于西方文学所涉及的语言种类众多，要求本科生掌握多种语言进行纯正的原典阅读并不现实，因而精心选择了一些译文，让学生直接阅读好的译文，让他们自己从阅读中感受，而不是先入为主地向学生传授一些成说和已经定型的理解。应当强调的是，选用译文虽然不能做到最好，但也足以改变“教师简要概述故事情节、学生死记硬背故事梗概”的教学现状。艺术部分按时间顺序对各个时期的艺术进行叙述，以大量的艺术图片等原始材料使学生在阅读中了解西方艺术的演变历程。哲学部分精心编选了西方哲学史上著名哲学家的重要作品，如柏拉图的《第七封信》、亚里士多德的《形而上学》等，让学生直接感受西方哲学与哲学史、西方哲学的历史分期和基本特征，学习西方哲学的意义和方法。

（四）《中华文化概论》（重庆大学出版社，2014 年版）

《中华文化概论》是基于教材《中华文化》，针对汉语言文学专业编写的一套以原典阅读为特点的新型材料，全书包括上、中、下三编，共 15 个专题：上编包括“先秦诸子”“儒家思想”“佛教思想”“道教思想”“礼仪风俗”，中编包括“汉语与汉字”“诗与骚”“唐诗宋词”“明清小说”“古代艺术”，下编包括“上古史”“史书体例”“古代史学”“民族融合与文化传播”“古代教育与科学技术”。每个专题以“概述＋原典导读”展开，如第一章“先秦诸子”先对先秦诸子与中华文化、先秦儒家、先秦道家以及其他诸子进行概论，接下来是原典导读，以繁体字形式收录诸子原典，如《论六家要指》《论语》《孟子》《荀子》《老子》《庄子》《列子》《墨子》等经典篇目，其遵循的要旨与《中华文化》是一致的。

图 3—5 《中华文化概论》

三、中国语言文学专业原典阅读系列教材

曹顺庆教授担任丛书总主编的 10 部“中国语言文学专业原典阅读系列教材”由北京师范大学出版社出版，在此丛书总序中他说：“当代中国文化面临的最为严峻的问题，是中国古代文化经典面临失传的危险：现在许多大学生基本上无法读懂中国文化原典，甚至不知‘十三经’究竟为何物。这种不读中国古代经典原文的现象，已经大大地伤害了学术界与教育界，直接的恶果，就是学风日渐浮躁，害了大批青年学生，造就了一个没有学术大师的时代，造成了中国文化的严重失语，造成了当代中国文化创新能力的衰减。”①

曹顺庆教授认为原典阅读是培养和训练学生文化根底、文化原创力的最重要、最具本原意义的途径。在专业学习中，对经典文本的研读和探讨能有效开阔学生的视野并促进他们形成探究能力，真正成为适应性强的高素质人才。但在目前的中国语言文学教学中，原典阅读的缺席已成为优秀人才培养的一个明显障碍。针对这种情况，在教学中增加学生接触、研读、探讨原典的机会，就成了课程和教学改革的当务之急与必由之路。这也是编撰“中国语言文学专业原典阅读系列教材”的重要缘由。

此系列教材包括《文学概论》(曹顺庆主编)、《美学》(王杰主编)、《语言学引论》(董秀芳、张和友主编)、《古代汉语》(赵世举主编)、《中国古代文学史》(谭帆主编)、《中国现代文学史》(高旭东主编)、《外国文学史》(蒋承勇

---

① 曹顺庆：《文学概论》，北京师范大学出版社，2017 年版，总序。

主编)、《比较文学》(李伟昉主编)、《当代西方文论》(高建平主编)等。教材编写坚持体现“回到原典”这一总体思路，倡导读原典、讲段子，即课堂上抽查学生课外阅读原典的情况，进一步讲解原典，并且要讲精华，讲得有趣味，让学生由衷地喜欢经典原文。教材的基本构架为理论概述加经典作品选讲。每部教材均为知识面介绍与重点讲授的结合，原则上每部教材既有概述阐释，又有原典选读，概述阐释能让学生较为全面系统地掌握知识要点，原典选读则为讲授重点。现以曹顺庆教授主编的《文学概论》为例。

图 3－6　《文学概论》

《文学概论》2017 年由北京师范大学出版社出版。众所周知，文学概论是文学专业学生的必修课程，这门课程素以“难读”著称。造成难读的原因，不仅在于它理论来源广泛，举凡哲学、美学、艺术学、社会学、政治学、心理学以及时兴的文化研究等都可以被纳入其知识视野，让初学者如行山阴道中应接不暇；而且，就国内的文学概论教材本身来看，也存在很多问题，其中最值得关注的是“经典”的流失。比如最常见的是通篇大谈刘勰、黑格尔、伊格尔顿，但是既没有附文以参证，也没有明确标注具体的阅读范围，让学生难以一睹经典的真容。曹顺庆教授认为所谓文学概论，无论编者持什么样的观点，也无论如何组织材料，从根本上来说，它们都必然从经典中来。而一旦失去背景资料的支撑，只剩下被“概述”出来甚至难免失之偏狭的理论观点，对刚接触文学概论的学生来说，当然就显得有些勉为其难了。

考虑到以上问题，曹顺庆教授在编写《文学概论》这本教材的过程中特别强调用经典、选经典，尤其注重节选中外经典文献中的经典篇目和经典段落，在体例上遵循概论和经典“一加一”的模式，以纵横东西文学的视野，让更多的大学生走进经典，学习经典，理解经典。

《文学概论》这本教材分为“概”和“论”两个方面。首先，在“概”的方面，既尽可能宽泛地“概述”文学理论体系的各个板块，又尽量“涵盖”相关知识点的经典对照阅读，换言之，给每个关键知识点指明其“源头活水”。其次，在“论”的方面，以经典理论为“立论”基础，强调从经典中抽绎观点，在观点中寻绎经典。

基于这样的理念和体例安排，《文学概论》设计了七个章节。第一章本质论部分，选取了《哲学史讲演录》《诗学》《论浪漫主义和古典主义》《二十世纪西方文学理论》《林中路》《道德经》《庄子》《文心雕龙》《与李生论诗书》《沧浪诗话》等中西原典篇目，主要围绕“文学是什么”这个问题展开，以系统梳理东西方文学本质论的传统脉络为起点，总结提炼出本书对文学本质的基本理解，即文学本质由形象、情感和形式三个基本要素构成，三者相辅相成、不可或缺，共同形成了文学的本质特点。第二章价值论部分，选取了《审美价值的本性》《审美价值的本质》《文学价值论》《艺术哲学》《生活与美学》《艺术社会学》等中西原典篇目，主要论述文学的审美价值、认知价值和教育价值。第三章文学作品论部分，从《原始文化》《金枝》《论艺术〈没有地址的信〉》《判断力批判》《门外文谈》《审美教育书简》《美学原理》《伊安篇》等中西原典篇目论述文学作品的起源、文学作品的文本结构以及文学作品的风格问题。第四章创作论部分，从《机械复制时代的艺术作品》《审美之维》《文心雕龙·神思》《文赋》《闲情偶寄·词曲部上》《作为手法的艺术》等中西原典篇目论述文学创作的本质、文学创作的过程、文学创作的形式表达问题以及文学创作的一般技巧规律等问题。第五章从《传统与个人才能》《论文学》《七缀集》《作家与白日梦》等中西原典篇目论述作家的个性和心理特点、作家与天才的关系以及作家与外部环境如文化、自然、社会等之间的关系。第六章文体论部分，从《毛诗序》《典论·论文》《文心雕龙·总述》《人间词话》《〈草叶集〉序》等中西原典篇目论述文体的概念及文体学问题，探究了几种常见的文学文体（如诗歌、小说、散文、剧本和报告文学等）的基本特点、类型、流派及经典文本。第七章接受论部分，从《接受美学与接受理论》《阅读行为》《文学史作为向文学理论的挑战》《左传》《论语》《文心雕龙·情采》等中西原典篇目论述了文学接受问题的性质、特点、基本方式、接受过程，以及作为特殊接受类型的文学批评的价值和影响问题。

通过“中国语言文学专业原典阅读系列教材”的编写，曹顺庆教授传达了“原典教学”理念的重要价值，即培养真正具有深厚文化底蕴、有大智慧、有审美感受力和创新能力的人，最重要的一条路就是返回文化的根，重新审视原典阅读对于青年学子的价值，为本科学生打下坚实的学术基础，提高他们的学习积极性，巩固他们的中国文化根底，增强他们的创新能力，加强中国文化自信。

第二节　“聚焦前沿、中国话语”

——教材改革学术创新

曹顺庆教授作为比较文学领域的领军人物，提出了一系列具有重大价值、引起学界广泛讨论的学术观点，如“比较文学的中国学派”“失语症”“异质性”“变异学”等，其编著的比较文学教材也承袭了他的学术思想和特点，始终聚焦学术前沿，致力于构建中国话语。在筑牢中外典籍知识的基础上，曹顺庆教授从教四十年来，持续秉承“中西融通、科教相长，注重话语理论建设，引领学术前沿、加强文明互鉴与交流合作，理论与实践兼顾”的创新理念，对比较文学专业教材、课程建设及实践深入研究，积极探索总结教材建设特点和规律，结合国际国内形势的变化，推陈出新，力求出版顺应时代需求的“新”教材。由此，曹顺庆教授出版了一系列融“新理论、新材料、新观点”于一体的教材，如《比较文学学》（四川大学出版社，2005 年版）、国家级精品教材《比较文学教程》（高等教育出版社，2006 年初版，2010 年再版）、*The Variation Theory of Comparative Literature*（德国 Springer 出版社，2014 年版）、马克思主义理论研究和建设工程教材《比较文学概论》（高等教育出版社，2015 年初版，2018 年再版）、《比较文学变异学》（商务印书馆，2021 年版）等。这些教材聚焦比较文学学科前沿理论，融入了曹顺庆教授在比较文学领域所提出的一系列学术观点，展现出中国特色的比较文学学术话语。在四十年教学改革过程中，曹顺庆教授试图通过比较文学教材的沿革创新，及其在本科课程与人才培养中的应用，破除此前比较文学课程教学材料陈旧的局面，引导本科生关注比较文学学科前沿理论，从而推进比较文学学科中国话语的影响与建设。这些教材不仅对国内比较文学学科的教学改革、教材建设做出了重要贡献，还在海内外产生了重要影响。

本节聚焦曹顺庆教授出版的《比较文学学》《比较文学教程》《比较文学概

论》《比较文学变异学》和 *The Variation Theory of Comparative Literature* 五本重点教材展开分析。这五本重点教材与曹顺庆教授多年来的学术创新观点密切结合，体现了曹顺庆教授多年来对比较文学学科理论和前沿问题的不断反思与探索，反映出曹顺庆教授在破除西方中心主义、构建中国理论话语方面的尝试与突破。随着曹顺庆教授在比较文学领域学术观点的持续丰富、拓展与完善，其撰写或主编的比较文学系列教材也在不断沿革、更新与发展。

一、《比较文学学》（四川大学出版社，2005 年版）

比较文学学科领域长期处于法国学派和美国学派的影响下，这两种学派均未将东方文学纳入研究视野，认为东西之间不具有可比性。“影响研究往往始于或追溯一个‘中心’，制造一种‘秩序’，法国学者‘以法国文学为中心，织成欧洲诸国文学的网络’，对实证主义的坚持又使他们依赖于实施材料，这些都导致其研究被限制在同一文化系统内，很难跳出欧洲的范围。”① 美国学派在这方面有所拓展，但仍然限于西方。美国比较文学研究的权威韦斯坦因曾表示：“我不否认有些研究是可以的……但却对把文学现象的平行研究扩大到两个不同的文明之间仍然迟疑不决。因为在我看来，只有在一个单一的文明范围内，才能在思想、感情、想象力中发现有意识或无意识地维系传统的共同因素。……而企图在西方和中东或远东的诗歌之间发现相似的模式则较难言之成理。”② 这种对东方的忽视、对东西文学比较研究的否定，体现的是西方中心主义。这种狭隘的观点极大地限制了比较文学的发展，不利于不同文明间的交流与互鉴，也不适应全球化的今天。

---

① 曹顺庆、李甡：《变异学：探究人类文明交流互鉴的规律》，《成都大学学报（社会科学版）》，2020 年第 3 期。

② 韦斯坦因：《比较文学与文学理论》，刘象愚译，辽宁人民出版社，1987 年版，第 5～6 页。

图 3−7 《比较文学学》

此前法国学派的影响研究和美国学派的平行研究往往一味求同，而忽视了不同文明、文化之间的异质性。“不管是影响研究还是平行研究，其研究基础都是求同，是求异中之同。具体来说，影响研究求的是同源性，即渊源的同一性；平行研究求的是类同性，即不同国家文学、文学与其他学科之间的类同性。”① 因此在欧美比较文学学科理论框架下，东西方文化差异过大，不存在“同”，没有可比性。这种对异质性的忽视，极大地限制了比较文学研究的视域，让比较文学限于对共性的追求，而缺失了对现实的观照与洞察。在中西文化激烈碰撞之际，不同文明间的差异不容忽视，而且这种差异具有重大意义。“在进行不同文明的比较研究时，如果只是一味求同，而不辨析异质和变异，势必会忽略各自的独特个性，忽略文学、文化、文明交流的复杂性与多样性，最终使研究流于肤浅。”②“跨文明比较文学研究绝不是为了简单的求同，而是在相互尊重异质性、保持各自个性与特质的前提下进行平等对话。”③

认识到影响研究和平行研究的重大理论缺陷后，曹顺庆教授提出变异学研究，并进一步丰富完善了变异学研究的理论框架。曹顺庆教授在编著比较文学教材时，也有意识地聚焦学术前沿，将自己的变异学、构建中国话语等创新性理论纳入教材，促进比较文学教材的更新和发展。

2005 年，曹顺庆教授正式在《比较文学学》一书中提出比较文学变异学。该书是作为四川大学“十五”“211 工程”重点建设项目编写的，既是一部研

① 曹顺庆、王超等：《比较文学变异学》，商务印书馆，2021 年版，第 2 页。

② 曹顺庆、李甡：《变异学：探究人类文明交流互鉴的规律》，《成都大学学报（社会科学版）》，2020 年第 3 期。

③ 曹顺庆：《建构比较文学的中国话语》，《当代文坛》，2018 年第 6 期。

究性著作，又是一部创新性教材。该教材把视野放在学科研究的前沿，不断探索比较文学学科发展的方向。[①] 该书提出文学性和跨越性是比较文学研究的核心特质，将比较文学研究分为四大研究领域：文学跨越学、文学关系学、文学变异学、总体文学学研究。第一章是文学跨越学，主要是对比较文学已有的法国、美国和中国三个研究流派的理论和研究方法进行宏观考察，涵盖了比较文学学科三个阶段发展中最为突出的研究倾向，即文学跨国研究、文学跨学科研究和文学跨文明研究。第二章是文学关系学，它强调对不同国家文学之间的横向交流关系的研究，是对传统法国影响研究范式的一次再明确，更加注重在研究文学关系时的实证性，因此属于横向的文学关系史研究范畴。此章包括文学发展动力学、文学发展状态学、流传学、渊源学和媒介学等内容，这些具体范畴都是对文学横向交流发展中所存在的现象的一种跨域性研究。第三章是文学变异学，它着眼于不同文学体系中的交流或者横向比较中存在的文学变异学现象。和第一章相比，它更为强调不同文学体系的交流和比较研究中出现的文学性或者审美因素的变异现象。而这种美学意义上的变异是无法完全用实证性的方法来考证的，所以此章包含了译介学、形象学、接受学、主题学、文类学、文化过滤和文学误读学七个研究范畴。对关系学和变异学的新分类可以说是该书对比较文学学科研究领域的一种新见解。第四章是总体文学学。考虑到比较文学的学科理想和总体文学之间存在不可分割的关联，因此该书在比较文学中重新提出总体文学学的研究。总体文学学的研究有助于实现比较文学通过跨域性研究最终达到共同文学规律的学科理想。考虑到以前研究者对总体文学的误解，以及全球化带来的文学一体化和多元化矛盾，该章不仅包括比较文学和总体文学、多元化时代的总体文学两节，还包括总体文学的两个研究领域——比较诗学和一般诗学、文化人类学和总体文学。[②]

曹顺庆教授主编的教材《比较文学学》立足比较文学学科前沿，总结学科理论的得失，迈出构建中国话语的关键一步。首先该书创造性地提出了文学变异学，曹顺庆教授注意到不同文学在交流或比较研究中的变异现象，不同于法国学派和美国学派对求同的追求，曹顺庆教授认识到不同文化间异质性的重要性，强调对文学变异现象进行挖掘研究。变异学的提出解决了学界关于译介学和媒介学的归属和关系问题。法国学派所倡导的媒介学研究中的译介学研究，放在法国学派的研究领域中有不恰切之处，因为译介学研究过程中存在着文化

① 参见曹顺庆主编：《比较文学学》，四川大学出版社，2005 年版，第 1 页。
② 参见曹顺庆主编：《比较文学学》，四川大学出版社，2005 年版，第 2～3 页。

过滤、接受视野等因素，往往会产生变异。这种变异显然不在影响研究的范围内。译介学同样也不属于注重审美性类同的平行研究的领域。很多教材往往在译介学和媒介学之间徘徊犹疑，或是以媒介学统摄译介学，或是以译介学统摄媒介学。比较文学变异学的提出解决了这一难题，也弥补了法国学派和美国学派的不足[①]，是中国特色的话语建设的典范。

其次，“这部教材由文学跨越学、文学关系学、文学变异学与总体文学学四章构成，从学科地位与研究边界的波动进行了阐释，从而为比较文学学科发展的自洽性做出了极大的努力。作者摒弃了此类历时性的划分，代之以共时性维度对比较文学学科实践中亟待解决的问题与现象进行重新整合，由此构建出了比较文学学科研究的一种新的学科范式。”[②] 教材的任务不仅仅是让读者了解学科的基本理论知识，还要紧跟学术前沿，介绍学科的最新成果。《比较文学学》在尊重学科传统的基础上，也融合了比较文学的最新进展，可谓聚焦前沿，视野广阔。

二、《比较文学教程》（高等教育出版社，2006 年初版，2010 年再版）

2006 年曹顺庆教授主编的《比较文学教程》出版，该书属于普通高等教育“十一五”国家级规划教材，是以大学中文系本科生为主要使用对象的高等学校比较文学课程教材。

图 3−8 《比较文学教程》

① 参见朱利民：《重新规范比较文学学科理论的研究范式——评曹顺庆的〈比较文学学〉》，《外国文学研究》，2006 年第 3 期。

② 王浩宇：《比较文学共时性学科范式的理论建构——评〈比较文学学〉》，《高校探索》，2020 年第 4 期。

该书跳出了以往比较文学研究中以学派划分来建构比较文学学科理论的框架，概括了一个新的学科理论范式，明确提出了比较文学学科理论的一个基本特征与四大研究领域。一个基本特征即“跨越性”，包括跨国、跨学科与跨文明，四大研究领域即实证性影响研究、变异研究、平行研究与总体文学研究。具体分为五部分：绪论主要探讨比较文学的定义、基本特征、研究领域，以及比较文学的可比性问题；第一章实证性影响研究，在尊重学科史的基础上，从实证性的角度探讨了具有实证性影响关系的比较文学研究的范式；第二章变异研究，从文化过滤与文学误读、译介学、形象学、接受学、文学的他国化研究等角度探讨了比较文学研究中的变异现象；第三章平行研究，从类型学、主题学、文体学、跨学科研究等角度探讨了文学的平行比较研究；第四章总体文学研究，将总体文学重新纳入比较文学的学科体系，从跨文明和总体文学的角度探讨了建立总体文学的可能性。①

曹顺庆教授主编的《比较文学教程》一方面继承了国外比较文学既有的理论成果，另一方面汲取了国内比较文学研究的最新成果，是一部继承与创新相结合的教材，在发出中国声音、建构中国话语方面具有重要意义。首先，该书丰富和发展了变异学研究，提出了语言层面的变异、民族国家形象层面的变异、文学文本层面的变异，更重要的是提出了一种更深层次文化上的变异，这种变异主要表现为传播国文学本身的文化规则和话语已经在根本上被他国——接受国所同化，从而成为他国文学和文化的一部分，这种领域的研究即文学的他国化研究。

其次，该书提出了一个新的比较文学的理论范式，也是曹顺庆教授对自我建设的理论范式的不断更新和发展。曹顺庆教授等在《比较文学学》教材中提出文学性和跨越性是比较文学研究的核心特质，将比较文学研究分为四大研究领域，即文学跨越学、文学关系学、文学变异学、总体文学学，在当时建立了新的学科范式，具有重大意义，但随后在《比较文学教程》中即对该范式进行了更新和发展，明确提出比较文学学科理论的一个基本特征与四大研究领域。前者的比较文学学科理论范式打破了当时比较文学历时性的划分，从共时性角度重新整合，具有重大突破，然而没有将平行研究的相关内容作合适的安排。相形之下，《比较文学教程》所构建的比较文学学科理论范式更为合理，将平行研究纳入视域。无论如何，这种在比较文学学科理论范式上的不断丰富与拓展，都对比较文学中国学派的发展以及比较文学中国话语的建设大有裨益。

---

① 参见曹顺庆：《比较文学教程》，高等教育出版社，2006 年版。

三、*The Variation Theory of Comparative Literature*（德国 Springer 出版社，2014 年版）

曹顺庆教授的英文力作 *The Variation Theory of Comparative Literature*（《比较文学变异学》）由世界知名的斯普林格出版社于 2014 年 3 月出版。该著作首次以全球通用的语言英语提出了中国比较文学学科理论话语——比较文学变异学，将变异学这一彰显中国特色的比较文学学科理论话语及研究方法呈现给世界。比较文学变异学理论作为比较文学中国话语，受到了国际学界的广泛关注与高度评价。[①]

图 3—9 *The Variation Theory of Comparative Literature*

该书共分五章。第一章为影响研究的历史功绩及重大缺憾，作者在梳理法国学派影响研究生成的历史语境、研究范围及特点的基础上，客观地分析了影响研究对于比较文学学科理论发展的重大贡献，并指出了影响研究的理论特点为实证性的国际文学关系史研究，并不能有效解决形象学及跨文明语境研究中的变异问题。作者认为影响研究的实质应为影响与变异共存，从而为法国学派的学科理论困境提供了一条可资借鉴的出路，即影响关系变异学。第二章为平行研究的历史功绩与学科困惑，作者阐述了平行研究相对于影响研究的优点，也指出平行研究的求同思维模式导向不能很好地解决跨文明语境下比较文学的异质性问题，比较文学变异学通过对不同文明体系中文学现象的差异与变异的界定与考察可以有效地弥补这一理论缺陷。第三、四、五章为著作的主体部

① 参见曹顺庆：《建构比较文学的中国话语》，《当代文坛》，2018 年第 6 期。

分，详尽地展现了作者的比较文学变异学学科理论的架构、特点及其实践路径。“比较文学变异学是对注重实证影响研究的法国学派及致力于美学解读但却忽视非欧洲语言文学的美国学派的回应。”① 第三章跨语际变异学中，作者从变异学的视角探析了“信、达、雅”与创造性叛逆之关系、文学翻译的不可译性与变异的必然性、西方语言与汉语的跨域性变异、译介学及传统意象的误译等问题，并结合具体翻译实例，对跨语际层面变异现象的客观基础、性质及其价值作了详细的阐释与分析。第四章跨文化变异学首先将研究范围界定为同质文明圈内的跨文化变异学，以区别于异质文明之间的跨文化变异，然后从文化过滤与文学变异、文学误读与文学变异及比较文学形象学三方面探讨了文化过滤与文学误读的概念、机制及形成动因等问题，并从变异学视角重新审视了比较文学中的形象学研究的定义及研究方法，以充实传统的以实证、考据为主要研究方法的形象学研究，并将其具体细分为文本研究、作家研究、文化研究和变异研究。第五章跨文明变异学的研究对象为异质文明之间的跨文化变异，阐述了跨文明研究的现实语境，着重分析了跨文明研究兴起的历史背景及跨文明研究中文论的异质性问题。②

曹顺庆教授的 *The Variation Theory of Comparative Literature* 一经出版，即受到了西方比较文学学者的关注。国际比较文学学会前任主席（2005—2008）、荷兰乌特勒支大学（Utrecht University）比较文学荣休教授杜威·佛克马（Douwe Fokkema）亲自为《比较文学变异学》（英文版）作序。杜威·佛克马教授认为：“曹顺庆教授的著作《比较文学变异学》（英文版）的出版，是打破长期以来困扰现在中国比较文学学者的语言障碍的一次有益尝试，并由此力图与来自欧洲、美国、印度、俄国、南非以及阿拉伯世界的各国学者展开对话。中国比较文学学者正是发现了之前比较文学研究的局限，完全有资格完善这些不足。”

美国科学院院士苏源熙（Haun Saussy）、欧洲科学院院士多明戈（Cesar Dominguez）等学者合著的比较文学专著 *Introducing Comparative Literature: New Trends and Applications*（London and New York: Routledge, 2015）高度评价了曹顺庆教授提出的比较文学变异学。作者在该专著的第 50 页引用了《比较文学变异学》（英文版）中的部分内容，阐明比较

① Cao Shunqing: *The Variation Theory of Comparative Literature*, Springer-Verlag Berlin Heidelberg, 2014.

② 参见庄佩娜：《填补世界比较文学学科理论的空白——曹顺庆教授英文专著〈比较文学变异学〉评介》，《外国文学研究》，2014 年第 3 期。

文学变异学是十分重要的成果："与比较文学法国学派和美国学派形成对比，曹顺庆教授倡导第三阶段理论，即新颖的、科学的中国学派的模式，以及具有中国学派本身的研究方法的理论创新与中国学派，通过对中西文化异质性的'跨文明研究'，曹顺庆教授的看法会更进一步地发展与进步。"前任国际比较文学协会主席汉斯伯顿（Hans Bertens）在与曹顺庆教授的通信中写道："我花了不少时间来阅读您的著作，但很享受阅读的过程。由于我个人的专业领域是二战战后文学，所以显然对于您书中所涉及的大部分材料，我称不上行家，但您的论辩与博学却使您的著作和研究很有价值。"法国索邦大学比较文学系主任 Bernard Franco 教授在专著 *La Litterature Comparee Histoire*, *domaines*, *methodes* 中多次提及曹顺庆教授提出的变异学理论，并给予高度评价，认为是中国学者对世界比较文学的重要贡献。

此外，多位学者专门撰写书评，肯定了变异学对于比较文学学科发展的非凡意义。欧洲科学院院士（副院长、人文部主席）、丹麦奥尔胡斯大学（Aarhus University）教授斯文德·埃里克·拉森（Svend Erik Larsen）在《世界文学》（*Orbis Litterarum*）第 70 期第 5 卷中发表了《比较文学变异学》（英文版）的书评。他指出："在《比较文学变异学》（英文版）阅读过程中，北京（师范大学）、四川（大学）比较文学教授曹顺庆有着广博非凡的学识。他既通晓始于约 1800 年的欧洲比较文学，又熟知中国文学的悠久的历史。与许多世界文学的研究一样，曹顺庆教授始终关注不同文化文本的文学性。同时，他还探索产生文学现象、效果及概念的跨文化互动。因此，《比较文学变异学》（英文版）是进入与西方比较文学对话的邀请，而此时机也已成熟。"欧洲科学院院士德汉（Theo D'haen）评论说："我已经非常确定，《比较文学变异学》将成为比较文学发展的重要阶段，以将其从西方中心主义方法的泥潭中解脱出来，拉向一种更为普遍的范畴。"美国哈佛大学教授、美国科学院院士达姆罗什评论说："非常荣幸也很欢迎《比较文学变异学》用英语来呈现中国视角的尝试。对变异的强调提供了很好的一个视角，一则超越了亨廷顿式简单的文化冲突模式，再者也跨越了普遍的同质化趋向。"[①]

曹顺庆教授的 *The Variation Theory of Comparative Literature* 立足国际比较文学前沿，突破了国际比较文学界现有的理论框架，打破了欧洲中心主义话语体系，以变异学研究发出中国声音，构建中国话语，向世界展示了比较文学中国学派在学科理论建设上的努力和成果。

---

① 参见曹顺庆：《建构比较文学的中国话语》，《当代文坛》，2018 年第 6 期。

该书是曹顺庆教授提出变异学研究之后的自我深化，相较于《比较文学学》和《比较文学教程》中的变异学内部的框架结构，*The Variation Theory of Comparative Literature* 明确地以“跨越性”为核心架构变异学研究，主要从跨语际变异、跨文化变异、跨文明变异三个角度展开。这种框架结构逻辑清晰，层层深入，突出了跨越性乃变异学研究的基础。曹顺庆教授的跨越性思想超越了法国学派的跨国家、美国学派的跨学科，将跨越性深入到跨越东西方异质文化、文明的层面上。这种对跨越性的强调和深入挖掘，正是比较文学学科理论的生长点。

不仅如此，该书还注重在研究中将历时与共时结合，具有研究方法和研究视角上的创新性。在绪论中，曹顺庆教授从历时角度对世界比较文学的学科发展进行了回归，将比较文学变异学视为其理论研究的第三阶段，由此从纵向上为读者提供了比较文学学科发展的清晰脉络。但在第一、二章的阐述中，曹顺庆教授并未将影响研究与平行研究定格在其提出的历史语境中，而是将其拉回共时维度，探讨了现实语境中影响研究及平行研究的发展变化及其面对新的历史语境和学术趋向时所遭遇的困境，深入分析了影响研究及平行研究中的缺憾及对此两种研究范式的启发与补充，一定程度上避免了这三种研究范式的相互隔离与对立。[①]

四、马克思主义理论研究和建设工程教材《比较文学概论》（高等教育出版社，2015 年初版，2018 年再版）

2015 年，由曹顺庆教授担任第一首席专家主持的中宣部、教育部马克思主义理论研究和建设工程重点教材《比较文学概论》出版。该书自出版以来累计印刷 15 次，累计销售约 12 万册，被全国 258 所高校采纳。

① 参见庄佩娜：《填补世界比较文学学科理论的空白——曹顺庆教授英文专著〈比较文学变异学〉评介》，《外国文学研究》，2014 年第 3 期。

图 3－10 《比较文学概论》

该书共十章。第一章比较文学总论，论述比较文学的定义、比较文学学科理论发展的历史和比较文学的可比性与研究方法。第二章国际文学关系与相互影响，论述文学相互影响的辩证关系、流传学、渊源学和媒介学。第三章比较文学与翻译研究，论述比较文学视野中的翻译、创造性叛逆与翻译、文化意象的失落与变异和翻译文学与中外文学关系研究新视角。第四章形象学、接受学与变异学，分别对三者展开论述。第五章文学的类型研究，论述类型学、文学主题与主题学和文类学。第六章比较诗学，论述诗学范畴的历史生成、比较诗学的学科建构和走向比较诗学的新疆域。第七章文学的跨学科研究，论述文学与艺术、文学与人文社会科学和文学与自然科学。第八章总体文学，论述区域文学与世界文学、总体文学与世界文学。第九章跨文明比较文学，论述其提出的现实意义、人类文明的多源和多元性、跨文明研究文学的跨文明比较方法。第十章比较文学前景展望，论述全球化语境下的比较文学、比较文学与文化研究、走向世界文学阶段的比较文学。

该书吸纳学科前沿观点，结合学科最新动态，推动比较文学中国话语的建设，打破了固有的学派设限，对法国学派、美国学派等代表性学派的理论进行了整合重构，避免机械地将比较文学看作一个静态的线性发展过程，而是将其视为“涟漪”式的动态发展的过程。以问题意识为中心，引导学生以宽阔的学术视野来理解世界文化与文学，帮助学生把握中国比较文学的话语和特点。倡导建立彼此包容、相互借鉴的对话平台和交流机制，推动比较文学走向和谐共生的发展之路。

与其他教材相比，该书的逻辑结构既有继承，又有创新。例如，第二章国际文学关系与相互影响，强调了影响的国际关系，影响研究的相互性和多向性、对话性和变异性特征，既肯定了法国学派的实证性国际文学关系影响研究，又打破了以往教材单一的实证性影响研究，论证了文学影响中的科学性与审美性、实证性与非实证性；增加了文学影响研究中的变异性研究，提出实证性、审美性和变异性同时构成文学关系研究的创新观点等。弥补了以往教材只论述影响研究的同源性而忽略了文化过滤、文化误读、文化信息失落等变异性的缺憾，将以往实证性、单向性的影响研究推进到实证性、非实证性和审美性共存、影响的同源性与变异性同在的新高度。又如，教材以文学的类型研究与比较诗学为板块，囊括了主题学、文类学的影响研究和平行研究，打破了以往教材将影响研究与平行研究严格区分的结构，解决了比较文学教材以往的结构难题。①

五、《比较文学变异学》（商务印书馆，2021 年版）

2021 年，曹顺庆、王超等编写的《比较文学变异学》由商务印书馆出版。该书是国家社科基金结项优秀成果（国家社科基金项目号：07BWW004），也是曹顺庆教授在国内出版的第一部比较文学变异学学术专著。该书包含十个部分。绪论论述了建构比较文学中国话语的必要性、发展历程、成功典范、重要意义。第一章论述了变异学国内外研究现状，并指出变异学未来的发展空间。第二章论述了变异学的中国哲学基础，包括“变文格义”与隋唐佛学中的变异思想、“格物致知”与宋明理学中的变异思想和“训诂义疏”与乾嘉朴学中的变异思想。第三章论述了变异学与当代国际比较文学，主要指出艾田伯“比较诗学”、叶威廉“文学模子”、德里达“解构主义”与变异学的关系。第四章论述了跨学科与普遍变异学，包括形而上学与自然哲学中的运动变化和变异问题、自然界和自然科学中的变异问题、生物界和生命科学中的变异问题、文化界和人文社会科学中的变异问题和走向跨学科视域中的普遍变异学。第五章论述了影响研究与流传变异学，指出影响研究中的变异现象，进而提出流传变异学的理论内涵和创新机制，最后进行案例解读。第六章论述了平行研究与阐释变异学，指出平行研究中的变异现象，进而提出阐释变异学的理论内涵和创新机制，最后进行案例解读。第七章论述了变异研究与文学他国化，指出文学他国化中的变异现象，进而提出文学他国化的理论内涵、创新机制和实践路径，最后进行案例解读。第八章论述了形象研究与形象变异学，指出形象研究中的变异现象，进而提出形象变异学的理论内涵和创新机制，最后进行案例解读。第九章论述了译介研究与译介变异学，指出译介研究中的变异现象，进而提出

---

① 参见曹顺庆：《构建比较文学研究的新体系与新话语》，《光明日报》，2015 年。

译介变异学的理论内涵和创新机制，最后进行案例解读。

图 3-11 《比较文学变异学》

自曹顺庆教授 2005 年提出比较文学变异学至该书出版，已经过去了 16 年。尽管这期间变异学已经形成良好的发展态势，但是仍然存在一些需要深化、拓展和完善的地方。该书即深化完善变异学研究的重要学术成果，主要有两大创新之处。

第一，阐述变异学的学科理论基础。变异原本是一种现象，何以成为一种"学"？需要论证其学科理论根基。这个重要问题在之前的变异学研究中有所涉及，却不够清晰、集中。该书集中回应了这个重要问题，主要论述了变异学的中国哲学基础、西方哲学基础及当代国际比较文学对变异学理论的研究。变异学并非无中生有，而是具有深厚的中西哲学基础。不仅如此，当代中外比较文学中也有很多对变异思想的陈述。以上构成了变异学相对科学、稳定和有说服力的学科理论根基。

第二，阐明变异学的实践方法路径。在《比较文学学》《比较文学教程》以及 *The Variation Theory of Comparative Literature* 等其他著述中，大多按照"跨越性"的标准进行分类，将变异学研究领域分为跨国家、跨语际、跨文化、跨文明、他国化等方面，这种思路有其合理性和优越性，也有其局限性。该书进一步阐明了变异学与其他学科理论话语体系之间的逻辑关联，将变异学分为六个方面的实践路径。一是普通变异学，从跨学科角度分析变异学与物理学、生物学及其他学科领域的逻辑关联，阐明变异学是学术与科学发展的一般规律和宏观策略。二是流传变异学，从实证性角度分析变异学与影响研究的传承创新，主要研究实证影响交流中的同源现象与变异现象的关系及其发生规律。三是阐释变异学，从非实证性角度分析变异学与平行研究的类同性与变异性的传承创新，主要研究没有实证影响交流的文学对象在跨文明阐释中发生的变异现象及其发生规律。四是文学他国化，从结构和规则变异的角度分析变异学在影响研究、平行研究基础上的融合创新机制，这是变异学的核心话语体系，往往既有实证性又有非实证性，它与流传变异和阐释变异最大的不同就是超越了话语局部变异，而形成话语新项。这种话语新项与原有的话语体系深度融合，构建了异质融合的新的话语结构体系。这就从学科理论的发展维度阐明了法国学派影响研究、美国学派平行研究及中国学派变异研究之间的逻辑结构关联。五是形象变异学，从跨文明想象性诠释立场分析变异学对形象研究的传承创新，深入分析变异学与形象学的联系与区别，首次系统提出形象变异学的术语范畴。六是译介变异学，从跨语际翻译研究立场阐明变异学对译介研究的传承创新，主要说明变异学与译介学的联系与区别、传承与创新。这六种实践路径提出了变异学的新术语、新范畴、新路径、新结构，既阐明了变异学与比较文学中其他理论话语之间的逻辑关联，又指明了变异学自身的研究领域、研究案例和研究方法，使变异学真正成为体系完备、逻辑严密的中国话语的典范。①

在四十余年教学改革过程中，曹顺庆教授通过对比较文学教材的沿革创新，及其在本科课程与人才培养中的应用，一改此前比较文学课程教学材料落后陈旧的局面，引导本科生关注比较文学学科前沿理论，从而推进比较文学学科中国话语的建设，扩大了比较文学中国话语在国际上的影响力。

第三节 “深纵联横、世界视野”

——教材改革视域创新

文学发展既是纵向的，又是横向的。纵向发展是各民族文学内部的继承性发展，横向发展是世界各民族互相之间的影响、冲突和交会。这一纵一横的经线与纬线，交织成了多姿多彩的各民族文学与世界文学。纵向的“通变”与横向的发展是文学发展的两个基本动力。

对于文学的纵向发展规律，南朝齐梁时代刘勰的《文心雕龙》就进行了系统的总结。刘勰在《文心雕龙》里将“通变”总结为文学纵向发展的规律之

① 参见曹顺庆、王超等：《比较文学变异学》，商务印书馆，2021年版，第311～313页。

一，他指出："夫设文之体有常，变文之数无方……名理有常，体必资于故实；通变无方，数必酌于新声：故能骋无穷之路，饮不竭之源。然绠短者衔渴，足疲者辍涂，非文理之数尽，乃通变之术疏耳。"[①]《文心雕龙》所说的"通"，即文学发展的纵向继承，但仅有继承还不够，文学发展必须创新，必须"变"，即在前人的基础上有所发展创造，这才能日新其业。所以《文心雕龙》总结道："文律运周，日新其业。变则其久，通则不乏。趋时必果，乘机无怯。望今制奇，参古定法。"[②] 文学的纵向发展不仅涉及继承与创新，或"通"与"变"的关系，而且与时代政治、经济、社会文化状况密切相关，与社会治乱和学术风气息息相关。

需要强调的是，文学的横向发展同样是一个相当重要的动力。换句话说，文学发展的动力，不但在于纵向的"通变"与"时序"，更在于横向的交流与碰撞。首先，如果说纵向的"通变"或"继承与创新"为文学史纵向发展的重要规律，那么各民族文学横向的"移植"与"变异"则为文学横向发展的重要规律；纵向的"继承与创新"引起了文学史上长期的"古今之争"，横向的"移植""借鉴"与"变异"则引起了持久的"内外之争"，在中国则是长期的"夷夏之辩"和激烈的"中西之争"。20 世纪的中国文学发展史几乎都是在"中西之争"中推进的。其次，如果说文学的纵向"接受"为文学纵向发展的动力之一，那么文学横向的"传播"则为文学横向发展的动力之一。而比较文学研究就是专门探讨文学的横向发展的学科之一，比较文学研究的主要内容之一是各民族文学关系，这也可以说是文学横向发展的重要内容之一，横向发展除了在微观上表现为作家作品的具体接触和不同民族文学的具体交往，在宏观上则展示了世界各民族文学由封闭走向开放，由隔绝走向汇通的横向演拓进程。对文学的横向传播的研究，形成了比较文学的"流传学""渊源学"与"媒介学"等学科理论。最后，如果说文学的纵向发展取决于政治经济的发展，那么文学与政治经济发展的不平衡性，尤其是文学发展的跳跃性、突变性以及断裂性等方面则多与文学横向发展密切相关。

曹顺庆先生意识到当时的比较文学教材绝大多数只谈纵向的历史发展，缺乏横向交流和影响关系的论述，形成了只有经线、没有纬线的单线、单调的文学史、文论史。同时，由于没有中外文学、文论发展的平行比较或对比，这样

---

① 刘勰著，黄叔琳注、李详补注、杨明照校注拾遗：《增订文心雕龙校注》，中华书局，2000 年版，第 397 页。

② 刘勰著，黄叔琳注、李详补注、杨明照校注拾遗：《增订文心雕龙校注》，中华书局，2000 年版，第 397 页。

的文学与诗学教材是孤立的，缺乏参照，既不能使学生在比较和参照之中来深刻认识中国文学、文论的价值和特色，亦无法将比较文学平行研究与影响研究结合起来研究中外文学、诗学的发展规律。为改变这种教材编写的缺憾，曹顺庆先生在编写本科教材时，从比较文学与比较诗学这两方面出发，着力打通文学及诗学横向发展与纵向发展的关系，从深纵连横的世界视野出发，创新本科教材的编撰视域。

一、《中西比较诗学》（北京出版社，1988 年版）

1988 年曹顺庆先生编写的《中西比较诗学》由北京出版社出版，2010 年由中国人民大学出版社再版，2017 年莫斯科出版社出版了《中西比较诗学》的俄语版，这本教材被认为是第一部中西比较诗学专著，被国内外多所高校采用并产生了广泛影响。

图 3—12 《中西比较诗学》

20 世纪 80 年代的中国文论界多习惯于在西方理论和概念中寻找对照性阐释，认为中国古代文论零碎散乱，缺乏能深探本源而又平实可辨的理论，因此在对照性的阐释中直接以西方文论为标准进行“求同”性的建构。曹顺庆先生则指出中国古代文论并非缺乏系统、缺乏理论价值和实用性，问题在于如何真正认识其价值并恰当地加以运用，这便是中西诗学可以进行对话的前提。曹顺庆先生还就中西诗学对话的可能性进行了论述。他指出无论中西诗学在基本概念和表述方法等方面有多大的差异，其目标是一致的，都是为了把握文学艺术的审美本质，这就是中西诗学可以进行对话和沟通的最坚实的基础。因此，曹顺庆先生于 1988 年出版了《中西比较诗学》一书，从理论的高度来辨析中西文艺的不同美学品格并深入探讨其根源。

《中西比较诗学》全书共20万字，由绪论、主体、结语三大部分构成。绪论部分详尽地论述了中西社会文化特征与中西诗学特色。主体部分由艺术本质论、艺术起源论、艺术思维论、艺术风格论、艺术鉴赏论五章组成，曹顺庆先生从这五个层面出发对中西诗学中的重要概念如迷狂与妙悟、风骨与崇高等进行了互释和阐发，以比较的方法对中西文论进行观照。同时指出中西诗学对话的重大意义不仅在于中西诗学间的“共识”，更在于中西诗学是两种基本上独立发展的文论体系，中国文论的艺术审美精神不同于西方文论的科学分析精神。中国文论是从美感经验出发，力图在审美直觉中领悟艺术的真谛，而反对用抽象的理论破坏艺术的机趣与读者的美感。中西方文论的这种差异性特质使得中西方诗学的对话具有必要性，在对话中二者可以增进理解，亦可以在对话中相互学习、沟通融合，这便是中西诗学对话的最大价值所在。

《中西比较诗学》跳出了以西释中的框架模式，融合了中西文化碰撞的意图，“是中国内地第一本较为系统地把中国古代文学理论放在世界文论体系的大环境之中加以考察的专著，在中西文论的对比过程中凸显了各自的优长所在”。季羡林等著名学者盛赞此书为我国中西文论比较研究方面第一本开风气之先和填补空白的著作。

二、《东方文论选》（四川人民出版社，1996年版）

1996年，曹顺庆先生编写的《东方文论选》由四川人民出版社出版，该书是国家教委“九五”教材规划项目，同时荣获国家级教学成果（教材）二等奖。20世纪90年代，曹顺庆先生遗憾于国内乃至全世界尚无一部全面反映东方文论概貌的文论选，认为当时东方文论体系在高校讲坛竟无一席之地，然而西方文论选与西方文论史论著却汗牛充栋，“西方文论选”课程在国内各大高校均有开设，这一不正常局面亟待改变。他指出，东方文学理论无论在理论体系与基本范畴上，都具有不同于西方文论的民族特色与较高的理论价值。西方学者与中国学者不但应当注意到中国文学理论，而且应当注意包括中国、印度、阿拉伯、波斯、日本、朝鲜等在内的东方各国的文学理论，并与西方文论相互参照比较、融会贯通，而不再仅仅以西方文论或仅仅以中西文论为基础去建构新的文论体系。因此，强调东方文论，并非要与西方文论争强赌胜，而是从文学理论发展的角度思考人类文学理论发展的规律，实事求是地、全面地总结人类各民族文学理论的成就，从根本上认识人类理论发展的基本规律。

图 3－13 《东方文论选》

为了使读者获得一个较为客观的世界文论的发展概貌，《东方文论选》首先在绪言部分便从纵向与横向两条线出发，对世界文论发展的基本线索和概貌进行了论述，并探讨了东西方各民族文论互相沟通的可能性。这为读者理解东方文论的历史地位及其理论价值提供了一个基本的参照系和粗略的框架。其次，《东方文论选》的主体共分为六部分，分别是印度文论、阿拉伯文论、波斯文论、日本文论、朝鲜文论、中国文论，共精选了文论一百余篇，其中绝大部分是第一次译成汉语，因此季羡林先生将此书誉为“雪里送炭之举”。这些编委和译者均是曹顺庆先生在各国别文学和文论中寻到的涵养极其深厚的学者，如季羡林、金克木、黄宝生等先生。同时，这一百余篇文论的选择既突出重点又反映了全貌，编译者把握全局，取精用宏，使得这一部《东方文论选》精当且适当。

郁龙余先生在评述《东方文论选》时亦指出，《东方文论选》的问世，标志着中国文论从“两点一线”的第二阶段发展到“三点成面”的第三阶段，带来了一个全新的世界，为中国学者研究东方文论提供了一块起跳板，不仅为读者提供了同中国与西方迥异的新材料、新学派、新论点，而且为接下来的研究提供了新方法、新视角、新思维。季羡林先生在序言中亦盛赞“读此一书，东西兼通。有识有志之士定能‘沉浸醲郁，含英咀华’，融汇东西，以东为主，创建出新的文艺理论体系，把中国文艺理论的研究水平，东方的文艺理论的研究水平和世界的文艺理论的研究水平，大大地提高一步，提高到一个崭新的高度和水平上”。

三、《世界文学发展比较史》（北京师范大学出版社，2001年版）

2001年曹顺庆先生主编的二卷本《世界文学发展比较史》由北京师范大学出版社出版，该教材是国家社科基金“九五”规划重点项目，同时又是国家教委“九五”规划重点教材。曹顺庆先生认为，从世界文学发展史来看，所谓纵向的发展，是指各民族与自己历史传统的纵向联系过程，是本民族的既往文学如何影响后世文学，后世文学如何沿革传统的发展。在这种发展形态里，蕴含着本民族历代文学之间的传承、流变关系，显示了文学史延续、演变的历史轨迹。所谓文学的横向发展，则是指各民族文学在历史演进中由各自封闭到互相开放，由彼此隔绝到频繁交往，从而逐步在世界范围内形成普遍联系的过程。在这种发展形态里，各民族文学相互碰撞，彼此交融，展示了世界文学从分散发展到整体联系的历史趋势。可以说，文学的发展，正是这一纵一横织成的五彩斑斓的文学历史画卷，正是这纵横交织中波澜起伏、滔滔不绝的文学发展洪流。

图3－14 《世界文学发展比较史》

然而，当时的文学史教材缺乏自觉地从世界文学的眼光来撰写的纵向发展与横向发展相交织、相映衬、相补充的世界文学发展比较史。这与学术界对文学横向发展的重要作用的认识不够密切相关。曹顺庆先生指出当时国内已有的世界文学史或外国文学史专著与教材存在几点不足。第一，存在着严重的“欧洲中心”或“西方中心”偏向。第二，只谈纵向的历史发展，缺乏横向交流和互相影响的论述，形成了跛足的文学发展史。第三，缺乏世界文学的整体感，无法让读者对全世界文学有一个全面的完整的概念。第四，缺乏中外文学的对比和参照，不能将中国文学融入整个世界文学发展潮流，让学生在对比和参照之中深刻认识中国文学的价值和痼疾。这在一定程度上影响了外国文学与比较文学教学质量和比较文学研究的深度，影响了学生知识面和学术视野的拓展。

曹顺庆先生主编的《世界文学发展比较史》以时间为线分成上下两册。上册的古代文学共分为八章，分别是：苏美尔、巴比伦、古埃及文学，印度古代文学，希伯来文学，古希腊、罗马文学与欧洲古代文学，中国古代文学，波斯、阿拉伯古代文学，日本、朝鲜及东南亚古代文学，美洲古代文化与文学。下册的近现代及当代文学共分为十二章，分别是：近现代及当代西方文艺思潮，英国文学与北欧文学，法国、西班牙与葡萄牙文学，德国文学、意大利文学与比利时、荷兰文学，俄苏、东欧文学，美国与加拿大文学，拉丁美洲文学，大洋洲文学，近现代及当代波斯、阿拉伯文学与西亚、非洲文学，近现代及当代印度文学，近现代及当代中国文学，近现代及当代日本、朝鲜与东南亚文学。

该教材以世界文学发展为基本线索，在纵向论述中对中外文学加以平行比较，并注重中外文学发展中横向的互相影响与交流，探讨这种影响所形成的文学发展特征与动力，在比较中研究纵向“通变”与横向发展这两个动力因素的“合力”，总结文学发展的基本规律，并向读者展示一个客观的世界文学发展的（包括纵向发展与横向发展）总体图景。在这个总体图景中，不但梳理了各民族文学的纵向沿革，各民族文学本身的质传、流变关系，显示了文学史纵向延续、演变的历史轨迹，而且还展示了各民族文学在历史演进中从独立发展到互相影响，由各自封闭到互相开放，由彼此隔绝到频繁交往的过程，展示了世界文学从分散发展到整体联系的历史动势。从这个意义上说，《世界文学发展比较史》所着力设计的纵向发展与横向发展交互补充式的文学发展史结构，从根本上解决了此前世界文学史教材撰写中存在的缺憾。

四、《中西比较诗学史》（巴蜀书社，2008 年版）

2008 年曹顺庆先生主编的《中西比较诗学史》由巴蜀书社出版，该教材是一部中西比较诗学的学科史，以近 20 年学科知识的集结、突破为研究描述的重点，着眼于中国大陆的中西比较诗学、港台地区的中西比较诗学、海外汉语学界的中西比较诗学三部分，尤以中国大陆的比较诗学研究为主。

图 3－15 《中西比较诗学史》

《中西比较诗学史》在编写时立足两种视域的交错制约，思想史的历史奠基决定了该教材内在的历史意识与价值精神，学科意识的观照视角则为该教材的编写提供了超越经验史的知识视野和理性反思精神。正是在这两种视野的交错协调中，《中西比较诗学史》确定了编写的四条主线：第一，平行研究史，即中西文论诗学的实质性比较研究；第二，整合研究史，即两种诗学话语之间的互释、转换、错位与在异域背景中的意义生成；第三，方法史，即从以西释中、双向阐释到跨文明比较、异质性研究等；第四，学科形态史，即从前学科形态到学科创立、体系建构、方法论设想，到立学根据的研究、讨论和演变。从这四条主线出发，《中西比较诗学史》共分为七章，分别是中西比较诗学的萌芽时期（1840—1919）、中西比较诗学的前学科时期（1919—1987）、中西比较诗学的创立（1987—2000）、港台中西比较诗学、海外学界的中西比较诗学、诗学话语论争与中西比较诗学的拓展、全球化语境的比较诗学。其中，萌芽时期主要侧重于中西比较诗学的探索实践，创立时期主要侧重于中西比较诗学学科意识的产生及学科建设规划，拓展时期主要侧重于中西比较诗学的话语论争及交流对话，从而创建比较文学中国学派。《中西比较诗学史》呈现了中西比较诗学在不同的历史阶段所呈现的不同研究特点，有利于中西比较诗学研究在全球化时代和语境中进一步完成其历史使命。

五、《中外文论史》（巴蜀书社，2012 年版）

2012 年，曹顺庆先生主编的四卷本《中外文论史》由巴蜀书社出版。在《中外文论史》出版以前，尚未有一部跨越东西方文化圈，从总体文学的角度，融全世界文学理论于一体的文学理论史著作。现有的文学理论批评史著作虽汗牛充栋，但或仅限于一国文学批评之论述，或囿于同一文化圈的文学理论述评，这既不利于全世界文学思想的相互交流和理解，亦不利于深入认识各国、各文化圈文学理论的民族特色及其理论价值，更不利于建设总体文学理论。

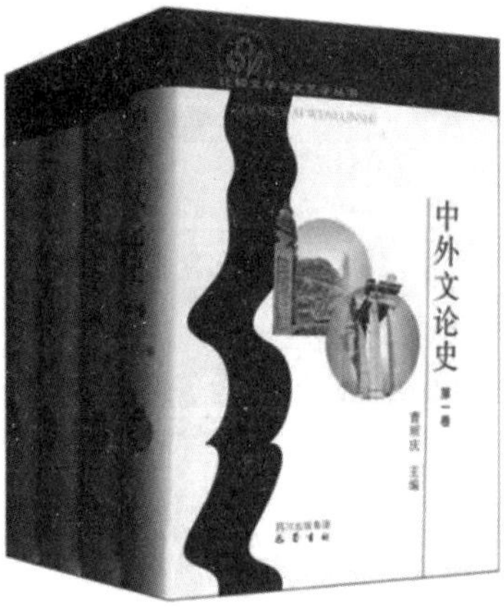

图 3－16 《中外文论史》

因此《中外文论史》首先着力还原全世界古代文论史（19 世纪前）的本来面目，以客观的文论史实和翔实的文献资料来描述和证实东西方文论各历史阶段的历史地位、基本特征及其理论价值，从总体文学的角度展示了中外文学理论发展概貌，让读者全面地认识各国文学理论的不同特征以及对世界文学理论的独特贡献，并进一步认识世界各民族文学理论的基本规律。其次，《中外文论史》区别于一般文论史的地方在于，其力图将历史的探寻和美学的沉思结合起来，通过客观的概述、特点的比较以及理论规律的总结这三个部分的有机结合，来描述世界文学理论发展的概貌，揭示世界各民族文学理论的独特色彩及理论贡献。《中外文论史》的编排是在论述各国文学理论的基础之上，用横向比较的纬线，将各国文学理论发展的经线穿插交织起来，以便读者从纵横两个不同角度，更好地认识世界文学理论，客观而全面地了解世界文学理论发展的概貌。最后，《中外文论史》特别注重文化探源性的跨异质文化比较研究，从“意义的产生方式”“话语解读方式”“话语表述方式”等方面，寻求东西各异质文化所赖以形成、发展的基本生成机制和学术规则，并从意义的生成来源、生成方式、解读方式的探索之中，进一步厘清文论范畴群及其文化架构、文化运作机制和文化发展规律。通过《中外文论史》，可以从文化深层来探索中外文化与文论话语规则，为中外文论对话提供一条通道，总结中国文论话语的特点和规律，以寻求重建中国文论话语的基本路径和方法。因此，本书的编写重点之一放在了中国文论及中国文论话语的探索和总结上，这也鲜明地体现了曹顺庆先生对中国文化与文论以及中国现实的关怀之情。

六、《中西诗学对话》（商务印书馆，2021 年版）

2021 年，曹顺庆先生主编的《中西诗学对话》由商务印书馆出版。本书分为上下两篇。上篇“总体对话与实证变异”有四章，以实证的方式研究中国文论的他国化变异和当代西方现代文论中国化的变异。第一章就新时期文论四十年的现状提出了整合中西文论的需要，在继承传统的基础上追求文论创新，明确了全书是在变异研究大语境之下展开的这一前提，规定了中西诗学对话的具体研究领域和方法，即以中国古代文论为支点，以西方文论作为对话的主要对象，从而实现一种多视角的文学阐释。第二章肯定了中西诗学对话的价值，并从文化机制、运思特点等四个方面阐述了中西诗学话语的学术规则，还从实践层面探讨了中西诗学对话的操作方法，提出要在古与今、中和西的双重对话中梳理中国古代文论话语，依据话语独立、平等对话、双向阐释的原则去探寻中西文论的共同话题、共同语境乃至共同走向。第二章根据文论在跨文明传播中的事实联系和实证影响，分别从海德格尔、福柯、德里达等人的文本解读中摸索出具体可见的中国元素、中国表述、中国话语、中国渊源，并分析它们的接受过程以及最终所实现的“他国化变异”。第四章历时性地探讨了西方文论中国化的不同阶段以及随之出现的变异情况，随后针对后殖民主义话语中的“旅行”和“杂糅”理论提出了西方文论中国化的可行策略。

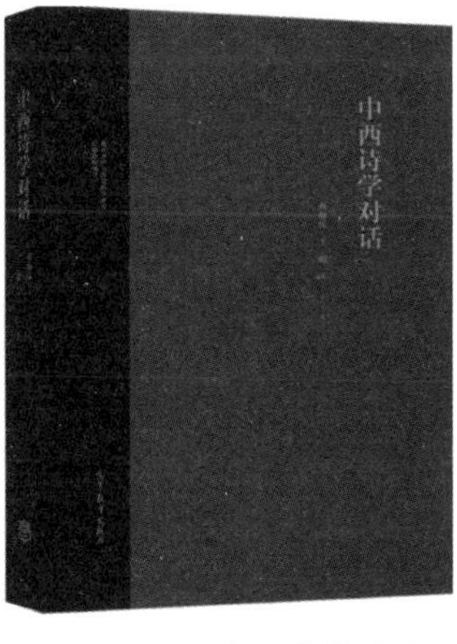

图 3－17 《中西诗学对话》

下篇“专题对话与阐释变异”有八章，是对中国传统文论话语和西方当代文论话语进行的非实证性平行与变异研究。具体而言，这八章以专题的形式研究了中国古代文论与西方当代文论的异同。第五章探讨中国古代文论与俄国形式主义的关系，将文学性和陌生化分别与“文笔之分”“点铁成金”和“通变奇正”作比较。第六章是中国古代文论与西方新批评的对话。第七章关注的是中国古代文论与西方现象学的关联。第八章着眼于同西方阐释学的对比，将西方阐释学总体上划分为解经学与阐释学两个阶段，同时还对中国传统文论中的阐释学思想进行了系统梳理，分析了中西阐释理论的通约性与异质性。第九章研究中国古代文论与西方接受理论中西诗学对话论之间的异同，实现了二者的互生互释、双向对话。第十章开启的是中国古代文论与西方结构主义、解构主义之间的对话交流。第十一章重点讨论中国古代文论与西方精神分析文论，截取了精神分析理论的若干关键表述，结合中国古代文论话语进行双向阐发。最后一章围绕中国古代文论与西方马克思主义的异同展开，选择了法兰克福学派的阿多诺、西方马克思主义早期代表葛兰西以及后现代阶段的伊格尔顿三位学者的主要观点，从中国文论话语的立场进行对话阐释。以上章节具体完整地实践了变异研究的两种基本模式，即实证变异和阐释变异，以众多典型的话语言说和理论概念为切入点，扩散推演出一系列科学化、规范化的结论。

以往的比较诗学大多是共时性的，古代与古代、当代与当代进行比较，《中西诗学对话》则通过史料的分析和考察，从文论的横向发展出发，认为当代西方文论受到了中国古代文论话语的影响，这种影响让二者具有了对话的事实基础。同时将比较文学变异学的理论观点用于比较诗学研究。本书分为上下两篇，主要目的就是将对话模式进行分类：上篇的实证性对话主要从文论横向发展的角度分析西方诗学如何吸收中国文论话语，或者说中国文论话语是如何在西方接受、传播、转化和发展的。下篇的阐释性对话主要研究中西双方没有实证性影响关系的文论话语如何进行对话。这种对话并不是用一种话语同化另一种话语，而是在坚持话语异质性的基础上，展开双向对话、双向互释，最终达到异质互补的效果。

长期以来，曹顺庆教授秉承“中西融通、科教相长，注重话语理论建设，引领学术前沿、加强文明互鉴与交流合作，理论与实践兼顾”的理念，注重通过教材建设，实现对学生个人素质、科研创新、理论与实践等综合能力的全面培养。因此曹顺庆教授在编写教材时着重将纵向论述与横向发展相结合，既可以培养学生的总体文学观念、世界性眼光和胸怀，使学生能够在明了世界文学、世界文论发展全貌之时进行进一步的分析比较，也有利于破除“西方中心”的偏见。同时，这一系列教材提纲挈领，脉络清晰，亦便于教学，使教师在讲授课程时能够连贯有机地呈现比较文学的全貌，避免零碎散乱的弊病。文学的纵向发展与横向发展是文学发展的两个基本动力，唯有从这一纵一横的“合力”之中，才能真正认识文学发展的规律；唯有从这一经一纬的交织之中，才能真正认识比较文学、了解世界文学。

第四章　四川大学比较文学教学团队著名学者访谈

第一节　文史哲拔尖创新人才培养创新与实践

——曹顺庆教授访谈录

曹顺庆　辜佳丽

【简介】

曹顺庆，1954年2月生，祖籍湖北荆州，出生于贵阳。1977年3月进入复旦大学（1976级），1980年考入四川大学，成为中国文学批评史研究生，师从杨明照教授，1983年获硕士学位，1987年获博士学位，为全国中国文学批评史学科第一个博士，被国务院学位委员会评为做出突出贡献的中国博士学位获得者。1987年破格晋升为副教授，开始招收硕士研究生，首届硕士生为张志怀，第二届硕士生为刘波涛、王红芯、黄金鹏。1990年破格晋升为教授，1992—1994年任美国哈佛大学、康奈尔大学访问学者，1993年被国务院学位委员会批准为博士生导师，1994年4月回到四川大学，开始招收博士研究生。第一届（1994级）招收了傅勇林、李清良，第二届（1995级）招收了李杰、王晓路、代迅，第三届（1996级）招收了王南、郝跃南、杨玉华，这八名同学皆成就卓著，被曹门同学称为“曹门前八子”。四十余年来，曹顺庆教授指导了百余名博士生和硕士生，培养的拔尖创新人才遍布神州大地，积淀了丰厚的拔尖创新人才培养实践经验。

曹顺庆教授现为四川大学杰出教授（享受院士待遇），四川大学文学与新闻学院学术院长，欧洲科学与艺术院院士（2018），享受国务院政府特殊津贴专家（1992）。四川省社科联副主席，国家级教学名师（2008），国家社科基金评委，教育部马克思主义理论研究和建设工程教材第一首席专家，教育部教学指导委员会中文学科副主任委员，比较文学国家级精品课程负责人。主持多个国家社科基金重大项目、教育部重大攻关项目。多次获国家级优秀教学成果奖、教育部人文社科奖及四川省政府社科奖等。任《中外文化与文论》（CSSCI来源集刊）主编，英文期刊 *Comparative Literature: East and West* 主编，*Comparative Literature & World Literature* 主编，在国内外期刊发表学术论文200余篇，出版学术著作30余部。

辜佳丽（以下简称辜）：曹老师，您好！很荣幸有机会采访您！我们知道您从教近四十年，不仅学术研究硕果累累，而且在教学改革、人才培养、教材建设上也成就卓著。您曾主持教育部教改重点项目“文化原典导读与本科人才培养”，编写教改项目丛书，开设国家级精品课程，主编马克思主义理论研究和建设工程建设重点教材。2021年您又主持教育部新文科教改项目“文史哲拔尖创新人才培养与实践”，在2021年教育部公布的首届全国教材建设奖名单中，您获评首届“全国教材建设先进个人”奖，这是全国教材领域的最高奖，是对您深耕教改、成果丰硕而授予的荣誉，是值得庆贺的喜事！祝贺曹老师！

曹顺庆（以下简称曹）：谢谢你！

辜：正如刚才提到的，早在2013年，您就主持教育部教改重点项目“原典阅读与本科人才培养”，并主持“四川省2013—2016年高等教育人才培养质量和教学改革项目”立项“学术创新与本科人才培养”。这两个项目是通过“提倡学生进行原典阅读、加强学生中学与西学修养，培养他们成为学通中西的人才”，并且在课堂授课的基础上指导学生自己创办课程刊物，发表学术论文，邀请具有国内外学界影响力的学者进入四川大学本科课堂与学生直接互动，引领学生感受世界一流学者风范，培养学生的学术兴趣，培养研究型大学的创新性优秀人才。所以，您在创新人才培养方面，应该说已经积累和总结了丰富的实践经验，您可以简要地谈一谈吗？

曹：是的，我们在创新人才培养上不断探索，积累了若干宝贵的实践经验，也取得了一些成绩。初步形成了学风朴实、视野开阔、原典阅读、团队上课、中外融通的人才培养特色。这些理论探讨和实践探索对中国大学本科人才培养，尤其是人文学科的创新人才培养产生了重要影响，得到了社会的普遍认同，是学校人才培养的标志性风格特色。对于“原典阅读与本科人才培养”“学术创新和本科人才培养”这两个课题，我旨在探索如何塑造与培养研究型大学的本科生人才。在中外著名大学本科人才培养比较研究的基础上，我兼采中外教育模式的优长，结合四川大学中文学科的教学实际，探讨出一种优质的创新人才培养的风格与特色。在理论上，我们有意识地研究实践的制度性引导与规范，逐步形成原典阅读、团队上课、中外融通“三位一体”的特色鲜明的创新本科生人才培养体系。这其中，原典阅读训练学生更扎实的专业功底，团队上课为学生提供更多元的学术视角，中外融通形成更开阔的教学视野，从而形成学风朴实、学术创新的学术教学体系。在实践上，我们也的确多方面落实了这些教学改革思路，譬如我根据教改思路，组织学术界著名学者编写和出版了一批原典阅读教材，以“高等院校汉语言文学专业系列教材”“中国语言文学专业原典阅读系列教材”为主，先后由重庆大学出版社出版 18 部，由北京师范大学出版社出版 10 部，共计 28 部，并在本科教学中推广、使用。又比如，组织教学团队在学术创新、教学思路等多个方面进行教学改革实践，在课题开展期间，创新性地实施四川大学文学与新闻学院“本科生多样化高质量毕业论文（设计）”方案，分别有中国语言文学、广告学专业、广播电视新闻专业、编辑出版学专业的毕业生选择通过纪录片、故事片、电视节目策划书等多样化的形式完成毕业论文（设计）。这在国内本科生毕业论文（设计）中都是独具特色的。再比如，我一直提倡原典阅读，要求学生精研中国古代原典、背诵名篇，训练学生扎实的学术基本功。与此同时，注重加强中西融通，提升学生研读西方理论著作的水平。在课题建设期间，我们邀请国内外学界影响力大的著名学者来校讲座，如欧洲科学院院士拉森、德汉等；邀请海外著名学者进入四川大学本科课堂与学生进行直接互动，如哈佛大学宇文所安教授、荷兰乌特勒支大学佛克马教授等。这样严谨、扎实而又开放、前沿、国际化的学术交流氛围和传统一直延续至今。

辜：相信这些宝贵的经验也一定会助力我们本次教改项目。我一直记得，您教导我们“入门须正、立志须高”，鼓励我们以学术大师为目标树立学贯中西的意志和决心，可以看出您对学生们的良苦用心。您还说过大学的使命是传承文明、研究创新。您在曾经的访谈中指出，当今中国最重要的是创新，要创新就需要尊重、学习中国文化和西方文化。无论是学习中国传统文化典籍还是学习西方文学原著，都是为了在尊重、了解、反思的基础上以开放的眼光和包容的国际视野去伪存真、去粗取精，从而实现创新。那您可以为我们详细地谈谈何为学术创新吗？

曹：在我看来，真正的学术创新应该涵盖三个层面。首先是扎根与储学，是在传承中国优秀传统文化中打下坚实的专业基础，储备广泛的知识，奠定扎实的学术功底，没有扎实的根底，创新就是建在沙滩上的高楼，终会崩塌。其次是融合与联动，打破文史哲学科分化的壁垒和隔阂，实现文史哲专业内部的融合与互通。同时，当今的人文学科置身于飞速发展的科技大背景下，要注重与自然科学的交叉与联动。最后是探索与创新，是在古今皆通、融汇中西的基础上，带着问题意识进行自主创新，发出中国声音，展开中西对话，实现文明互鉴。

先从“扎根与储学”说起，这是我回顾自己的学术之路而得到的思考与心得。我在1970年11月考上贵州省军区宣传队文艺兵，1976年退伍进入贵州省黔剧团乐队工作。在1977年3月作为最后一届工农兵学员进入复旦大学中文系文学评论专业学习，当时复旦大学的校长是陈望道，中文系系主任是朱东润，还有郭绍虞、刘大杰等很多的学术名家，那时有蒋孔阳、王运熙、顾易生、王水照、李庆甲等老师为我们授课。老师们的课堂精彩纷呈，听课之时常常会迸发出灵感，思绪涌来时便写作文章。那时我最喜欢的是复旦大学图书馆，图书馆的开架书库随便进出，我常常在图书馆里一待就是一天，如饥似渴地不断阅读，西方的或中国的、文科的或理科的、古代的或现代的。回想起这段充实而美好的大学生活，我想我的学术根底就是在复旦大学打下的。我的学术论文处女作《略论孔子的美学思想》也是在复旦大学写下的，发表在《复旦大学学生学术论文集》中。1980年毕业后考入四川大学，我背上小提琴奔向成都，师从杨明照先生攻读中国文学批评史专业硕士学位，毕业后继续攻读中国文学批评史专业博士学位。在四川大学的学习时光中，对我影响最深、激励最大的是杨先生渊博的学识。杨先生每次给同学们上《文心雕龙》课，目光炯炯、长髯飘飘，先将原文背诵一遍，然后逐句讲解，同学们无不感叹杨先生超凡的记忆力和博大精深的学识。在杨先生的言传身教下，我发奋努力，一方面打下了坚实的古典文论基础，另一方面不断探索比较诗学的研究新路径。1987年，我的博士论文《中西比较诗学》得到了论文评审专家季羡林、张松如、钱仲联、杨周翰等著名学者的高度评价，我成为四川大学中文系第一位博士，也是中国文学批评史学科的第一位博士。《中西比较诗学》1988年由北京出版社出版后，被公认为我国第一部中西比较诗学专著，是中西比较诗学研究领域“开风气之先”和“填补空白”之著。回想研究生期间的学习生活，我认为我的学术方向是在四川大学确立的。1990年，30多岁的我被破格提升为教授，成为四川大学最年轻的教授。我更是意气风发，一门心思做学问，决心把自己献给学术创新事业。随后便着手编写几部大书，出版了《东方文论选》《中外比较文论史》《比较文学史》等。1992年到1994年，我先后到美国康奈尔大学、哈佛大学做访问学者，在西方社会文化氛围中学习和生活两年多，让我有机会拜访和认识了著名文论家、学者，如艾布拉姆斯、乔纳森·卡勒、宇文所安、夏志清等，与他们的交流使我受到诸多启发。不仅如此，我还在哈佛大学图书馆和康奈尔大学图书馆查阅到许多宝贵资料，更加深入地理解了西方文化和文论。1993年，我还在美国时，被国务院学位委员会批准为博士生导师，当时叫作“国批博导”，开始招收培养博士生。回国后，在比较文学学科理论研究上，我先后提出了“中国文论失语症”“重建中国文论话语”“比较文学第三阶段——中国学派”，引发了学界的广泛关注和热烈反响。与此同时，我在高校教育教学改革上也进行了用心的改良和尝试，我开始大力倡导使用古文阅读中国文化与文学典籍原典，使用英文来阅读西方文化文学原著，试图让学生减少空洞的“概论”学习，阅读原汁原味又实实在在的知识和学问。

第二个层面是“融合与联动”。谈到文史哲拔尖创新人才的培养，要从文科的发展、教学现状说起。多年来，我一直在思考：当代中国文化最严峻的问题是什么，我认为是没有学术大师的时代！为什么我们处在一个没有学术大师的时代？这与我们的整个文化战略有关，其中关系最为密切的是教育问题，是教育体制、课程设置、教学内容、教材编写等多方面的原因。[①] 20世纪50年代以来的院系调整，使得高校文科设置出现多、空、旧、窄的问题。所谓“多”是课程设置太多，课程门数多、课时多、课程内容重复多。所谓“空”是大而化之的“概论”“通论”太多，具体的原典阅读不够。所谓“旧”是指课程内容陈旧、教材老化。所谓“窄”是高校过多地强调学科分化和教育分科，高校中人文学科越分越细，专业也越分越窄。专业过窄的问题已经引起了教育部的高度重视，因此，拓宽专业口径，加强素质教育，正成为高教发展的重大举措。[②] 正是基于以上考虑，我认为现阶段的文科教育要打通文史哲学科，拓宽知识面，打破文史哲学科分化的壁垒与隔阂，加强人文教育的整体性与互通性，与此同时注重人文学科与自然科学的融合与联动。作为人文学科的文史哲本就相通相连，我们都知道中国传统的学理背景和学术思想是需要有文史哲多领域的知识储备和学养积累的，中国历史上一代代的学术大师大多博古通今、学贯中西。在研习古今、打通中外的基础上，再进行学术创新。创新是我们教育教学和科研的最终目标。

如何拓宽专业口径，将文史哲学科打通培养，加强人文教育的整体性与互通性也是现今面临的难题。我想应该先要有一个基本立足点，先专后博，以专带博。以一个学科为立足点，在此基础上拓宽，但也不能太宽泛，要有相对稳定性。拓宽知识面与钻研专业教育是并行不悖的。另外，注重人文学科与自然科学的交叉与联动，是指发挥四川大学综合性高校文理工医的学科优势，加强

---

① 参见曹顺庆：《“没有学术大师时代”的反思》，《湖南师范大学社会科学学报》，2005年第3期。

② 参见曹顺庆：《高校中文学科课程设置之我见》，《中国高等教育》，2000年第21期。

学科融合与优势互补。构建学科交叉与文理融合的新文科发展生态，通过跨学科交叉合作开展学术前沿问题的整合性研究。运用大数据、云计算、人工智能等数字技术作为人文学科研究的新方法，建设人文智库平台，并投入到创新人才培养的实践中。建设中国文化传承与全球传播数字融合实验室，为文史哲的学科发展和人才培养注入新活力。

第三个层面是“探索与创新”。当今中国要构建与探索新时代中国文科发展与科研创新的自主之路，构建中国话语与中国学派，让世界倾听中国声音，就要培养心怀中华文化智慧与传承、长于国际传播与交流、肩负文科话语创新使命的学术性拔尖人才。

辜：您刚才谈到文科发展、教学和人才的现状，从“文化原典导读与本科人才培养”项目到“文史哲拔尖创新人才培养创新与实践”项目，可以看出，您对教学改革和人才培养的研究和思考在不断深入。在您看来，拔尖创新人才需要具备哪些素质呢？

曹：拔尖人才要具备这样的素养：博古通今、学贯中西、文理皆通、富有创新力。当然，这也是我们此次教改的人才培养目标。

辜：是的，无论是人文学科还是自然科学，都需要培养博古通今、学贯中西、文理皆通、富有创新力的拔尖优秀人才。那么，我们该怎样在教学改革中实践呢？或者说，在您看来有哪些具体的举措来实现这个培养目标呢？

曹：如何实现这样的人才培养目标，这个问题也是我们在教学改革中不断思考、实践、反思的。我认为现阶段主要有以下四个方面：首先是加强原典阅读，夯实专业基础，做好学术传承；其次要引导双语课程，拓展学术视野，推动中西对话；再次是打造国际讲座，加强学术交流，深化教育合作；最后要引领理论创新，发出中国声音，践行文明互鉴。

首先，加强原典阅读，夯实专业基础，做好学术传承。我曾在文章《为什么中国人读不懂中国文论？——从黄侃先生的“风即文意，骨即文辞”谈起》中指出当今中国，大众读者读不懂中国古代文论，这是中国文化的大毛病；甚至专家学者也读不懂中国古代文论，这是学术界的大困境。出现这种困境的根本原因在于：一方面我国学者缺乏中国传统文论典籍的素养，“有话讲不出、有理阐不明”；另一方面以一知半解的西方文论话语来阐释中国的文论，“以其昏昏，使人昭昭”，导致中国文论的长期“失语”。法国汉学家弗朗索瓦·于连也曾谈到这一问题，他认为“我们正处在一个西方概念模式标准化的时代。这使得中国人无法读懂中国文化，日本人无法读懂日本文化，因为一切都被重新结构了。中国古代思想正在逐渐变成各种西方概念，其实中国思想有它自身的逻辑。在中国古文中，引发思考的往往是词与词之间的相关性、对称性、网络性，是它们相互作用的方式。如果忽略了这些，中国思想的精华就丢掉了”①。这值得中国当代学界警醒，中国学人也同样应该加强自身的传统文化典籍学养、文学文论积淀。落实在高校文科教学改革上，则要改革文科课程内容空洞的问题，增设中国文化原典课程，让学生自己去读原著，老师们集中讲授，启发式教学。我从1994年开始，在研究生课程中开设了“中国文化原典：《十三经》课程”，到现在已经近30年了。课堂上使用阮元校刻的《十三经注疏》，学生课前识生字、分句读，课上阅读原文、辨析文意、触类旁通。此外，还开设古典文论原典课程，详细讲解的同时要求学生背诵《典论·论文》《文赋》《文心雕龙》在内的众多古代文论著作。在这个过程中，让学生阅读原典、熟悉原典、尊重传统文化、打好国学基础，既养成了学生的自学习惯，又促进了学生的求知欲，提升了他们的文化素养。

其次是引导双语课程，拓展学术视野，推动中西对话。这就要谈到我开设的另一门课程“当代西方文论导读”，上课采用西方文论原著作为教材，直接让学生阅读英文著作，在阅读中进行讲解和释疑。这既能培养学生阅读西方原著的兴趣，克服英文阅读语言和理解上的双重障碍，提高阅读能力，又能使学生了解翻译中存在的不足，更准确地理解西方的学术话语。刚刚提到的中国原典阅读和西方原著阅读，共同构成了打通中外的课程体系，帮助学生夯实专业基础，拓展学术视野，从而实现真正的中西对话。

然后是打造国际讲座，广邀海内外名师到校讲学，深化教育合作。我们邀请国内外比较文学专业的著名学者到校或在云端开展讲座，已经邀请到黄维樑教授、伍晓明教授、张法教授等。同时，邀请国外学界的著名学者举办讲座和互动，比如欧洲科学与艺术学院院士、普渡大学比较文学系教授斯蒂文·托托西（Steven Tötösy de Zepetnek）运用变异学理论框架，结合其比较文学研究中提出的文学实证研究概念化观点，与同学们就小说文本进行分析；邀请宾夕法尼亚州立大学比较文学系教授、国际权威期刊《比较文学研究》（*Comparative Literature Studies*）的主编托马斯·毕比（Thomas Oliver Beebee）教授参加四川大学UIP国际实践周项目、接受同学们的访谈、开展讲座追溯西方阅读疗法概念的历史，提出作为阅读疗法补充的阅读创伤幽灵的概念，与同学们讨论对读者产生影响的一些美国小说；邀请欧洲科学与艺术学

① 秦海鹰：《关于中西诗学的对话——弗朗索瓦·于连访谈录》，《中国比较文学》，1996年第2期，第82页。

院院士、A&HCI 期刊《欧洲评论》（*European Review*）主编、比利时鲁汶大学英语和比较文学荣誉教授西奥·德汉（Theo D'haen）从比较文学的角度与同学们探讨欧洲文学的实践与研究；邀请美国亚利桑那州立大学东亚系李点教授从比较文学的"比较"出发，向同学们阐述作为方法论的"比较"在文本意义生成方式和文本内容之间的张力；邀请比较文学研究国际权威期刊《比较文学与世界文学评论》（*Neohelicon*）的主编彼得·哈伊杜（Péter Hajdu）教授结合个人的科研经历和职业经验，介绍如何向国际学术期刊提交论文以及如何准备国际学术会议，为同学们分享非常实用的方法。此外，我们还开展了四川大学比较文学系列国际讲座，到目前为止已经举办了 12 场。还有四川大学比较文学校友论坛，已开设了 7 讲。在积极打造和开展学术讲座的同时，我们也鼓励师生参加国际学术会议，加强学术交流。我们开设四川大学国际比较文学博士生论坛，为学生搭建国际交流的平台，鼓励学生积极开展学术交流。值得一提的是，2021 年 6 月 7 日第 11 届"对话自我"国际会议在西班牙巴塞罗那拉曼·鲁尔大学举行，大会主席、"对话自我理论"的提出者赫伯特·赫尔曼斯（Hubert Hermans）致开幕辞。6 月 8 日，由我组织大会特邀论坛"对话变异中的自我与对话变异的文化：对话自我理论与变异学"并担任主席，通过 Zoom 连线拉曼·鲁尔大学主会场，来自四川大学、华北电力大学、海南师范大学、广东财经大学、拉曼·鲁尔大学等的 20 余位学者参加了这次论坛。这对国内师生来说是一次非常有益的国际学术交流。

辜：随着我国综合国力的不断提升，我国与外国在经济、政治、文化多个领域的交流日益频繁并不断纵深，各领域都需要构建"中国话语"。在文学研究领域，创建中国话语、建设中国学派也成为学界的焦点。从提出中国文论"失语症"到"重建中国文论话语"，从"比较文学中国学派"到"比较文学跨文明研究"再到比较文学学科理论研究的重要突破"比较文学变异学"理论，您一直在构建文学研究领域的"中国话语"，一直致力于话语创新。

曹：的确，由于西方中心主义的局限性导致了比较文学学科泛化和忽略异质性，当代西方比较文学学科正面临世界性的危机。但是，这种危机对中国学者是一种新机遇。比较文学中国学派通过建构中国比较文学学科理论而推动"中国话语"的建设，学科理论强大了自然就可以发出"中国声音"，国际人文学科有了多元的文化之声也就有助于形成更加平等、公正、合理的国际学术新秩序，从而实现文明对话与文明互鉴。

国内的学术成长与国外的访学经历，引发我反思国内比较文学学科理论，于是我提出了"比较文学中国学派"和"中国文论失语症"这两个轰动学界的学术观点。1995年，我在《中国比较文学》上发表了长文《比较文学中国学派基本理论特征及其方法论体系初探》，总结和阐释了比较文学中国学派的理论特征和方法体系。同年，发表了《21世纪中国文化发展战略与重建中国文论话语》一文，提出中国文学和文论研究是借用西方的理论话语，没有属于自己的文化表达、沟通、解读理论的话语。当学界还在深入讨论"中国学派"时，我又发表了《文论失语症和文化病态》一文，提出了"失语症"的问题，再次引起了学界的关注、讨论。我一直坚持异质性也可以进行比较，要改变中国文论的失语症，就是要将比较文学走出同一文化圈，迈进跨文明的比较中。于是乎，我提出比较文学跨文明研究，异质性的强调成为比较文学中国学派的突出特点。接下来我又进一步关注比较文学学科理论话语，提出"比较文学变异学"。我在2005年4月出版的《比较文学学》一书中首次提出了"比较文学变异学"，在同年8月的中国比较文学学会第八届年会暨国际学术研讨会上面向学界阐述，受到学界的广泛关注与热烈讨论。接下来，在2006年的《比较文学学科中的文学变异学研究》一文中对变异学下了明确的定义："比较文学变异学将比较文学的跨越性和文学性作为自己的研究支点，它通过研究不同国家之间的文学现象交流的变异状态，以及研究没有事实关系的文学现象之间在同一范畴上存在的文学表达上的差异性和变异性，从而探究文学现象差异与变异的内在规律性。"[①] 辨析变异学的研究对象和范围，包含语言层面变异学研究、民族国家形象变异学研究（又称为形象学）、文学文本变异学研究、文化变异学研究四个维度，并且在《比较文学教程》一书中作了进一步补充。

辜：是的，近年来，您也多次撰文阐明变异学作为中国比较文学学科理论研究重大突破的理论前瞻性、文化创新性、学术影响的国际性。您从中国比较文学学科理论话语体系的建构入手，成功地构建了比较文学变异学的新话语，"打造易于国际社会所理解和接受的新概念、新范畴、新表述，引导国际学术界展开研究和讨论"[②]。2014年，英文版《比较文学变异学》（*The Variation Theory of Comparative Literature*）由著名出版社斯普林格出版发行，得到国际学界的众多关注，受到世界知名学者的好评，产生了国际性的学术影响。据我所知，国际比较文学学会前任主席、荷兰乌特勒支大学比较文学荣休教授杜威·佛克马（Douwe Fokkema）为该书作序，他在序言中谈到"曹顺庆教授的著作《比较文学变异学》（英文版）出版，是打破长期以来困扰现在中国比

---

① 曹顺庆、李卫涛：《比较文学学科中的文学变异学研究》，《复旦学报（社会科学版）》，2006年第1期，第82页。

② 习近平：《在哲学社会科学工作座谈会上的讲话》，新华社，2016年5月18日。

较文学学者的语言障碍的一次有益尝试，并由此力图与来自欧洲、美国、印度、俄罗斯、南非以及阿拉伯世界的各国学者展开对话”①。西方多位学者高度评价了变异学理论，如法国索邦大学比较文学系主任伯纳德·弗朗科教授（Bernard Franco）在最近出版的专著《比较文学：历史、范畴与方法》中也多次提到并赞许您的变异学理论。再如欧洲科学院院士塞萨尔·多明戈兹教授（Cesar Dominguez）与美国科学院院士苏源熙教授（Haun Saussy）等学者合著的《比较文学的新动向与新方法》一书高度评价了您提出的比较文学变异学并引用了部分内容。此外，还有众多学者的书评肯定了变异学对比较文学学科理论的重要贡献和非凡意义。②

说到打造卓越学术团队引领教学，我们知道您从回国后开始招收培养博士生到现在，已经培养出一大批优秀的博士生。其中许多优秀的博士已经成为国内高校的著名教授、博导，成为各自研究领域的专家。而我们四川大学比较文学团队在您的带领下，也形成了以四川大学为中心、辐射全国、发声国际的比较文学学术群体，形成了独具特色的川大学派。您是实至名归、贯通中西、引领创新的典范和榜样。

曹：我从 1982 年开始给本科生授课，1984 年开始讲授比较诗学课，今年是我执教的第 40 个年头；我从 1994 年开始招收博士生，今年是第 28 个年头，至今已经培养了百余名博士生和硕士生。在 40 年的教学改革和人才培养实践中，我注重将学校特色、学科优势和学生个人的学术才华相结合，因材施教。正如你所说，许多博士生已找到自己的学术方向并成为研究领域的专家，在我看来，这是减轻和减少高校人才培养中的同质化现象，在教学相长中培养出创新型拔尖人才。这本质上就是学术上的师承关系。数千年的学术实践证明，学术传承最直接、最重要的是师承关系。师承关系直接影响学者的学术思想、研究方法、研究路径和学术成果。通过不断的继承、发展、变革、超越，推动学术研究的不断创新，推动整个学术传承的发展和进步。正是因为有学术上的师承关系，才有一个又一个学派，这种师承关系构筑了人类文明的一座又一座丰碑。

辜：非常感谢您接受我的采访，为我们深度解析“文史哲拔尖创新人才培养”，让我们青年学生受益匪浅。同时，也让我们对您高瞻远瞩的学术视野和融贯东西的学术眼光感到由衷的景仰和向往。谢谢您！

---

① Cao Shunqing, *The Variation Theory of Comparative Literature*. Heidelberg: Springer Press, 2014. p. V.

② 辜佳丽：《杨明照先生与川大学派》，《中外文化与文论》，2021 年第 3 期，第 71 页。

曹：也谢谢你！

第二节　符号学探索过程中的求真与立人

——赵毅衡教授访谈录

赵毅衡　车宇凡

【简介】

赵毅衡，1945 年 5 月生，广西桂林人。1968 年毕业于南京大学外语系，1978 年考入中国社会科学院，师从著名诗人、翻译家卞之琳，1981 年获硕士学位，20 世纪 80 年代初入选中国首批"富布莱特学者"，随后就读于美国伯克利加州大学，1988 年获博士学位。同年成为英国伦敦大学东方学院终身聘资深教授，2002 年归国并执教于川大，4 年后创建符号学—传媒学研究所，现为四川大学文学与新闻学院教授、博士研究生导师、符号学—传媒学研究所所长、集刊《符号与传媒》（CSSCI 来源集刊）主编。主要中文著作有《远游的诗神：中国古典诗歌对美国新诗运动的影响》（1985）、《新批评：一种独特的形式主义文论》（1986）、《苦恼的叙述者》（1994）、《窥者之辩：形式文化学论集》（1996）、《当说者被说的时候：比较叙述学导论》（1998）、《礼教下延之后：中国文化批判诸问题》（2001）、《对岸的诱惑：中西文化交流人物》（2003）、《重访新批评》（2009）、《意不尽言：文学的形式文化论》（2009）、《反讽时代：形式论与文化批评》（2011）、《符号学：原理与推演》（2011）、《广义叙述学》（2013）、《断无不可解之理》（2015）、《趣味符号学》（2015）、《意不尽言：文学的形式文化论》（2016）、《形式之谜》（2016）、《哲学符号学：意义世界的形成》（2017）等，主要英文著作有 *The Uneasy Narrator: Chinese Fiction from the Traditional to the Modern*（1995）、*Towards a Modern Zen Theatre*（2001）等，主编"符号学译丛""符号学前沿研究"丛书。

车宇凡（以下简称车）：赵老师，您好！感谢您百忙之中抽出时间来接受我们的采访。大家都知道您从 1978 年考入中国社科院算起，到今天，已经度过了四十余年的学术人生。在这期间，您在大诗人卞之琳门下学习，取得加州大学的博士学位，在伦敦大学获得终身教职，随后又归国在川大带起一支符号学团队。回顾这四十多年的历程，您不仅在学术上取得了累累硕果，在生活中也收获了前辈大师和晚辈学生们深厚的友谊。这样跌宕起伏的历程不仅让人赞叹和羡慕，更是极具诗意和传奇性，引人好奇。大家都很想听您详细聊聊自己的求学之路，以从中获得启发。

赵毅衡（以下简称赵）：谢谢你，我也很高兴接受这个采访。我在2002年逐步将工作重心转移回国内的时候，就已经结下了与川大的缘分，到今年刚好是整整二十年。我也一直期盼着一个机会，让我与川大同学们分享和总结自己求学与科研的经验。刚刚听你概括我过去四十多年的学习和工作经历，我自己都不免感慨，原来已经发生了这么多事情。我近些年来对一个叫作“自小说”的概念很感兴趣，这种小说之特别在于，主人公的名字就是作者的名字，这样说来，我们自己的一生迂回曲折地写下十几章，不正是一部“自小说”吗？可是小说终归不能完全等同于人生，小说是把几十年的光阴浓缩在数百页纸张中，情节紧凑、跌宕起伏，戏剧性也就这么来了。可若把这些情节掰开了揉碎在十几年的每一天里，就会感受到求学之路主要还是一条辛苦之路，不免有曲折和挫败，须得勤恳专注、不懈努力，方能有所收获，这不是一件容易的事。

我少年时在上海读书，后来考入南京大学，毕业以后在徐州一个小煤矿劳动，耽误了许多年，直到改革开放后才有机会到北京，在卞之琳先生的帮助下进入社科院学习。那时的我对知识可以说是饥不择食，一进社科院读书室就什么也不想，只觉时间紧迫。我现在偶尔进川大的图书馆，看到架子上一排排的尽是书，你们年轻人手机、电脑又用得熟，用手点一点，什么文献都下载到了，可越是这样，有的时候反而被唬得懒于学习了。我们当时不同，任何高质量的学术资源都极难得，偶得一本，如获至宝。

尽管如此，我心里还是感到不踏实，急于确定自己的研究方向。这也是自然的，卞先生有时和我回忆他上学时初识钱锺书、何其芳、罗大冈等人的事，就会笑说那时他们要年轻得多，你们现在也在这个年纪，真该好好珍惜此刻的光阴。可我攻读硕士学位的时候已被耽误了十年，再不集中精力于一个学科，恐将一事无成。就在这时，卞先生把我叫到他家里聊天，让我首次听到了“符号学”这个概念。他一针见血道：“我看你的莎学论文注重讲理，恐怕你就适合做理论：从新批评做起，一个个学派，一直做到结构主义，做到符号学。”我们那天谈了许多，从下午一直到晚上，一项恢复学术传统的重任就这样被卞先生交到了我的手上。从此以后，我的硕士论文攻新批评，博士论文攻叙述学，博士后写作《文学符号学》，一以贯之，始终不渝。你之前介绍我的学术人生，是从考入社科院开始算，我觉得这个还不准确，如果要我提供一个起点，我会认为是和卞先生畅谈的那个下午，我后来求学美国，执教英国，在川大创办研究所，凡此一切都是由这里开始，念兹在兹，不敢忘之。我常常想，而立之年才开始学术研究，确实晚了些，但我一路走来，得卞之琳先生指拨，后来又有钱锺书、杨周翰、王佐良等先生相助，这又是何其幸运。人这一生时间精力极其有限，能够在关键时刻明确自己的方向，穷尽一生钻研探索，这也可以算无悔了。卞先生当年倾囊相授、勖勉晚辈的精神，不仅让我在今后一生的求学解惑中时时受益，也让我在今天教书育人的过程中用以自勉。

车：卞之琳先生和您在学术传承中展现的情怀和志向令人感动！就是在那时的北京，您逐渐开启了自己通往世界知识文化的道路。同学们在了解赵老师的过程中，几乎无一例外地总是为您学贯中西的素养、开阔宽广的视野和通晓多种语言文字的能力所折服，我想这必定离不开海外求学经历对您的影响。您作为一名中国学者而能取得西方高校的博士学位并进而获得终身教职，这殊为不易，可在世纪之交的“出国潮”中，您却作了与大部分人相反的决定，这其中的思考大家都比较好奇。

赵：海外求学对于我学术精进的重要性不言而喻，北美的博士培养出了名的严苛，比较文学的学生更是一向比较辛苦。我在加州大学读比较文学博士，首先要过的就是语言关，西方知识分子学拉丁语、希腊语是从小就学，我那时已经四十岁了，学习难度非常大，一些变格变位背熟了，过了考试紧接着就忘了。为了完成学校的奖学金分数规定，还是下了很多功夫的，苦读这事，做的时候难受不已，事后总是觉得受益良多。除此之外，海外丰富的学术材料也对我的研究帮助很大，比如《远游的诗神》这本书，好多老师上课的时候会拿里面的片段来举例子，也有人专门问我里面这么多逸闻轶事是从哪里找的。这些材料大部分是我在美国时到一个个城市跑图书馆翻阅而来的。那时的材料大多没有经过电子扫描，日记都是手写的，只能一页页读手稿。不是海外的条件，这项研究很难做起来。

那么，我回到国内是怎样考虑的呢？当时这一决定引起了人们的一些讨论，有人遗憾我放弃了国外丰富的资源和已经建立的事业，也有人赞我报效祖国，说了一些过誉的话。在这里我可以细讲一讲，任何一名海外的普通中国人，都应有一颗爱国心，有一份报国志，但如果笼统地一概论之，恐怕无助于我们辨明学术方向、个人志向和家国情怀之间的微妙联系与相互作用。

首先就学术方向而言，我认为作为一名中国人文学者，在海外多少有推介中国文学和文化的义务，这不是什么硬性规定，而是每个有责任感的学者内心深处的一种饥渴。你站在台上，台下来自世界各地的听众势必也期待听到中国声音。如此一来，学术方向就必然偏向海外汉学和国别研究，而我志不在此。长期处于这样的张力中，对任何一个人来说都是很矛盾的事。

其次，我本人一直也没有长期留在国外的打算，归国做事也是为圆我自己的一个学术梦。从和卞先生交谈的那个下午开始，符号学就是我毕生志业。今日回顾，可能比起其他大气磅礴的学问，我所躬耕的领域不够恢宏，甚至有些浅平，但一生致力于此我不后悔。有许多学者适合大开大合，江海横流，值得我高山仰止。我只适合做细致顶真的形式分析，钻牛角尖，我希望能将有限的时间精力更多地花在这牛角尖的功夫上。国外大学的教师群体小，不可能让你一味讲自己的兴趣，我负责比较文学 MA 的教学，这是一种一年即毕业的高强度训练课，所有的文学理论、学派讲述，都要压缩到这一年中，符号学与叙述学，就只能各讲两个单元，泛泛掠过。

可是国内的情况不同，中国这两年综合国力日渐增强，四川大学这样的顶尖高校，依托一流学科的建设，条件越来越好，发展越来越快。在这里，我有可能获得文学与新闻学院的大力支持，团结起一大批学者建设独立的符号学，我时常说我们这支团队是“梦之队”，因为我们真的有一批扎实的学者在孜孜不倦地为了我们共同的爱好与梦想探索奋斗。大家今天看到的“符号学—传媒学研究所”、西部符号学派、有中国特色的符号学体系，这些成果如果失去了国内高教体系和四川大学的支持，是不可能形成的。我回国任教的原因之一，就是国内大学教师多，允许我集中精力于我喜爱的科目。

最后，在个人的学术前途之外，我感到还有一些更宽广的东西需要考虑。卞先生当年把接续形式论传统的任务交到我手上，现在我感到一方面要拓展这个任务，另一方面要将这个拓展了的任务交给国内有潜力的学术新人。20 世纪 80 年代我在北京与董乃斌过从，他直言，做中国文学的是自己找题目，做外国文学的类似“二道贩子”。这话够直白，当时激起了我的忧虑。的确，国内高校外国文论研究的队伍庞大，很多工作都属于“研究之研究”，我当时写的《文学符号学》也难辞其咎，所以我至今不让重印此书：抄十几本外国书不能算自己的学问。中国学者不仅在中国传统题目上要走自己的路，在一般理论上也应该有自己的路。

如果能在国内带起一支团队，在国际上发出我们自己的声音，那就更有突破意义。二十年来，川大的“符号学—传媒学研究所”已经团结了百余名研究者和硕士、博士，出版系列著作一百多本，研究方向尽可能多元，既有马克思主义符号学、社会文化符号学，也有特别中国的，例如对中国“武侠元素”的符号学研究，对名学、方术学、唯识学等的符号学研究，更有在国际上也力图独树一帜的纯理论，例如意义世界理论、广义叙述学、情感符号学等。

我们的双语刊物《符号与传媒》（*Signs & Media*）汇聚了全世界有关文化符号学的最新研究成果，在团队多年坚持不懈的努力下，《符号与传媒》已经在2017年正式入选CSSCI期刊目录。此外还创建了中国第一个符号学网站"符号学论坛"，全面地推介符号学、叙述学、符号传媒学等方面的研究成果，与全球学者共享学术成果，共议学术问题。

研究普遍性理论，最终目的是要在世界上交流，如果总是自己人跟自己人玩是无意义的，年轻的学者尤其要注意这一点，不要因为一些"东学""西学"的框架把自己限制得太死了，把学科限定在一个个小框架里，对学问的束缚太大。自己的研究要经得住他人的问难，他人的题目我们也不要怕挑战。我们现在的符号学研究在专业上已经走得非常远，甚至深入到西方学者引以为傲的底层架构，也能说出一些让他们新奇的东西了，这种"挑战"并不时常受到鼓励，但无论如何，平等且不卑不亢地对话应该是我们坚守的态度。

车：谢谢赵老师将这样缜密周全的思考分享给我们，这样长远的眼光和视野是一般人很难想象的。您在刚刚的介绍中多次提到咱们川大的符号学团队，这支团队在过去的二十年里也已经带出了很多学生，您对他们的整体评价如何呢？您在川大的教学，尤其是在本科生的教学中，又有怎样的心得可以与我们分享呢？

赵：我对我们的团队只有满意这一个评价，虽说学者应当谦逊不宜自夸，但事实上学生团队就是我这一生最得意的成果，在全国许多高校开设了符号学与符号叙述学课程。和川大学生相处的这几年，互相辩论切磋，有不少学生发表了以《与赵毅衡商榷》为题的文章。这是我最高兴的事。

得益于学校学院的支持，我们团队在本科阶段就为同学们开设符号学课程，利用形象的图片来诱导他们思考，通过不断的反问来促使他们回答，把复杂的理论尽量用浅显的语言和具体的实例说清楚。

我为什么如此注重本科的教学，如此注重争辩和挑战？因为这是一个极其重要的发现和培养好苗子的做法。学术潜力、学术思维，这些东西和知识与经验不同，它们本质上是没办法机械地累积的，只能在对问题的求索和追问中自发产生，好多同学一味地仰赖老师，似乎我们是先知先觉。可要是天下学问都终于老师，世界就崩塌了。学问的魅力就在于尚未解决的问题远远多于解决了的问题，可能性大于确定性，多一个人就多一种可能，我们大家的一生任务，就是制造"负熵"，防止知识"热寂"。

教书是寻寻觅觅，目的是找出有潜力的学生。没有学人就没有学问，要想发展必须有一代代的学人传承下去。个人的生命有限，但是精神可以超脱这个限制。卞之琳先生去世很久了，可是他对形式论的影响消失了吗？只要我还在教学，我们的研究所还在运作，这个影响就是一直都在的。我如今到了这个年龄，随时都面临学业中断的可能：死亡对每个人是公平的，会有各种意外，可能让我做不下去。所以我有一种紧迫感，对浪费时间非常心疼。

可是，我做不完的事情，学生会接着去做，不仅如此，他们还能发展出一些我想不到的问题与方向。我们团队现在主要有五个方向，分别是传播符号学、马克思主义符号学、中国传统符号学、符号美学、哲学符号学。光是这五个就够忙的，可我的学生还能从电影里、从电子游戏里看出符号学研究。

我是落后了，虽然有微信，可是不常看，也不怎么上网，眼睛看不清，盯着一个个小字会头晕（笑）。但是只要有年轻人，我们永远有新方向、新课题，越做越好。总有一天我不做学术，我不担心学术会中断，永远有无尽的有趣课题让年轻人激动。

车：今天听了赵老师的话，我们川大同学更不敢有一丝一毫的懈怠了。您当年受卞之琳先生嘱托求学问道，躬耕四十余年，今日可以说问心无愧，我们作为学生也该时时自省，所作所为是否能担当得起这样的重任。最后我还想请赵老师结合我们当下的文化和环境，给我们年轻学子一些建议，在未来学术和人生发展的道路上，您觉得有什么是我们需要特别注意的吗？

赵：没有任何人的建议是金科玉律，人生的智慧和况味毕竟要各自体会。比如今天我讲了很多和符号学有关的内容，那是因为我专业在此，并不是劝说大家都来学符号学，符号学对一个人的人生，说不上有什么实用价值。要立竿见影的效果不如去学点心理学，至少可以把自己从抑郁症里解救出来。如果真要说符号学有什么“用”，那就是它是研究意义的产生、构成、传达，是意义之学。了解符号学可以祛魅，帮助你知道社会意义、人生意义，必然符合意义的规律，客观可把握。

这就引出我给大家的第一个建议，那就是不要太急躁，平和的心境是人生真正成熟的标志。现在社会上对“内卷”和“躺平”讨论得很热烈，有些人把躺平理解成好吃懒做、彻底颓废，但如果是一种应对世界喧嚣的姿态，间或一用，或许不无益处。理想是让大部分人都过上自尊而丰裕的生活，但你赢别人就输。要让自己样样掐尖，必须让别人蒙羞舔伤口。我们大部分人都不会成为人上人，不会声名显赫、受人崇拜，只能学会妥协，取一个中间值。如果每天打鸡血，肾上腺素泵足，从不后退一步，长此以往神经会绷断。现在的中小学鼓励大家争名次，家长只管第几名，学生仅有的一点年少气盛过早消耗，进了大学还不自我放松的，就是凤毛麟角了。很多本科生，青春不玩白不玩，每天的主要时间就是上网。结果是该玩的时候不玩，不该玩的时候太放纵，基础打不好，学问立不起来，这是最大的社会浪费。

第二个建议就是要专注，集中注意力在自己选定的方向上。我经常反复强调，人的一生时间精力都很有限，不集中精神，做不好形式研究，也做不好任何学问。做学问每个细节都要孜孜以求，卞先生称之为“雕虫之技”。这是做学问的“工匠精神”，我年轻时在工厂里做钳工，老师傅教我推锉刀，最简单的动作重复千万遍，不然一看就知是假货。如果零部件做得马马虎虎，整体工程也会摇摇晃晃。这是我个人做学问的方式，大家不要误以为挥斥方遒的事业就可以不拘小节，无论是局部的词句问题，还是宏大的文化史问题，都要仔细论证。

我们今天当然也提倡通识教育，提倡同学们要博学，这是对的，但前提是知道自己想精通的是什么。如果对凡事都走马观花、蜻蜓点水、博而不专，就成了万金油。我个人以为兴趣广是好事，但是对我们这样资质平平的人，兴趣太广就得适当收敛。旁逸斜出过多，人生就做不出什么事。

我个人就缺乏拒绝走弯路的毅力，我的学术生涯中被三本书抢去了很多时间，一本就是《远游的诗神：中国古典诗歌对美国现代诗的影响》，当时我对比较文学影响研究的实证工作很感兴趣，花了整整一年的时间周游美国各大学的图书馆，看当时诗人留下的书信文稿；另一本是编译二卷本《美国现代诗选》花了大半年；第三本是文化研究《礼教下延之后》。所幸，兜兜转转还是回到自己的形式理论，小开小合，正合吾心。当然每个人不一样，你们中有国之大才，有达·芬奇，那自当别论，千万不能浪费。

最后一点建议，有志于学术的同学们让人爱惜，但是学问攀登一生，目标要高远。现在做学术往往太“实”了，这其实也不是中国独有的问题，它更是一个现代的问题，现代的机制把“成果”神圣化了。做事不讲效率不讲功利的人，很快就会被淘汰。但是目标浅平，做成了又如何？有人会说我这样讲会让学问变得空疏。我倒觉得大可不必担心，现代化是我们这个时代基本的背景，研究者不用担心跑得太远，社会机制、经济效益很快会把你拉回来。更重要的是改善高教系统里过于追求短平快的学风，调整学风，礼赞好奇求知的精神，这对于整个学术圈乃至社会都干系重大。

翻检历史，我们可以看到层出不穷的事例，真正推动人类文化进步的，使国家成为文化强大的，往往是看起来不切实际、无关功利的理论，数学如此，物理如此，哲学如此，艺术更是如此。需要固然是发现发明之母，但好奇心却是求知更重要、更持久的推动力。学术研究一旦完全为奖学金、保研名额、项目、职称所驱使，干什么事都一拥而上，会从根本上扼杀创新的可能。

实际上我认为今日之中国是有这样的条件的，我们的国家和教育系统早已经不是当年百废待兴的景象，不再是各种资源稀缺，博士凤毛麟角的状况了。中国学界已经非常庞大甚至拥挤，在研究者人数上，在刊物数量上，在学术资源的投入上，都是世界第一。在这种局面下，可以而且应该允许一部分人做暂时看来“无用”的思考。哪怕最后证实为无用，也不会有太大的损失。

相反，大家拥挤着做有“立竿见影”实效的学问，已经证明创见甚少，行之不远，重复低效，浪费资源。考虑到中华民族的未来，“允许学术非功利”这一步再不走，就太晚了。今天我们的同学们青春正好，即将成为中国学术的栋梁，你们怎么对待人生、事业、学术、社会，怎么把眼前利益和长远规划结合起来，不妨多思考，尽量不随大流。千军万马走独木桥，没几个人过得去。

车：我相信您的建议会让川大乃至更多其他学校的同学都受益匪浅。今天您从自己早年的求学之路谈起，讲述了海外的学习工作经历，探讨了学者的个人志向与家国情怀，分享了川大符号学团队和本科教学的建设，并最终归结出三条对于我们人生具有长远意义的建议。我相信同学们不仅会深深敬佩您不平凡的人生经历、深厚的学养和艰苦奋斗的精神，更会为您真诚的态度和对年轻学子的爱护之心所折服。我由衷地感谢您接受今天的采访，谢谢！

赵：也谢谢你。希望同学们都能找到目标、看准道路、求得真知、人生无悔。

第三节　比较文学新拓展：文学人类学的“反身转向”

——徐新建教授访谈录

徐新建　昃　昊　王　浩　张盼盼[①]

【引言】

在“改革开放”后的中国学术进程中，文学人类学可谓比较文学催生的产物，甚至被视为涨势看好的重要分支，对地处四川的地方团队而言更是如此。

① 徐新建，四川大学文学与新闻学院教授，文学人类学专业博士研究生导师，中国比较文学学会文学人类学研究分会会长，四川省比较文学学会执行会长，人类学高级论坛学术委员会主席团主席。上海交通大学人文学院研究生昃昊、张盼盼与四川大学文学人类学硕士研究生王浩参与访谈交流。昃昊同学协助完成录音整理，特此说明并致谢。

正是在比较文学平台的推动下，文学人类学作为新成长的分支之一进行了长期的跨学科尝试。其中最为持久的一个方向就是力图使文学与人类学连成一体，在田野与文本、神话与史诗及实证与虚构的交融间阐释文学，理解人类。这一点，在中国比较文学学会这样的全国性团体里已有充分体现，在作为地方学术机构的川大教学团队及四川比较文学学会等组织中更是如此。

2019 年 4 月，笔者应邀出席中国比较文学学会文学人类学研究分会举办的神话研讨会，其间就“文学人类学的发展趋势”话题与同学进行了访谈。本文以此为基础改写而成，小标题为改写时所加。①

文学人类学：学科界定与现实处境

问：感谢老师为我们提供学习的机会。第一个话题或许是许多同学都想问的，即文学人类学的学科定位：我们该怎样来确定，或者说定义文学人类学呢？

答：有关文学人类学的学科定位问题尚难给出一个结论。首先，从认识论层面讲，这个问题非常重要，也无定论。这种未决的、无答案的学科定位问题，并非限于文学人类学独家所有，而是一种学科常态。也就是说，这涉及对“有定义的学科”的认知，取决于我们对学科的标准和评判。在某些时期、某一圈子内，某些学科需要做到、也能够做到这种定位，尤其是自然科学。因为它需要学术共同体的契合，需要有共同方法、共同概念和共同理论，否则无法工作。因此要透明，词要达意。而人文领域一般不致力于此，相反，它会像百家争鸣一样，需要理解和阐发上的多元性，一如诗无达诂，词不尽意。它不信任语言，不追求定义。所以我们就不能或不愿去问它的定义问题。现在很多人把文学人类学放在社会科学与人文科学中间，认为社会科学具有科学性，需要追求相对的稳定、透明和相对的完整。

其次，从方法论上讲，我个人不太用“定义”这个词，而会用“解释”。因此，我愿把问题改为“什么是文学人类学的解释”，或者“什么是文学人类学的描述”，而不说“什么是文学人类学的定义”——这是另一种转换思路的回答。我个人的看法是，关于“什么是文学人类学”的问题，本是一个开放的场域，是一个旧话新说的过程：昨天大家的共识，明天可能就成为旧说；既然是旧话就要不断新说，是允许、也必须不断有新话语加入的一个场域、一个容器。为此，有的人感到很紧张，会焦虑地问：“徐老师，我们这么多年到底在

① 文稿刊发于《中外文化与文论》2020 年总第 45 期，收入本书有修订。

学什么?”他之所以焦虑，是由于没有一种方法论和认识论的底气。

我们继续问下去：什么是文学？什么是历史？什么是哲学？同样没有统一答案。不过尽管如此，我们还是要尽量追求社会科学话语的准确和相对的共识，因为它还是需要言说、需要讨论和交流的。作为一家之言，无论你是解答或阐释，你都必须要“说”。只是你问十个学者，可能会得到十种说法。你也不要吃惊于“怎么徐老师和叶老师说的不一样”，不一样就对了！用新批评的方式来说，在一个多元的作品整体中，与任何一个读者建立的都是对话关系，解释者跟接受者是在对话中产生意义的过程。我们写的书、发表的文章，其含义都是由阅读者根据自己的理解和语境来接受的。你要带着独自判断的眼光去听叶老师讲“文学人类学的四重证据和N种编码”，然后再听徐老师、彭老师讲不一样的文学人类学表述与仪式。你或许会产生摇摆：“到底谁说的对?”其实，没有哪一个更对和更错，你把它们看作是不同的对话产物就好了。

对接受者或者更广的大众来说，最大的难题是如何化解不同差异造成的紧张和不透明，否则，我们将难以达成共享的话语空间。我鼓励学生学会体会，让语言和“自己”进行化合，从而产生关于它的理解。我们平时可能教学生阅读十本专著、总结五家学说，最后考试却是这样考的：你认为的文学人类学是什么？你对它的理解如何？这是你的权利，也是你的责任。当然，我们进行差异性的解读，最后还是要取得共识，达成能对话的结构。可以各说各话，但要相互理解；如果只是各说各话，互相却不能理解，公说公有理，婆说婆有理，是无法达成社会交往或学术交流的。

在学术界，我们不能要求每一个老师所传所授的观点一样。思想不一样才能使共同体具有意义，学术共同体需要的是在不一样中实现“不同之和”。“和”是从音乐上升为哲学和人类学的概念。两音相遇为“和”，但相和之后却产生第三音。比如，单独的两个音分别是“哆”(C)和“嗦”(G)，它们的共振即产生纯五度之“和”。“和”的古字为龢，写为龢，在古代就是多支吹管在一起，彼此协调，发出不一样的“和音”。[1] 这个道理对学术界也是一样，如果大家都只发出同一个音的话就会兴味索然。“和”这个词是一个哲学概念，同则不继，人类就没有发展。这就是要强调多样性的原因。要学会在杂乱中看到有序，不然会被格式化，沦为被干扰的无效程序。无论是学习还是学术，我们都要学会自己解构自己。

---

① 徐新建：《和而不同：论儒学境界与世界文明》，见《中外文化与文论》，四川大学出版社，2001年版，第240～258页。

再次，学科定义的问题还可从知识论的角度来回答。对我来说，我非常清醒地了解到，在我的前后左右有很多关于文学人类学的描述、界定和解释。我也试图得出一个自己的说法。为此，我尝试从结构上来予以解答，把它转换为文学人类学的四个问题，即：（1）文学的问题，（2）人类学的问题，（3）文学与人类学的问题，最后完成词组合并，进入（4）文学人类学问题。当包含两个关键词的时候，它们各是一个问题，用“与”连接后产生新问题，最后把连接词“与”去掉，才成为一个真正的学科问题。①

文学人类学发展到今天，我认为正逐渐迈进最后一步。在文学问题与人类学问题逐渐明晰的前提下，为去掉中间这个“与”，也就是实现二者之间的打通，学者们努力了许多年，发表了很多论述，如“文学与符号”“文化与文本”“人类学与诗学”“虚构与想象”② 等。正因为有着这样的居中性努力，文学与人类学才互相开放，敞开胸怀，容纳了性别、身份、仪式、口传乃至少数族裔、虚拟幻想等“跨学科”问题，最终，将文学人类学糅合成一门新兴的交叉学科。

去掉“与”之后的文学人类学

问：那该怎么看“文学人类学”问题呢，即去掉了“与”字的文学人类学？

答：这才是问题的核心所在，但要以动态的眼光来认知，也就是把“与”的去掉视为一个演变的过程。在初期，把人类学加入文学更多的是单方面行为，主要是文学研究者的努力和尝试，因此所谓的“文学人类学”研究，也大多是指用人类学方法来解决文学问题，人类学只是“在场的缺席者”。其中没有多少真正或“硬核”的人类学。后来情况慢慢改变，一方面是有专业的人类学家加入进来，开始关注文学问题；另一方面文学研究者逐渐认真研习人类学、掌握人类学，并且还日益把社会学、民族学与历史学、心理学的议题和方法吸纳进来，综合之后直接从人类学提问，也就是把文学问题转换为人类学问题。

什么问题呢？很多，比如：人类为什么要写作？为什么要歌唱？为什么要作诗、表演？这些是文学问题吗？是，也不全是。从人类学角度来看，作诗、

① 直到2003年，在文学和人类学之间还保留着“与”字。尽管全国学会叫文学人类学研究会，但四川大学相关机构的名称仍为“文学与人类学研究所”。学者们的论著里也多有对“与”的保留。参见叶舒宪：《文学与人类学——知识全球化时代的文学研究》，社会科学文献出版社，2003年版。

② 参见波亚托斯《文学人类学源起》，徐新建、史芸芸译，《民族文学研究》，2015年第1期；叶舒宪编：《文化与文本》，中央编译出版社，1998年版；伊万·布莱迪：《人类学诗学》，中国人民大学出版社，2010年版；伊瑟尔：《虚构与想象：文学人类学疆界》，陈定家等译，吉林人民出版社，2011年版。

歌唱和表演都是人类学问题。由此，便推出我对文学人类学的第一判断——人是文学动物。

这个问题很多人拗不过来，因此无法从人类学角度进入文学。文学人类学作为一个问题，不是 problem，而是 issue，是一个对象和议题。

人类学是以“人”为主体和对象的学科，研究“人”的存在，如何存在，是人对于自我及其价值和意义的一种学问、一个追问。很多人把人类学理解为仅仅研究少数民族、原始社会或研究他者和异文化的学科，这是不对的。人类学研究的“人”是指所有个体之和的全体。人类学的问题就是“人”的问题。在这个意义上，文学人类学也不例外，其所研究的也是人的问题，只不过更专注于人的文学问题。所以我的观点是，人类学解释人何以成人，文学人类学则进一步阐述文学在此过程中的作用，由此推出我对文学人类学的第二判断——文学使人成人。

不过就目前的学科分野及其相互干扰的术语体系而论，我比较担忧文学人类学会“自我埋葬”，因为它不得不借现有的文学话语来解释人类学问题，反之也一样，不得不套用人类学的现成方法来破译文学。现实的情况如何呢？真实的状况是，无论“文学”还是“人类学”，作为与现代西学密切联系的汉语新词都不再稳固，都在多次的“词变”中渐行渐远[①]，以至于日益影响学界内部的有效交流，彼此之间不是相互误读就是各说各话——当有人提到诗歌时，指的其实只是文字文本，与整体的声音、场景和授受功能完全无涉；而在有人以人类学之名解析国别文学之作时，得出的结论往往也与人类无关，更多传递的是本土国学、汉人社会学或某一少数民族学。

从现行的学科设置看，目前只有四川大学设立有去掉“与”字的“文学人类学”学科点，而且是从硕士、博士到博士后流动站的完整平台，是国内唯一被教育部特批的新兴二级学科。它在一定程度上承担了体制内的学科教育任务，所以我们也有责任来完善这个体系。然而即便如此，我们不希望也不愿意把文学人类学变成一个教材式、被定义化了的名词，还是要把它看作一个开放的和流动的概念。因为社会是动态的，人对自己的认知也是演变的。学者对学科发展常常要求有新材料的加入。如今，“基因编辑”“电脑写诗”等都成了社会现实的新产物、新材料。如果以往的教科书把文学的主要功能定义为对人物形象的刻画，面对克隆人、生化人、机器人、基因编辑人这些“新人类”乃至

① 关于“词变”的讨论，可参阅徐新建：《“文学”词变——现代中国的新文学创建》，《文艺理论研究》，2019 年第 3 期，第 11～34 页。

“后人类”的出现，面对互联网、人工智能、大数据算法的新技术所关联的诸多挑战，我们还能一味固守五四以来由西学引进的文学词义，固守小说、诗歌、散文、戏剧这样的现代文类及其代表的人类文明和文学边界吗？显然不能。

就目前的演化趋势来看，文学人类学的阵营也在改变。目前大家努力推进的主要内容是在做多种“打通”，想要超越五四，要重新看待近代以来由西方现代性所定义的 literature，力图打破那种以小说、诗歌、戏剧、散文四大部类为代表的文学体系，超越单一、封闭、狭隘、精英的文字中心和书写系统，重塑从古至今的文学史。各地团队的工作有分有合，共同的愿望就是将文学与人类学整合为一体，既凸显人类学学脉，又融入文学传统。

相比之下，叶舒宪教授团队的方向主要是多重证据、神话历史、文化文本、N 级编码直至如今的玉帛中国。这些分支成果显著，相互关联，即将形成完整的体系，它代表了文学人类学的一种可能、一个维度、一套话语。在此之外，还有其他的许多并置维度和可能，如厦门大学彭兆荣教授团队开拓的文学仪式、艺术遗产及学科关键词体系等。在我国的港台地区，自 20 世纪 80 年代以来开启的口述传统、展演理论和身体研究等也都同样代表了文学人类学研究的不同方向和扩展。长期以来，川大团队关注的主要集中于多民族文学、少数族裔文化、口头传统、民间叙事，最近开始考察文学生活、史诗传承、多民族生死观以及数智文学等。这些多样化的关注体现了文学人类学的诸多可能，并提出了可供交流对话的议题。比如研究史诗，把颂唱视为一种身体演述，其中的“文学性”如何理解？与文字文本的边界该如何看待？

我在相关文章里论述过，《格萨尔》其实不应简单地归为史诗，至少不应与西方美学意义上的史诗（epic）画等号。① 如若一定要将其归为史诗的话，就不得不顾及史诗的特征和功能。史诗是要诵唱的，诵唱的主体是身体性的现实存在，是肉眼可见、可感、可沟通的“人”。以此观照，“格萨尔”以及类似的“江格尔”“玛拉斯”“亚鲁王”等的最大特征就是诵唱，是口传的文本、场景的呈现和世袭的民俗，一句话，是通过故事讲述、在演唱与倾听中实现交往互动的文学生活。由此便可引申出文学人类学的第三判断，即文学是表述的生活。

相比之下，现代小说的划分将读者和作者割裂，作家垄断了作为诗人（歌者）的权利，同时断送了其他大众的文学才能。而在人类学意义上来说，每一

① 参见徐新建、王艳：《格萨尔：文学生活的时代传承》，《民族艺术》，2017 年第 6 期，第 34～42 页。

个个体的存在都是“文学的”，只要具备创造性想象和表述互动，人人都文学地活着。这就是我们正在考察和讨论的文学生活。文学生活是一种状态，是人与自然、社会及自我的诗意关联。

作为“反身人类志”的文学和人类学

问：文学的意义何在？作用又是什么呢？

答：从人类学视角来看，不妨把文学视为人类的自画像或自我民族志，更严谨些来说，则可称为“反身式”的人类志。

所谓“反身”，在语言学意义上可指一种词语类别，如反身代词（reflexive pronoun）。其功能是通过反身（反射、映照）指代主语，“使施动者把动作在形式上反射到施动者自己”，由此形成主语与宾语（代词）的互指关系，延伸来看亦即产生主体与对象的对照同一。反身式表达的例子，西语中有“ego cogito ergo sum”（法语：Je pense，donc je suis，意为“我思故我在”）。[①] 古汉语中的《论语》则为“吾日三省吾身”。前面的言说主语（主体）与后面的被言说宾词（对象）即构成反身关系。它的重点在于被言说及被施动的对象其实就是“本人”“本身”“我自己”。将此沿用于文学及人类学表述来看，所谓“反身式”写作的特点即为展示“我”和“我自己”（另一个我）的对照与关联。由此观之，“反身”的含义又与“反省”对应，而文学与民族志则相当于生命的自我投射和人类的表述自观。

如今的世界使人类自我主体构成的反省与自观出现了断裂。外向度的喧嚣（传播、宣泄）掩盖了主体自我的反身回溯，现实的生活越来越远离文学。即便在打着专业旗号的大学文学院，师生同处的环境里，整天说理、辨析，哪还有多少诗意的栖居和浪漫想象？作为具有文学动物属性的个体，每个人原本都可以是诗人、作家、表演者，但现代性的社会改造却使多数人变成了单一的读者、受众和学究。文学院突出理论，不培养文学家，没有文学性，有学无文。所以站在人类学立场来看，现今的文学教育已背离目标，出了问题，需要改造、回归，返回至创造性想象和反身式自观，通过诗意表述，使人成人的轨道。

最近，人类学学界出现了对民族志文类的再度关注。其中日益凸显的一个

---

① 与西语在形态上便具有较明确的主格、宾格不同，汉语的反身语式每每通过特定词汇如“身”“己”“吾”等即可表现出来。参见李计伟：《论反身代词“身”及复合形式反身代词》，《语文研究》，2012年第4期，第25～28页。

类型是“自我民族志”[1]。什么是“自我民族志”呢？如果把其中的“民族”加以淡化，只保留“志”作为人类学写作的文体意义的话，“自我民族志”的含义即为人类的自表述、自描写和自画像。在这个过程中，人类同时既为主体又是对象，完成的是自我的反身式写作。[2] 当然，若要显得严谨的话，叫“自我志”“人类志”更好。

以此类推，文学的性质也同样如此。文学就是人类自我志，或自我人类志、反身人类志。在其中，人能够在与现实对应的镜像中或逼真或超验地塑造他者，反观自身，同时又通过反观调整方向，改变自我。在我看来，这就引申出了文学人类学的第四判断——文学是一种“反身人类志”。

在人类学维度上，我倾向于人的整体观与学科整体论。整体指对象的整体，也包括主体的整体。除此之外还存在自我对象化的整体。我们要看到他者中的我性，我者中的他性。如今很多人在追根溯源。后现代、后殖民一派率先反思，以民族志为靶子来抨击人类学。其中很多本身就是人类学家。他们自我抨击，抨击自己的作品、自己的过程（参与式观察）以及抨击自己的身份和权力——凭什么替他者代言？在我看来，这其实代表了人类学“反身转向”的又一次重大变化。[3] 当然，“反身转向”不仅限于人类学，在其他人文学和社会科学领域也多有表现，只不过人类学的“反身转向”展现得更激烈和突出罢了。概括地说，人类学“反身转向”最显著的表现就是“自我民族志”的涌现。越来越多的人类学家从以往具有殖民色彩或等级区划的“异文化”场景里撤出来，返回到自身的“本文化”当中，将过去的田野方法用于自己，进行以自我为对象的参与观察，然后完成反身式民族志，对身处其中的社会文化进行反观和批判。

对于这样的趋势，格尔兹写了不少文章加以解析，以“人类学写作”（anthropological writing）为聚焦，进一步将文学与人类学连为一体。尤其是他的《作为作家的人类学家》一书，把从列维·斯特劳斯到本尼迪克特等为代表的人类学家都视为写作者，揭示了在他/她们民族志写作中蕴含的表述意

① 徐新建：《自我民族志：整体人类学的路径反思》，《民族研究》，2018 年第 5 期，第 68～77 页。

② 参见马腾岳：《论现代与后现代民族志的客观性、主观性与反身性》，《思想战线》，2016 年第 3 期，第 7～14 页。

③ 有关人类学“反身转向”论述已有一些汉语译著，可参见曾晓强：《拉图尔科学人类学的反身性问题》，《科学技术与辩证法》，2003 年第 6 期，第 46～49 页转第 63 页。

义。[①] 有意思的是，从反身性书写的角度看，格尔兹这本书本身就是一部人类学的自我民族志，只不过他的反身主体和对象都是一门学科、一个学术共同体及其发明和实践的一种知识话语。

小结

最后，可以对本文的议题作一个开放性小结，内容就是在摘要里提到过的基本观点：

> 经过改革开放的四十年发展，文学人类学作为新兴交叉学科取得了长足进步，同时也存在许多理解、阐释和践行方面的问题。如何在多样化扩展的进程中把握学科边界、凸显自我特征，已成为这门学科从业者们的新议题和新担当，需要集思广益，群策群力，既不定一尊，亦不各自为政。
>
> 面对从文学到人类学都受到的科技挑战，未来的目标应是携手共建，和而不同，既五彩缤纷，又交相辉映。这一点，对文学人类学如此，其他人文学科亦不例外。作为一门力图打通中外古今，同时强调文本与田野结合的前沿学科，文学人类学需要不断确立自己的学术专长及未来走向。其中，尝试以整体论为基础，关注人类学的"反身转向"，从自我民族志视角重释文学，或许便是值得探求的路径之一。

我在2018年发表的一篇文章中讨论过人类学问题一分为四与一分为三，即北美的语言、体质、考古、文化与欧洲的生物、文化和哲学（神学）。最近我又归纳出一个新的一分为二，即科学维度与文学维度，也就是科学的人类学与文学的人类学，后者也可以叫作诗学的人类学。科学的维度研究理性的人、逻辑的人、实证的人；文学的维度研究诗性的人、灵性的人。[②]

人类学家到一个特定地区研究"父权制度""库拉圈"抑或"代际矛盾""差异格局"，这是研究"理性的人"。但人只有理性的一面吗？人类生活只是生产和生育吗？人跟其他物种有所不同，除了这些，人类会崇拜日月、幻想星空，会沟通神灵、创作诗歌，是"诗性的人"，体现出人类的文学面向。可惜，这一面在以往的人类学中大都被遮蔽和忽略，不是视而不见便是无从下手。

有鉴于此，文学人类学的任务便是将人还原为整体，把理性和诗性打通。

---

① 格尔兹的原著名称叫 *Works and Lives*：*The Anthropologist as Author*，汉译本为《论著与生活：作为作者的人类学家》。译者解释说，面对人类学与文艺理论出现的话语纠结，汉译的名称是一个遗憾之选，会出现因中文限制所带来的转译上的意味丢失。参见格尔兹：《论著与生活：作为作者的人类学家》，"译后记"，黄剑波撰写，中国人民大学出版，2013年版。

② 参见徐新建：《一己之见：中国文学人类学的四十年和一百年》，《文学人类学研究》第1辑，社会科学文献出版社，2018年版，第22～29页。

于是从学科的理想上说，或许会强调“去学科无边界”，而在现实操作中，更可能探寻“有边界无学科”。

总之，我们放弃对文学人类学进行终结性定义，但不表示对它不理解、不言说，而主张从认识论、方法论和知识论等层面去阐述相关规则。规则具有原本性和共识性，不止今天可以用，明天也可以用。这就是说不是我们的学科不讲“科学”，而是我们的表述和分类不能简单地与“科学”画等号。作为有着相同目标的学术共同体和奠基于共同问题的知识话语，我们拥有共同的场域和平台，有终极意义上的统一。这样的统一可称为学科的元话语，一套基础范畴和基本概念。在这个元话语的起点上，我们就可以互相对话。如果缺乏这样的根基，还停留在中间阶段，彼此只能隔行隔山，自说自话。

问：最后再回到文学人类学的前景问题，您对这个学科的发展有什么期待呢？

答：这个问题涉及学科设置的根本前提，亦即库恩讨论过的科学革命的范式与转移。范式转移重在学术论争，没有学术论争，不可能有范式转移。转移就是变革、适应，推陈出新。就目前的形势而论，可以说我们正面临这样的情景。对此，叶舒宪教授最近多次提及，强调现实的发展对既有的学科建制提出了重大挑战。因此，新旧范式之间需要展开对话。如若没有论、没有争，学科的范式不可能转移。对比较文学或文学人类学而言，我们同样需要寻找新的表述体系来阐释和形塑学科。这是我们共同面临的时代选择，重塑自我，反身转向，重新回答文学研究的根本之问——何谓文学？为何文学？

问：谢谢徐老师！

答：谢谢大家！

第五章　国际知名学者走进四川大学本科课堂

四川大学一直致力于培养能够站在世界舞台中央，具有国际视野和全球竞争力的引领性人才，因此学校于 2012 年创立了“国际课程周”，这是学校培养学生精英意识、人文素养和国际视野的重点项目，也是学校进行“双一流”建设的重要举措。

“国际课程周”（UIP）自创立以来，每年邀请哈佛大学、牛津大学、耶鲁大学等世界一流大学百余位专家学者来校开设数百门全英文课程，内容涵盖文、理、工、医多个学科门类，既有顶尖的专业课程，也有丰富的通识课程，中西文化汇聚一堂，让川大学子不出校门就能聆听国际顶尖学者讲课。这将全方位满足不同学生的多样化需求，开阔学生的国际视野，推动川大教师紧跟国际课程教育变化趋势，改进课程教育方法，进一步提升教育教学水平。据不完全统计，UIP 已邀请了近 1100 位海外教授，开设了 1300 多门全英文课程，超过 3300 名国际学生来校交流，成为川大高端国际教育的一张靓丽名片。

在课堂上，教授们善于调动学生的主动性、积极性和创造性。在同一个问题上或同一个论域中，教授们尽可能为学生提供各种有代表性的观点，目的在于启发和开拓学生的思路，培养学生的“问题意识”，而不是将其局限在一个狭小的知识领域。如在吴玉章学院举办的“Visual Cultures and Blackness in Europe”课程由美国密歇根州立大学非洲研究和比较文学的著名学者 Frieda Ekotto 教授讲授。Ekotto 教授从西方国家对非洲的殖民讲起，阐释了这些文学家与艺术家所生活的历史背景。她十分注重课堂中与学生的互动，及时回顾，以确保大家能掌握知识脉络，同学们也提出了许多有意义的问题。

在课堂外，学校各个院校都举办了形式多样的国际交流营活动和其他特色活动，使得数万名川大师生在为期两周的国际课程里，可以充分利用好这个国际化高端平台，碰撞思想、汇聚知识、广交朋友、开拓视野、启迪智慧，共同分享一场又一场高水平的国际交流、优质化的国际教育盛宴。

本节主要选取学生与国外著名比较文学学者交流的记录，或为访谈，或为回忆，从中可以看出学生们在参与学术交流的过程中，主动汲取各种不同的学术养分，并在交流碰撞中生出智慧的火花，在互相探讨中激活学术思想。

第一节 “说来话长”
——宇文所安教授与比较文学本科教学[①]

与大师交谈是一件愉快和享受的事，特别是当他们来自另一个国家，拥有不同的思想和理论积淀时。宇文所安是比较文学和世界文学的杰出学者，在访谈中，我们强烈地感受到他的人文主义思想以及对诗歌的爱。

刘韵飞：我们是四川大学文学与新闻学院的大三学生。我们知道，您是比较文学和世界文学的杰出学者，我们非常高兴能够采访您。首先，我想问一下，我们的谈话能否记录下来？

宇文所安：可以，当然。

刘韵飞：好的，女士优先。

刘韵飞：我们的英文可能不太流利，所以会用中文问一些问题，他们会说得很慢，可以吗？

宇文所安：好的，如果有什么麻烦，我会请你帮我翻译。

刘韵飞：好的，没问题。

一、对成都的印象

陈波：这是您第一次访问四川和成都，能告诉我们对成都的第一印象吗？

宇文所安：我的第一印象是它是一个非常大的城市，我参观了武侯祠和青羊宫，它们既有趣又酷。这是个寓言般的地方。这座城市很漂亮，也很大，这是我的第一印象，我非常喜欢它。

刘韵飞：当我们介绍成都时，通常会说它是一座来了就不想走的城市。

宇文所安：我不得不走，哈哈。成都是一个很好的城市，如果你了解杜甫及其生平经历，就会知道他曾经在秦州待过一段时间，那里非常干燥。

陈波：当我们提到成都的时候，我们一定会把它和一位著名诗人——杜甫

---

① 宇文所安访谈英文版收录于四川大学文学与新闻学院 2005 级比较文学课程刊物《此岸·彼岸》，采访时间是 2008 年 4 月 7 日，采访地点在四川省成都市香格里拉酒店，采访者有刘韵飞、陈波、王小波、王乾京、杨扬、刘益溦、李媛媛、罗依薇、徐慧媛。访谈中文文稿由四川大学比较文学与世界文学专业 2019 级博士研究生张瑞瑶翻译。

联系起来，你喜欢他吗？

宇文所安：我很喜欢杜甫，我想把他所有的诗都翻译成英语，他的诗歌是中国文学的经典作品。我刚才提到了秦州，那儿非常干燥，当时少数民族胡、羌和汉人生活在一起。从秦州到成都是一段非常艰难的旅程，我想像杜甫一样走那趟路，克服重重困难，跨越群山，最后来到美丽的平原。

二、东西方的差异

罗依薇：您对中国诗歌有着很深的理解，但是东西方的差异会形成不同的解读。例如，在您的《初唐诗》一书中，从性的角度分析了《长安古意》，正如您说的，这句话的意思是"过道和窗户似乎在性欲的拥抱中相互连接"（然而，在我们的传统中，我们把"合欢"解释成窗户和过道上的花纹）。还有一个更典型的例子，李商隐《无题》中的"蜡炬成灰泪始干"，一位西方学者认为它包含了性的欲望，但在我们的传统中，这句话意味着无私奉献。因此，我们注意到西方学者总是倾向于从性的角度来分析文学作品。这是否意味着弗洛伊德对您有很大的影响？或者还有其他原因？

宇文所安：我不想把自己和其他人联系在一起，我记得我很久以前写过那本书。首先，无论古代还是现代，中国人都在谈论诗歌，但你离唐朝已经很远了，是吧？其次，人们经常玩味"合欢"，它既是花，又是图案，具有双重意义。但我在用词中多次提到"合欢"，这相当于去一个新的地方，遇见新的朋友。比如《西北有高楼》《青青河畔草》，在这些诗中可以读到人们旅行和去不同的地方，他们在寻找梦想中的世界时总是感到有些紧张。所以我不想把它推得太远，也不想把性推得太远，但你知道，有一种可能是与性有关联。唐朝与后世不同，古代的中国不是现代的中国。在唐朝与近代中国，宋、元、明、清之间，他们会选择什么样的方式？所以请记住，唐朝是一个更自由、更好玩的世界，这不是不可能的，对吧？我认为，当我们研究古代文献时，有一个问题，我想中国读者经常觉得他们太亲近了，所以他们必须理解，对吗？但是你也要站在一定距离之外去思考。当我读杜甫的时候，我对翻译很感兴趣，因为你可以看到在唐诗中经常使用的表达。而且当一种版本消失的时候，它会被改变，但是人们仍然选择……仍然在宋朝使用，但他们已经不理解它了，这是一个不同的世界。英文中有句话很棒——我不知道是谁先说的——过去是另一个国家。我认为中国读者希望唐朝是他们的国家，但唐朝也是另一个国家。

三、评论唐诗

李媛媛：您喜欢张若虚写的《春江花月夜》吗？

宇文所安：我喜欢，这首诗很空灵，很美，很顺畅。我不喜欢那样的英文诗，但我很喜欢读它。但是，苏东坡有句“言之有物也”。我不知道这首诗的主题是什么，但我非常喜欢它，你可以看到它有非常美的意象。然而它被夸大了，就像美丽的彩虹，它没有遵循苏轼的说法，当你读到它的时候，它就不见了。所以你暂时喜欢它，但它不会回到你的身边。

李媛媛：我们知道，这首诗以独特的想象受到了中国学者的高度赞扬，他们认为它可以代表唐代诗歌的整体艺术概念和特征。您对这个评论有什么看法？

宇文所安：好的，这是唐诗的一个版本。大唐的伟大造就了它拥有不同的特点，有不同类型的诗歌。可以肯定的是，这个版本代表了唐朝的美。但你知道，读懂杜甫的诗是相当困难的，需要随时揣摩。我想唐朝有不同的声音，我从来不想用这种或那种方式说唐朝。当我还是个孩子的时候，很多人都在谈论那首诗，我喜欢这首诗，但我不认为它代表唐朝。

刘韵飞：我有一种感觉，张若虚的诗像一幅很美的画。您喜欢杜甫的诗，它总是贴近我们的生活。那么，您认为这是这两种诗歌的区别吗？

宇文所安：嗯，我想不同的人不会选择同一种快乐。这世上有很多乐趣。在张若虚的诗歌中，有一种乐趣，但快乐是一瞬间，就像吃了一顿非常美味的饭。还应当有其他乐趣，你走在大街上，你会想起你的生活，这是一种不同的快乐，彼此不一样，那是一种完全不同的乐趣。我喜欢孟郊，但孟郊的诗不美。对于中国的诗歌我想问一个问题，某个人可以称之为伟大吗？孟郊是一个很好的自由创作的榜样，他也很伟大，美仍然有力量。

刘韵飞：您是说，孟郊把丑当美？

宇文所安：不，我的意思是，它是如此强大，如此强烈而感动你，即使它不是美的，但不是丑陋或邪恶。这是一首有张力的诗。但你不能忘记诗歌有很多种，而不仅仅是一种。

刘益微：我认为中国人不能理解您对孟郊的评论。您知道孟郊最著名的诗是《游子吟》吗？

宇文所安：是的，《游子吟》，但仅仅是因为在清朝人们读给小孩子听。为什么人们要谈论谁是名人，谁不出名？当我的中国学生说这样的话时，我总是微笑着说：“著名？什么时期著名？”因为你把历史看作唐诗的品位。只有苏东坡才对孟郊感兴趣。有趣的是——这是在宋朝中期创作的——他们说“让人不开心”。你知道，诗歌应该让你快乐，让你感觉良好，然后你就可以看到诗歌观念的变化。但在唐朝，这些人真正做到了，从事诗歌创作，以人们期待的方式生活，所以我认为，学习的过程就是研究各种不同的变化以及不可能性。他们不是西方人，而是生活在中国的过去，并超越了晚清的品位。

刘益澂：诗的目的是多种多样的，您说“诗是用来表达自我的感受”，但我认为所有的诗篇都已经准备好供读者和人们阅读了，当我们读诗的时候，我们不想看到不美的东西，我认为至少大多数人都会这样想，您是怎么想的？

宇文所安：人们都想去了解，你对宋朝作出了评价，对吧？这首诗会让你感觉很好。我认为欧洲诗歌让人精神焕发，震撼了你，这才是诗歌真正的功能。这不是吃糖，读张若虚的诗有点像吃糖，具有力量的诗歌才有价值。

刘韵飞：韩愈和孟郊的诗就是这种味道吗？

宇文所安：是的。

李媛媛：在中国古代，有“窈窕淑女，君子好逑”“娉娉袅袅十三余，豆蔻梢头二月初”等关于女性的描述。您怎么理解中国文学中的这些评论？

宇文所安：说来话长。我认为中国人对男女关系过于焦虑。我可以认为，正是文化带来了如此多的焦虑和麻烦。唐朝统治了很长时间，在古代，妇女很难争取自己的权利。我不知道该怎么回答你的问题，只是说出了我的想法。

四、评论中国现当代文学

徐慧媛：除了中国古典文学，您的专长还有现当代文学。

宇文所安：事实上，我不能称为这方面的专家。

徐慧媛：我们很想知道您是否有最喜欢的中国现当代文学作家。

宇文所安：我以前很喜欢于坚，我不太喜欢他最近创作的诗歌，所以如果你想要说出特别喜欢的，就是他吧。

徐慧媛：有人说，“中国现当代文学已经抛弃了中国传统文化的精髓，试图向西方文学学习”，您同意这个观点吗？

宇文所安：在我谈论这个话题之前先来支雪茄吧。

刘韵飞：又说来话长了？

宇文所安：是啊。我想，你知道，当我们谈话的时候，总喜欢回到过去。会发生什么呢？但事实要复杂得多。举个例子，说起新诗，人们不管是喜欢新诗，还是喜欢旧诗，它们都是中国传统。但中国诗歌的真实历史并不是唯一的，中国现代诗歌的真正历史是新诗与古诗的关系，这两者是结合在一起的：

古诗不喜欢新诗，新诗总是担忧古诗，每一首诗都试图互相对抗，这变得非常复杂，使它成为一个非常有趣的故事。人们往往只讲出了故事的一半，就像一对已婚夫妇，你只说男人或女人，你不知道这对夫妇是如何结合在一起的，并创造彼此。所以，如果我认为对当代诗人来说，过去不是死的，它作为它的设计者仍然活着，尽管旧的过去从未被归还。我不认为中国文化有本质，但我认为它有历史。如果你想想历史上发生了什么，那么它还活着。如果你认为它有一种可以失去或可以找到的本质，你会觉得永远都不满足。当你明白它是历史的一部分时，你就永远不会失去它。

徐慧媛：您认为当代优秀作家的标准是什么？无论在东方还是在西方。

宇文所安：有一个真正的标准，很难说。对于一个写了一些我从未想过可以写的东西的人，如果我读了一首诗或一本小说，我从来没有想过有人能这样写，我认为这是一部伟大的作品。但是如果我开始读一部小说或一首诗，我知道他们会说什么，这就不是一部伟大的作品。她会寻找真正令你惊讶的东西，改变你，改变你理解事物的方式。

刘韵飞：在您看来，我们应该采取什么样的方法，才能像我们的祖先那样重获成就感呢？

宇文所安：你认为像钱锺书这样的人，他精通西方知识，他是一个很现代的人，对吗？他对现代汉语有一个想法：它不曾失去，而是得到的太多。在两者之间，你永远不能回到唐朝，对吗？中国文化不是本质，而是历史，我依然以杜甫为例，我们以为非常了解杜甫的诗歌，有一本叫《唐诗类选》的书，它亡佚了，但是它的序保存在北宋的《文苑英华》中。他们认为杜甫、李白是最伟大的诗人，但是当你读他选的杜甫诗，共有1400首，大多数人只读了100、200首，对吧？如果你读别人的选本，你会得到一个非常不同的杜甫，你意识到杜甫是最伟大的诗人，但所选的诗是真实的，他们从来没有读过。杜甫死后的十年里，一个叫樊晃的人编选了杜甫的诗歌，它也丢失了，但在宋代又发现了。在宋朝的版本中，他们读的杜甫和我们读的一样。所以你认为中国人是这样还是那样，你必须记住过去是多么复杂。如果我们回到唐朝人所读的杜甫，我们就会读到一个完全不同的杜甫，他有点像谈论佛教的王维，作品需要猜测。所以这是一段历史，而不是本质。它并没有说它是一个更好的理解宋朝的版本，这只是一种不同的理解。

刘韵飞：您的意思是，有时我们的偏好和读的诗都是以某种标准为指导的？

宇文所安：没错。

刘韵飞：我知道一位诗人柏桦的一句话，他说只有时光流逝，才能带给我们幸福。

宇文所安：如果你把它带回到古代，你就能理解。你知道，就像你有一个朋友一样，你应该听他的话，而不是听别人说。我想所有的人都不喜欢当你和他们说话时，他们却和别人说话，而不是听你的。那种人太可怕了，对吧？我们读这首诗的时候，也是这样，你得懂得倾听。我有个学生很喜欢王维，我让他把王维的全部诗文集通读一遍，他问为什么？因为他只是喜欢那些著名作品。我说给你一个测试：你去查询一下你所喜欢的这些王维的诗是由谁编选出来的。事实是，王维有些诗是由前后七子编选的，但没有人编选前后七子的诗集。这个学生不喜欢前后七子，前后七子以他们的喜好选择了王维的诗作。前后七子认为王维信仰佛教，当然，现在我们也相信这是事实。但是如果你读王维的其他一些诗，你会有非常不同的感受。所以研究的重点不是阅读现在被认为知名的作品，因为这些作品都是被后来人所选择的。如果你阅读了全部选本，您可能会发现它是非常不同的。你可能会问当时怎么样？那个地区的人怎么接受它？当然这并不意味着那些第一次写的作品总是正确的。我认为诗歌和人一样拥有生命，尽管诗人们已经死了，你还是能了解他们的生活，甚至他们生命的最后一刻。

五、哈佛和比较文学

刘韵飞：好的。我们问了太多关于唐朝的问题。接下来，我们可能会问一些关于哈佛以及比较文学的问题。请这位男士和两位女士提问题。

王乾京：教授，我的专业是对外汉语。我发现越来越多的外国人选择学习汉语。您对此有何看法？

宇文所安：汉语正在成为世界上非常重要的语言，这是一种很好的趋势。我第一次学习是在几乎没有人学中文的时候。我在哈佛看到了一张图表，它展示了 20 世纪 70 年代的情况，学习中文的有这么多，德语要多些，然后更多的是西班牙语。然后 20 世纪 90 年代的一张图表显示，学习德语和俄语的突然减少了，而学汉语的人要多，学日语的人更多得多。我们的经济被限制在一起，我们的技术被限制在一起，我们的文化被限制在一起，这是不可避免的，对吗？有一只美国萤火虫来了句“普通话”。

刘韵飞：我有一种感觉，语言是表面的，它背后蕴含着文化。例如，我们学习英语，并且会说英语，但我们不了解关于英语文化的知识。同样地，现在外国人学习汉语，但他们不知道中国的传统和习俗。这会造成文化冲击。您遇到过这样的文化冲击吗？能分享一个例子吗？

宇文所安：呵呵，太久了，我记得我第一次在中国遇到文化冲击。我不会在中国开车，这可能是一种文化冲击。但我也不会在法国开车，土耳其也一样。所以我不确定它在中国是否特别。你知道我妻子的家人在天津，我们经常回到天津。从天津回美国必须经过洛杉矶，因为飞机晚点了，我们在洛杉矶过夜。我感觉洛杉矶比天津更富饶，也许是在西海岸，加州是另一个国家，真的很奇怪。我在天津找到了家的感觉，我在天津没有问题，但在洛杉矶，我发现人们的工作和生活条件非常糟糕，也许这是一种文化冲击。

六、在中国的经历

刘韵飞：您谈到了天津和您的妻子。我们对您自己的经历也很感兴趣。所以接下来，有些问题是关于您自己的经历的。

宇文所安：哈哈，只要不是隐私问题。

刘韵飞：好的，好的。谁会抓住这个机会？

杨扬：宇文所安教授，您第一次来四川，习惯四川菜吗？

宇文所安：我喜欢四川，也喜欢它的食物，这里的每一种食物都很重口味，但我觉得它对我来说还不够辣。

杨扬：您喜欢中国功夫吗？

宇文所安：不，我不是那种功夫男。

杨扬：您觉得中国流行文化怎么样？您对它感兴趣吗？

宇文所安：哦，我喜欢，它正变得国际化和全球化，它实际上是全球文化的一部分，人们很喜欢它，我想它比 20 年前要多得多。我认为中国有我所知道的最繁荣的网络文化。网络上的匿名交流是不可信任的，对吧？当我把我们的专业研讨会转给比较文学研究生的时候，我认为人们有各种各样喜欢的领域。我说："去调查你正在研究的知识，然后去网上查看，看你发现了什么。"我发现很有趣——不同的层次，人们使用不同的方式。而中国是最具创新性和趣味性的国家之一，你知道，我们在波士顿，而不是哈佛大学，聚集了一群现代中国诗人。他们说你应该买一本诗集，也许你只卖六十到八十本。同一个人把这首诗发表在网上，每天都会有三四千人在读这首诗。显然，许多人认为网络已经取代了印刷出版。当和你的老师交谈时，她正在阅读你所知道的所有这些诗，并且她正在网上阅读，这确实是这个时代最引人注目的事情之一，这是在网络上使用的技术。

杨扬：您认识周杰伦吗？他的歌词和中国古典诗歌的形式类似。这种现象也发生在西方国家吗？

宇文所安：不，我从没听说过他。正如你所说，这种现象结合了古典思想和现代思想，但并不存在于所有的文化中。有一个我非常感兴趣的现象，那就是古典文化在当代文化中的回归方式。在巴基斯坦，他们仍然以传统、古典的形式写作，但是当他们唱歌的时候，你会发现古典文学和现代文学是混合在一起的，这是非常独特的。在几个地方都存在这种现象，它很吸引人，而且有一种独特的味道。

杨扬：我们很多人都想知道，如果您能在中国的各个朝代中间作出选择，您想生活在哪一个朝代？

宇文所安：如果我能回到过去或者保持一定距离喜欢它。有些东西是你在一定距离之外想要的，有些东西是你想要设身处地参与其中的。我想成为一个现代人，我喜欢现在的生活。我喜欢唐朝，但我不想生活在唐朝，有点太危险了。我们比帝国晚期的任何人都要好得多。你知道，你必须有通行证，在传统社会里，每个人都必须有通行证才能到其他地方。我认为，人们成为道姑，或者是否成为道姑的原因之一，并不是因为信仰，而是因为可以旅行。那个时期，除了道姑，女人不能去旅行，道姑会有一定的流动性，对吧？

刘韵飞：时间就到了，我们就停在这里好吗？最后，我们有一个小礼物送给您，再次感谢您的参与。

宇文所安：好的，谢谢大家。

第二节　说吧，记忆

——佛克马教授在四川大学

王　蕾　鞍山师范学院

又是一年的 3 月 28 日，又是下午 3 点多钟，我又接到了一个与杜威·佛克马（Douwe Fokkema）教授相关的任务。一位素未谋面的博士师妹发来消息，告诉我恩师曹顺庆教授的“四十年本科教学改革与比较文学学科建设”项目，拟邀请我写一篇关于佛克马教授在四川大学讲学时的回忆性文章。在微信上看到这条消息时，我不禁心头一惊，暗自想：怎么会这么凑巧，又是 3 月 28 日，又是佛克马教授！

一、虚拟世界的相识

思绪瞬间回到了15年前（2007年3月28日）的下午。彼时，我坐在川大东七宿舍里，刚刚打开电脑，登上MSN便收到了家师转发的一封E-mail，告诉我国际知名比较文学学者杜威·佛克马（Douwe Fokkema）教授将于4月7日至30日在四川大学进行为期三周的讲学，要我与佛克马教授沟通他来川大讲学的诸多事宜。

那时的我刚刚从英语语言文学专业硕士毕业不久，跨专业考上了四川大学比较文学与世界文学专业的博士。全靠各位同门在不到一年的时间里不断科普，我才对国际比较文学的知名学者略知一二。看到邮件里Douwe Fokkema的名字时我激动不已，心情平复后马上开始发邮件，说明了自己的身份和意图，告诉佛克马教授自己主要负责沟通他在川大讲学的具体时间和每场讲座的内容。没想到佛克马教授几个小时之后就回复了邮件，说希望所有的讲座都安排在周一和周二，因为其他时间他需要了解成都的地理和人文景观，并为自己的后期研究收集资料。

还是博士生的我与教务人员并不熟悉，在导师的指点下用了两天的功夫终于敲定了所有讲座的具体时间。再打开电脑回复邮件的时候，发现佛克马教授已经发了两次邮件询问我具体的时间表。我迅速拟好邮件，除了那场面向川大全体师生的讲座要安排在周六，其他的讲座都可以安排在周一和周二。不一会儿我便接到佛克马教授的邮件，告诉我所有与文学理论相关的讲座都安排在周一，与比较文学相关的讲座都安排在周二。

接下来的日子里，我和佛克马教授不断沟通每场讲座的具体题目，佛克马教授也通过邮件发来讲座的幻灯片。4月2日，应川大本科生的要求，我又发邮件问佛克马教授是否可以为本科生作一场讲座，但时间要安排在周三上午。佛克马教授很快回复表示同意，并且告诉我讲座的题目是《无解并非终结：文学成规与文本特征》。[①] 4月4日，我又发邮件索要佛克马教授的照片作宣传和接机用，佛克马教授一如既往迅速回复我航班号为KL891，到达时间为4月7日（周六）北京时间12：30，并在附件中发来两张自己和夫人蚁布思在巴西波尔州立大学讲学时的生活照。

看着照片上满头银发、相貌儒雅的佛克马教授，我不禁好奇这到底是一位

---

① 本文同时也是佛克马教授在当年四川省比较文学学会大会上的主旨发言，译文发表在《西南民族大学学报（人文社会科学版）》2007年第7期。由于本人当年学养不足，在标题的翻译上并不精确，特此更正。

什么样的教授。此前“佛克马教授”也仅仅是老师和同门口中的一个名字，我也仅仅知道他是国际比较文学学会前会长。带着满脑子的问号，我开始认真在网上搜索佛克马教授的资料，一番恶补之后，我终于掌握了如下信息：

首先，佛克马教授是中国比较文学学者的老朋友。早在 1985 年中国比较文学学会在深圳成立之时，他便以国际比较文学学会主席的身份参加了成立大会，并作了热情洋溢的致辞。他还积极参与中国比较文学学会的第一次国际研讨会。之后的十几年间，他又多次来到中国，参加各种学术活动。1999 年 8 月 15 日至 19 日，以“迈向新世纪：多元化时代的比较文学”为主题的中国比较文学学会第六届年会暨国际学术研讨会在成都召开，佛克马教授又一次以国际比较文学学会名誉会长的身份应邀参加，并作了《重写：中国与欧洲传统中不同的重写形式》的大会主题发言。在发言中他指出比较文学学者应该关注可能会衰落、消失的但具有特殊性的成规，重申了以跨文化方式进行文学重写的必要性。

其次，佛克马最早将“文化相对主义”这一概念引入比较文学研究领域，加以改造并作了系统的阐述。根据佛克马的观点，这一概念是比较文学学者在进行比较文学研究时应该采取的一种伦理立场，本质在于比较文学学者在研究其他大陆、国家、民族和种族的文化时，需要尊重其原本的文化、审美及民族模式。由于佛克马教授有在中国工作的经历，他清醒地认识到研究人员所面临的伦理困境和采取这种伦理态度的重要性。“无论我们以温和或者极端的方式谈论文化相对主义，这一概念都背离了其欧洲血统，因此注定是自相矛盾的表述：文化相对主义是指对于他者的文化模式采取宽容的态度，但我们现在却要将这样的态度引进到对某一文化的研究中，而该种文化本身却缺乏这种宽容态度。”① 在这样的情形下，唯一合理的解决方式就是坚持交流理论（communications theory），因为佛克马认为：“研究者不一定必须要作出自己的价值判断，但是可以研究分析他者的价值判断。”② 读到这时，我豁然开朗，课上讨论的问题“东西方文学与诗学作品是不是可以比较、应该怎么比较”突然间不再困扰我了。

佛克马还是一位观点鲜明的文学理论大师，这一点让我很心动。我攻读博士学位期间，“文化研究”气息弥漫着整个国际和国内研究界，让我无所适从。

① Fokkema, Douwe W. Issues in General and Comparative Literature. Calcutta Ganendra Mitra Lane 1987, p. 2.

② Fokkema, Douwe W. Issues in General and Comparative Literature. Calcutta Ganendra Mitra Lane 1987, p. 2.

本科期间的学术训练让我很关注作家的文本特征与时代的关系，硕士期间的训练又让我格外注重研究的客观性和科学性。而整天被包围在“文化研究”中，我不知道文学研究如果放弃了文本特征和时代的关系应该怎么办，我也对研究没有科学性和客观性深表怀疑。读到佛克马教授一贯坚持以科学的方法研究文学现象和文化问题，用动态的眼光审视作为一种文化参与形式的文学生产和接受，我怦然心动，对于和他的见面颇为期待。

“佛克马教授还曾经是一名外交官”，读到这句话的时候，我的眼睛差点掉到了书桌上。从 1959 年到 1968 年，佛克马是荷兰外交部的工作人员，曾任东亚处处长一职。1966 年 4 月，他以荷兰大使馆秘书的身份被派驻荷兰驻北京代办处。1967 年 8 月，佛克马的家人先行回国，转道东南亚，历时半年回到荷兰。1968 年，佛克马回到荷兰，同年，他辞去荷兰外交部的工作，接受了荷兰乌特勒支大学比较文学副教授一职，全身心地投入学术研究。

当我在《当代外国文学》2001 年第 1 期找到佛克马教授用荷兰语创作的中篇小说《马尔科的使命》的中译本时，心里不禁感叹“what an amazing person”。在这部小说中，佛克马的中国情结、从政经验、学术背景以及对中国文化的想象表现得淋漓尽致。他用浪漫抒情的笔法描绘了一个叫作“天下平”的中国式乌托邦客栈，表现了自己对“美丽世界”的眷恋。故事犹如博尔赫斯的《小径分叉的花园》，穿插着悬疑、谍战、爱情，表达了他“文化从来不是同质的，不同文化绝非处于彼此的对立面”的文化理想。我心中的感慨、期盼和好奇都要等到 4 月 7 日，等到见到这位大师！我在心里对自己说。

二、学术殿堂的洗礼

时间在每天的文献阅读中转瞬即逝，即便我还没有准备好，4 月 7 日就快要到了。我按照导师的指示带着一束鲜花，如约在双流机场国际到达处接到佛克马教授夫妇。半个小时的车程，我们一路毫无违和感地攀谈着邮件往复的种种和成都的天气。佛克马教授的夫人蚁布思教授说成都当天的天气一点都不像赵毅衡老师事先告诉他们的那样，像伦敦的天气。我回答道，因为是 4 月，是春天，成都一般阳光灿烂，气候宜人。把他们送到住处后，告知晚上有文学与新闻学院以及四川大学副校长何坚的宴请，我届时再来接他们。到了晚宴时才发现佛克马夫妇如此细致，给在座的每个人都带来了与其身份、地位匹配的礼物。曹老师收到的是一把勺柄为风车的银勺，按照佛克马的说法，银勺代表尊贵，风车代表荷兰，中荷友谊长青。我收到的是一方带有红蓝相间郁金香图案的丝巾，满满的荷兰风情。晚饭后，陪他们夫妇二人去超市买生活用品，我又领略了佛克马教授的幽默。蚁布思夫人一进超市便冲向食品区，佛克马教授一面笑着对我说“她是跟着鼻子走的”，一面扮着鬼脸。购物过后，送他们回去休息、倒时差，并约了周一下午 1：30 接他们去研究生院的报告厅开始第一场讲座。佛克马教授在四川大学共给博士生作了 7 场讲座，其中一场为面向全体师生的“名师大讲堂”讲座，另外 6 场分文学理论和比较文学两个板块。

（一）文学性的回归

在文学理论类的讲座中，佛克马教授以《科学与文学：不同方法产生的不同知识》开场。佛克马教授开宗明义，指出文学与科学都是人类心灵创造出来的，并由于人类表达与理解的局限性而受到限制的文化，但两者的差异可以从社会、语言和认识上进行剖析。从社会层面上讲，在文学系统中，各个成员要遵循美学成规；而在科学研究的系统中，不存在类似评论家与读者的区分，参与者以团队进行大项目研究，而其成规是精确、明晰与实用。此外，成为一个科学家需要多年的正规训练，而成为文学家却不需要。从语言上讲，文学文本语言的形式标记可以激起读者的审美反应，科学文本的形式标记却是以说明性为特征的。文学文本的外部指涉较之于科学文本的外部指涉要弱得多。在认识上，科学强调细致的观察、严谨的过程、结果的可证伪，而我们却不能检验一部文学作品结尾是否真实；科学讲求明晰，强调普遍有效性，文学却注重“言外之意”，期待作品可以获得普遍意义。虽然，科学与文学有诸多的不同之处，但文学研究却需要科学的方法。为此，佛克马教授区分了“语言分析”和“意义阐释”。前者涵盖风格和叙事的方方面面，有效的研究具有可重复性。但后者却与读者的个人文化、教育等背景密切相关。佛克马教授的这种区分使我们认识到了文学与文学研究的区别性特征。

在题为《松散的结尾并非终结：论形式手段、互文性与文类》的讲座中，佛克马教授重新回顾了文学研究史上三个“悬而未决”的研究：俄国形式主义对文学文本形式特征的研究、克里斯蒂娃对互文性的研究和有着古老传统的文类研究，提出我们是否值得投入更大的精力来继续进行这三方面的研究。最后得出结论：对于文学文本的形式特征，可以借助当今的语料库进行进一步的研究；对于互文性，可以研究那些明显重写、引用前文本的文本或文本碎片；对于文类研究，可以进行以认知法为基础的文类原型学研究。

在《互文性与重写》讲座中，佛克马教授首先回顾了“互文性”产生和发展的背景，分析了作者意图和读者识别“互文”的渠道，得出互文关系的特例之一即为“重写”。并由“所有文学文本都由早已使用过的语言构成”的命题推导出了“重写”的定义：如新文本不断在情节或主题上指涉某个先前的故事、诗歌或戏剧（称前文本或先文本），那么，这个新文本就可称作“重写”。接着，佛克马教授指出重写的不同动机：哲学的、道德的、文化的、政治的、性别的甚至商业的。而重写又具有诸多的功能：延续前文本的文学生命；将自身置于文学传统中，引起读者的审美接受；补偿文本内部因连贯而引起的损耗。随后，佛克马教授从人物、情节、主题等方面对萨特的《苍蝇》进行了详尽的分析，指出萨特重写埃斯库罗斯的《奥瑞斯提亚三部曲》的动机是借以表达自己的行动存在主义哲学思想。

20 世纪末和 21 世纪初的文学研究是一个众声喧哗的时代，各种“主义”经常见诸文学批评和文学阐释，而佛克马教授对于“文学性”的不懈探索，对于文学内部的研究，无疑是一剂良药，提醒我们如果放弃“文学性”的研究，文学作为人类的一种交际手段将会消失。

（二）中西文学的比较

佛克马教授的汉学研究与欧洲以及其他荷兰汉学家研究的最大不同之处在于他始终关注的都是中国现当代文学。佛克马教授认为，中国是一个充满惊奇的国家，中国文学也不例外。随着他对 20 世纪中国文学或现当代中国文学了解的加深，他不但觉得中国现当代文学有原创性，并且为此感到惊奇。

在《美洲、欧洲及中国的后现代主义》的讲座中，佛克马教授首先谈到后现代主义是一种为作家、批评家、广大读者所使用的文学社会语言，在欧美文学史上取代了现代主义的地位。概括地讲，现代主义作家质疑传统意义上的能指与所指的关系，后现代主义作家则摒弃了二者的成规式关系。北美、欧洲及中国后现代主义的表现各不相同，却具有相同之处。一方面，从文本的衔接层面看，能指与所指的不稳定会造成上下文中断、不连续，出现低度表达，被贝克特称为“沉默的文学”；另一方面，语言冗余可导致连接性的混乱，甚至出现马尔克斯式的过度渲染。作为一位有洞见的学者，佛克马教授进而指出：米歇尔·福柯（Michel Foucault）摒弃能指与所指的二元区分，雅克·德里达（Jacques Derrida）质疑传统上能指与所指的区分，弗朗索瓦·利奥塔（Jean-Francois Lyofard）质疑元叙事固定意义和规则异质性的提出等，都是后现代主义的语言哲学依据。在分析了约翰·巴斯（John Barth）《文学的衰竭》（*The Literature of Exhaustion*，1967）和《补偿文学：后现代小说》（*The Literature of Replenishment*：*Postmodernist Fiction*，1980）后，佛克马教授指出北美批评家使后现代主义文学成规制度化，后现代主义是北美的发明，后现代主义是美国作家对欧洲现代主义的回应、与之争论并对话的方式。欧洲于1980年前后接受后现代主义，但欧洲学者和作家却认为后现代主义已部分地由欧洲文学史上的先锋派，即20世纪30年代的达达主义、未来主义、荒诞剧、超现实主义抢先占领。欧洲后现代主义强调“无所谓”“虚无主义”的论调。安伯特·艾可（Umberto Eco）、博尔赫斯（Borges）、弗拉基米尔·纳博科夫（Vladimir Nabokov）等人的作品都具有鲜明的后现代主义特征。欧洲后现代主义的特色主要表现在广博的互文性、间接的引用、对历史的痴迷等方面。此外，欧洲对后现代主义的接受与广泛摒弃“无所谓”是步调一致的。佛克马教授的讲座最精彩的部分是对中国后现代主义的分析。他先指出由于政治、历史背景的不同，中国的后现代主义根植于不同的文学背景。20世纪20年代至40年代的现实主义、自然主义、浪漫主义、象征主义、表现主义，中国传统文学经典，通俗文学与民间传说，新中国成立以后的社会主义现实主义（红色经典），外国文学（博尔赫斯、巴思、马尔克斯）都对中国的后现代主义产生了影响。但佛克马教授用“中国有乔伊斯、普鲁斯特、托马斯·曼的反讽与假说式建构吗”的追问揭开了中国现代主义和后现代主义的面纱。早期钱锺书的《围城》表现出元语言式的评注、玩世不恭、学者式的观察；1978年以后的中国现代主义作家王安忆的“婚外三恋”，以及王蒙、张洁、张抗抗作品中的意识流和自由间接引语的使用，无不说明中国的后现代主义乃世界后现代主义的一部分。但作为一名审慎的文学理论家，佛克马教授在对余华的《活着》、莫言的《酒国》《丰乳肥臀》、韩少功的《马桥词典》、王朔的《千万别把我当人》、海男《男人传》等中国现当代作家作品进行了精辟的分析后，指出由于中国特殊的社会和文化传统，中国后现代主义鲜明的特色主要表现在过分渲染、重元语言批评、与现代主义共生。此外，中国的现代主义、后现代主义也是并存的，两者都是对社会主义现实主义权威的反动。但较之西方后现代主义作品，中国作品中的现代主义倾向更强势。

在《极乐岛：林语堂的〈奇岛〉与赫胥黎（Aldousb Huxley）的〈海岛〉（*Island*，1962）》一讲中，佛克马教授首先指明《奇岛》的故事背景是与世隔绝的泰勒斯岛，岛上的居民来自不同的国家，他们文化背景不同，性格迥异，却能和睦相处，是作者构想的镜像乌托邦。作品的主人公劳思是奇岛上人们的精神领袖，其个人素质和品质体现了中国传统文化的精髓和核心。在岛上居民的眼中，劳思秉承着儒家高雅的智慧，有着老庄超脱澄明的心境。与此相似，赫胥黎的《海岛》无论是故事背景还是主题都对“天人合一”的理想境界表现出极大的渴望。佛克马教授认为两者都不同程度地体现了中西方文明的融合，都对幸福到底应是个人的还是集体的进行了拷问。最后佛克马教授指出赫胥黎的《海岛》中对东方的描写应该受到赛义德的批评，因为这部作品所表现的东方实际上是构想中的东方。

在《乌托邦与反乌托邦：乌埃尔贝克（Michel Houellebecq）的〈可能岛〉（*The Possibility of an Island*，2005）》中，佛克马教授直击前沿，首先详细介绍了这部500多页的法语作品。作品有几条叙事线索，中心是主人公达尼尔的回忆。小说呈现了未来地球在生态灾难、宗教战争和原子弹爆炸后完全毁灭的残破景象，克隆人从控制屏幕后边窥视着尚存的兽性部落在瓦砾中游荡，追寻着他们先辈的足迹。佛克马教授指出这里所谓的"可能岛"实为"无能岛"，因为在作者的眼中，地球上的人类原本是外星人乘飞碟来克隆而成的，现已衰败不堪，必须再克隆出"新人"，但在人文丧尽的颓废中产生的"后人类"势必又缺乏人道，虽生犹死，无疑到了大限。在这个意义上，这无疑是一部反乌托邦小说，而小说中所呈现的问题实则是人类发展中所面临的严峻挑战，而继续盲目追求"发展"绝非拯救芸芸众生的灵丹妙药。

（三）走向文学乌托邦世界

从自己任教的乌特勒支大学荣休后，佛克马教授致力于中西乌托邦小说的研究。来四川大学讲学时，佛克马教授已76岁高龄，但他仍未放弃自己的文学研究。在四川大学文学与新闻学院的"名家大讲堂"中，佛克马教授分享了《完美的世界：中西乌托邦小说》的前期研究成果。

乌托邦或和谐社会是人类向往一个更美好世界的表现，是对"他者"世界的构建。乌托邦小说作为文类有如下特点：故事发生在与世隔绝的地点；赞成乌托邦者以皈依而告终，而反乌托邦者以逃离或被镇压终结；通过外来者和乌托邦国度居民的对话而达到明晰的解释。乌托邦小说有很强的虚构性，但由于它又要召唤读者将其怀疑悬置起来，乌托邦小说之间又有很强的互文关系。佛克马教授对乌托邦小说的定义使乌托邦小说并不只是充满希望的想象或白日梦，还包含了对社会生活方方面面的详细描写。佛克马教授认为在现代欧洲历史上有三个时期乌托邦小说大有前途而且广为人所接受：16至17世纪间的文艺复兴时期、19世纪下半叶以及当代（柏林墙倒塌之后）。而在文艺复兴时期新大陆的发现、古希腊艺术与哲学的复兴、新教的兴起、政教的逐步分离、公共文化争论空间的出现与科学知识的传播以及政府内外部政治的重组都促使乌托邦小说这一文类的兴起和广泛接受。佛克马教授在分析了威廉·莫里斯（William Morris）、赫·乔·威尔斯（H. G. Wells）、赫尔曼·戈特（Herman

Gorter）等人的乌托邦作品后，指出19世纪下半叶理想社会的远景与这一时期政治行动之间的张力实际上表现为社会主义乌托邦的文学幻象与政治现实之间的冲突。在考察了西方乌托邦小说的文类特点后，佛克马教授把研究焦点转向了中国，指出当西方人认识到仅靠技术的进步不能实现真正的乌托邦，还需要提供发现生活目的或精神满足的条件时，西方人将目光转向了中国。赫·乔·威尔斯（H. G. Wells）《神一样的人》（*Men Like Gods*，1923）和詹姆斯·希尔顿（James Hilton）《消失的地平线》（*Lost Horizon*，1933）是早期指涉中国的乌托邦小说。佛克马教授发现中国传统乌托邦小说中明显缺失对社会生活的政治经济的描写，并极具洞见地指出造成这种现象的原因是中国传统公共文化争论空间的缺失和传统儒家循环往复的历史观。近代康有为和谭嗣同将进化论引进中国传统历史观后，中国才出现了两部西方意义上的乌托邦小说——林语堂的《奇岛》（*The Unexpected Island*，1955）和老舍的《猫城记》。但由于政治历史的原因，20世纪下半叶中国文学作品中只存在乌托邦元素，而没有真正西方意义上的乌托邦小说。最后，佛克马教授指出乌托邦小说描绘了全人类所面临的问题，而且也必定关乎全人类。

佛克马教授在四川大学的全部讲座内容中极力贯穿的一条思路就是科学研究与文学创作是源于不同方法的不同文化知识。从这一方法论视角出发，佛克马教授重新回顾并整合了俄国形式主义以降的各种文学语言和形式的研究、自现代主义以来的各种世界性，包括中国文学在内的文学思潮，并以自己独特的视角对中西方的乌托邦小说进行了精准的分析。欧洲大陆理性主义注重思辨玄想，英美经验主义偏重实证分析，在两者之间寻找平衡点，建立“文学科学”并不容易。但佛克马教授所提出的种种问题却引起了当年川大学子的浓厚兴趣，促使我们对这些问题作进一步的思考。而我本人之后不久就开始了这方面的探索，这也是佛克马教授留给四川大学和我的重要精神财富。

三、课下日常的交流

课堂上的佛克马教授严谨认真，课堂外的佛克马教授风趣幽默。某日，在陪同佛克马夫妇去青城山旅游的车上，我提出了让我最好奇的问题：佛克马教授为什么早年当了外交官？又为什么从外交官变成了一名学者？他回答道：“我年轻的时候，很喜欢荷兰外交官兼汉学家高罗佩，读过很多高罗佩描写在中国和日本当外交官时的回忆录，他回忆录里的外交宴请让我心神向往，所以学习汉语当了外交官。但‘文化大革命’期间到了中国，当了外交官才发现和高罗佩描写得一点都不一样。”然后哈哈大笑。那为什么到大学任教？“我是高罗佩第二，不安分。”

在给本科生开讲座的课前，佛克马夫妇见到满满一阶梯教室年轻的面孔时，十分高兴。佛克马教授幽默地对学生说：“今天我们要讲文学文本的形式特征，我的讲座一个半小时，我会留半个小时回答大家的问题。希望大家不要提太难的问题，但如果真有太难的问题，我带来我的夫人回答，她会专门回答大家的那些难的问题。”学生们听后哄堂大笑，讲座就在这样的轻松愉悦的气氛里开始了。学生们听得很认真，课后和佛克马夫妇进行了热烈的交流。

直到走出东区第一教学楼，两人都对川大的本科生赞不绝口。离开川大前几天，川大的各位师长纷纷宴请佛克马夫妇，为他们送行。某日赵毅衡老师迟到了，佛克马教授不失幽默地说：“觉得自己重要的人都喜欢迟到。”等赵老师到来后，大家都哈哈大笑，赵老师则一脸的不解。

佛克马教授在成都期间也一直在为他的《中西乌托邦小说》的研究收集资料，需要我帮他买些中文乌托邦小说。当我把书买全送到他的住处告诉他所有的书都是八折时，他既惊奇又感叹。惊奇的是书籍在中国居然可以打折，感叹的是自己不再年轻，并说如果年轻，自己会来中国住一年好好学习汉语。

四、分别后的联系

时间到了佛克马教授夫妇离开川大、离开成都的日子。我将他们夫妇二人送到机场，挥手告别。一个星期之后，我收到了佛克马教授的邮件，告诉我他们在飞机上顺利升舱到头等舱，11 个小时的飞行不是很辛苦，并写了一封相当长的邮件让我翻译成汉语转交给曹老师。佛克马教授在邮件中热情洋溢地表扬了曹老师的博士研究生，感谢曹老师的邀请。

而后的夏季，曹老师带我进行博士论文预开题工作，我也终于和曹老师商定研究佛克马教授的文学理论。七八月份的时候给佛克马教授发去邮件和他说了想法，并请他不吝帮助提供他个人的论文和著作。他分几次很快寄了他所有的作品，我如饥似渴地通读，2009 年初完成了博士学位论文，同年 6 月通过答辩并顺利毕业。

佛克马教授虽然离开了川大，但一直很关心川大和川大的人。2008 年“5·12”汶川地震后不久我就收到了佛克马教授的邮件，他询问曹老师和我们在成都的情况；寄来了以四川大学“985 工程”文化遗产与文化互动创新基地引进的外籍专家身份发表在 SSCI 期刊上的论文；我博士学位论文的摘要发表在了《比较文学报》，他发来邮件祝贺我博士毕业；应邀为《比较文学报》撰写评价苏珊·巴斯奈特比较文学观的特稿；当曹老师的英文著作 *The*

Variation Theory of Comparative Literature 选好国外出版社即将出版之际，他又仔细阅读了第一章和目录，写了中肯的前言。

2011 年夏季，我又一次给他发去邮件邀请他参加中国比较文学学会的年会。他回邮件说自己身体不好，无法参加，祝大会圆满成功，并会在不久之后给我寄来他的新作《完美的世界：中西乌托邦小说》。收到这部凝聚了佛克马教授毕生思想精华和学术思想的作品的后几天，我接到了恩师曹顺庆的电话，他告诉我佛克马教授已于 8 月 23 日因病与世长辞。

2013 年我的博士学位论文《佛克马研究》终于出版，2018 年这本小书在辽宁省第六届哲学社会科学成果奖（政府奖）评选中被评为三等奖，我也终于可以告慰佛克马教授的在天之灵。这本小书仅仅是一颗露珠，却折射了佛克马教授一生的学术光芒。

四、尾声

接到任务后，我努力回忆与佛克马教授接触的种种细节，脑海中不断浮起记忆的碎片。15 年的时间很长，又很短。所幸网络是有记忆的，邮箱里与佛克马教授的邮件往复帮我回忆起了一切，建构了时间线。我也终于在电脑里敲出了《说吧，记忆——佛克马教授在四川大学》，用他最喜欢的作家纳博科夫文集的名字作为标题，我脑海里浮出了佛克马教授欣然的笑容。

第三节　国际会议与国际视野：访谈托马斯·奥利弗·毕比教授

卢　婕　四川大学外国语学院

托马斯·奥利弗·毕比（Thomas Oliver Beebee）是美国宾夕法尼亚州立大学语言与文学学院著名的比较文学与德语教授，为数不多的荣获“艾德温·厄尔·斯帕克斯教授”（Edwin Erle Sparks Professor）荣誉称号的杰出人文学者、世界顶级人文学术期刊《比较文学研究》（*Comparative Literature Studies*）的主编。毕比教授的主要研究领域是翻译研究、世界文学以及文学实证研究，成果丰硕，著述等身。代表性的学术专著有 1994 年由宾夕法尼亚州立大学出版社出版的《类型的意识形态：类型不稳定性的比较研究》（*The Ideology of Genre: A Comparative Study of Generic Instability*）、1999 年由剑桥大学出版社出版的《欧洲书信体小说》（*Epistolary Fiction in Europe*）、

2008年由哈佛大学出版社出版的《美国的千禧年文学，1492—2002》(*Millennial Literatures of the Americas，1492—2002*)，以及2012年由帕尔格雷夫·麦克米伦出版社出版的《翻译模仿：在翻译的暗箱里》(*Transmesis：Inside Translation's Black Box*)。2016年7月，毕比教授应中国比较文学学会和四川大学之邀参加了在成都举办的"第七届中美双边比较文学国际学术研讨会"，会上他作为美方代表，作了题为《世界文学的伦理》(*The Ethics of World Literature*)的主题发言。会议结束后，他还参加了四川大学UIP国际实践周项目，为四川大学学生讲授了文学翻译和世界文学相关课程。从会议筹办开始，曹顺庆老师便安排四川大学文学与新闻学院2015级比较文学与世界文学的在读博士生们加入会议的准备和服务工作，并反复提醒大家要借着参加国际会议的机会，多与国外学者交流，了解学术前沿。在曹老师的统一部署之下，我和吕雪瑞师妹作为毕比教授参会和国际周的助理，协助他处理参会以及授课期间的生活与工作等事宜。在协助毕比教授在四川大学工作期间，我们抓住时机，在食堂、在去上课和回酒店的路上，以及在游览杜甫草堂时，都向他请教了一些国内学界关心的热点问题，尤其是就"文学伦理""翻译研究""世界文学"与他进行了比较深入的交流。出于促进中外学者就以上问题达成沟通与互鉴的目的，在毕比教授回国之后，我将我们的日常交流、课程内容与书信沟通的内容进行了翻译和整理，撰写成《文学伦理·文学翻译·世界文学：托马斯·奥利弗·毕比教授访谈》一文，发表在《复旦外国语言文学研究》2017年秋季刊。访谈内容如下：

卢婕：毕比教授，您好！您是西方著名的比较文学学者，在这次"第七届中美双边比较文学国际学术研讨会"中，您更是作为美方代表，成为搭建中美比较文学学术交流桥梁的关键人物。但是由于中美两国文明的异质性，中国人文学者对您的学术渊源与学术成就的了解还相当有限。能否请您简单地介绍一下您的主要研究领域和成果呢？

毕比教授：中国学者对我的了解多是因为我是季刊《比较文学研究》(*Comparative Literature Studies*)的主编，以及"作为世界文学的文学"(*Literatures as World Literature*)系列丛书的发起人。其实，我最初的学术生涯是致力于18世纪欧洲历史研究以及文类研究，之后转向了翻译研究。我出版的第一本著作是研究塞缪尔·理查逊(Samuel Richardson)的《克拉利莎》(*Clarissa*)的德语与法语翻译，而我最新出版的《翻译模仿：在翻译的暗箱里》是一本把翻译行为与后殖民研究结合起来的著作。除了翻译理论研究，我曾翻译过巴西作家莫阿西尔·斯克利尔(Moacyr Scliar)的《卡夫卡之豹》(*Kafka's Leopards*),以及与吴庆云合译了中国作家白桦的小说《远方有个女儿国》(*The Remote Country of Women*)。

卢婕: 您在"第七届中美双边比较文学国际学术研讨会"上作的主题报告《世界文学的伦理》(*The Ethics of World Literature*)中提到了自 20 世纪 90 年代以来比较文学界越来越热的一个话题——世界文学。您回顾了歌德(Goethe)、黑格尔(Hegel)、马克思(Marx)、奥尔巴赫(Eric Auerbach)、谢永平(Pheng Cheah)、凯思琳·柯玛尔(Kathleen Komar)等人对"世界文学"的不同理解。在介绍"世界文学"概念的起源与发展变化的过程中,您指出丹尼尔·雅各布森(Daniel Jacobson)所提出的伦理研究是非常适用于世界文学的,并且您认为在进行世界文学研究与教学时我们不能放弃伦理阐释的维度。能否请您谈一谈什么是文学中的伦理研究或伦理阐释?

毕比教授: 在西方,"伦理"这个词是一个需要靠直观感悟而不是靠严格定义去理解的词。我认为伦理与系统化、规范化以及劝导人们的正当行为有关。我们所熟悉的"伦理批评"通常就是判断一部作品中的人物与行动是否符合道德标准。比如探讨安提戈涅(Antigone)坚持掩埋哥哥遗体的行为到底是出于道德正义,还是出于反抗乱世政治的目的。再比如,我们都知道玛格丽特·米切尔(Margaret Mitchell)的小说《飘》(*Gone with the Wind*)在 1937 年获得普利策奖和美国出版商协会奖,而 1939 年根据该小说拍摄的电影《乱世佳人》也在世界各地文化与商业上获得了极大的成功。但中国却很少有人知道 1976 年哥伦比亚广播公司(CBS)的"卡罗尔·伯内特秀"(*Carol Burnett Show*)对这部名著进行了仿拟(parody),题名为《乱来佳人》(*Went with the Wind*)。原著中人物的名字被戏谑性地改动,Scarlett 被改为 Starlet、Ashley 被改为 Brashley、Melanie 被改为 Melody、Rhett 被改为 Ratt、Prissy 被改为 Sissy。最重要的改动是,书中原来由 Rhett 对 Scarlett 所说的"坦率地说,亲爱的,我一点也不在乎"(Frankly, my dear, I don't give a damn)被改为当 Starlet 向 Sissy 抱怨 Brashley 和 Ratt 都离她而去时,黑人女仆 Sissy 给了 Starlet 一记响亮的耳光,并说出这句经典台词。这部恶搞原著的喜剧短片就是典型的从伦理批评的角度来看《乱世佳人》的。《乱世佳人》中的种族主义思想被无情地揭露出来并遭到了坚决的抵制。事实上,西方对文学作品中的人物与行为进行道德评价的历史非常久远。从柏拉图(Plato)的《理想国》(*Republic*),经由高尔吉亚(Gorgia)的《海伦颂》(*Encomium of Helen*)延续至今。从逻辑上看,似乎是个体人物与行为的伦理会经过延伸和接触成为作品的伦理,而作品的伦理被进一步延伸成为作者的伦理,从而指向读者。因此，那些伟大的作者似乎都应该是伟大的道德教育家和宗教圣徒。不过值得我们思考的是：作品人物的伦理就是作者的伦理吗？在一部包含多个人物和行为伦理的作品中，哪一个才是文本的伦理呢？文本的伦理与作者的伦理、与读者的伦理是一致的吗？后现代主义的新伦理批评不仅对以上问题提出质疑，并且最突出的变化是伦理运动的轨迹全然走向了反面。新伦理批评不是从文本指向读者，而是从读者指向文本。读者对文本的判断类似于读者对他者的判断。按照华莱士的话来说，读者应当展现出“开放性与专注性，悬置和放空自我，敏于接受文本的他异性”。

卢婕：您的主题报告《世界文学的伦理》是否是把世界文学作为一个比具体某部文学作品更复杂宏阔的文本，从而对它进行伦理批评的呢？它与一般的对文学作品进行的伦理批评有什么不同？

毕比教授：首先，世界文学并不是一个文本，而是一个文本关系的网络，因此，由世界文学所引发的伦理自然是系统的而不是个体的。其次，我所说的从伦理批评的角度看待“世界文学”指的是从后现代主义的新伦理批评的角度，即从读者的伦理角度去看世界文学，而不是对世界文学中的某些作品或对世界文学这一实体本身进行伦理判断。《歌德谈话录》中歌德在与艾克曼（Eckermann）谈论中国文学时说他所阅读的中国小说塑造的中国人在思想、行动、感受上都和德国人十分相似，只是中国的一切都比德国显得更明理、纯洁和道德……这段谈话由此引发了著名的关于“世界文学”的构想：“现如今民族文学已不具有意义。世界文学的时代即将到来，然而我们每一个人应该为加速其的到来做好工作。”从新伦理批评来看，我所关注的问题是歌德口中的“我们每一个人”到底指谁？是否包含了作者、批评家、教师、学生、读者等？为什么我们“必须”要促成“世界文学”的到来？是因为艾克曼对他者的狭隘见识促使歌德对包括中国文学在内的其他文学感到亏欠吗？从读者的伦理来看，从“世界文学”这一词被歌德创造之初，歌德，作为一名中国文学的读者，就展现了他对“他者”的开放性与包容性。这就是“世界文学”所应有的伦理，也是“世界文学”在当下“全球本土化”（Glocalization）的焦虑中具有的价值。“世界文学”通过跨文化比较为我们提供了对文学的更充分的理解，而知识分子是有道德义务去关注世界如何看待他们的作家的。因此，谢永平认为歌德的“世界文学”是一种对待“他者”的伦理方式，读者经由“世界文学”走向“他者”而为“他者”带去“安慰”。丹尼尔·雅各布森也认为通过翻译通常不太被重视的作品，一部文学作品展现出之前被埋没的价值，这让读者感到就快要把握到一种与自己既有的视角不同的视角，从而使读者变得更感同身受和豁达开朗。因此，对从伦理视角来看“世界文学”是一种基于读者反应论、阐释学和解构主义的批评方法，它重新思考“世界文学”的读者，即伦理主体对“他者”的伦理责任，读者在阅读行为中是否可以自愿地约束、悬置、放空自我来体验他者性，以及由此产生的伦理效果。关于这一点，你可以参阅希利斯·米勒（J. Hillis Miller）的《阅读的伦理》（*The Ethics of Reading*：*Kant*，*Eliot*，*Trollope*，*James*，*and Benjamin*）一书。

卢婕：您在四川大学国际课程周“文学翻译与世界文学”中说到文学翻译是民族文学得以产生的基础，但是在文学史上翻译作品却很少被纳入目的语民族文学的范畴。事实上，关于翻译文学的归属问题在中国一直存在争论。中国的译介学创始人、《中国比较文学》主编谢天振教授认为艺术范畴的译作具有再创造性质，故译作是文学作品的一种独立形式，译者是译本作者，又因为依据作者国籍判断作品国籍，所以翻译文学归属民族文学。不过他的看法遭到了许多学者的质疑与反对。请问您在这个问题上持什么观点呢？

毕比教授：我赞成他的观点。这个问题是一个有关多元系统的问题。翻译文学的确与其源文本有联系，哪怕源文本根本不在乎这一点；翻译文学对源文本来说的确有意义，但是它却不可能返回源文本。由于翻译文学更多的是对其目标文本产生影响，因此，把翻译文学归属为目的语的民族文学是一个更好的选择。瓦尔特·本雅明（Walter Benjamin）在《译者的任务》（*The Task of the Translator*）中说翻译对某些作品而言至关重要，这并不是说翻译行为对于原作本身具有重要意义，而是指原作的某些内在的特殊意蕴需要通过译作显露。很明显，译作无论多么完善，也无法影响原作，尽管译作可以通过翻译同原作紧密地联系在一起。事实上，正因为译作对原作是无足轻重的，它才更为紧密地同原作联系起来。我们不妨把这种联系视为天然的，或者更进一步，把它视为译作同原作间的生命线。正如生活的表象虽与生活的现象密切相关却对之不构成任何重要性，译作也以原作为依据，不过它依据的不是原作的生命，而是原作的来世（after life）。

卢婕：您把对翻译文学的归属问题上升到了哲学的高度。但是，既然文学翻译可以使源文本获得“来世”，这难道不是“返回源文本”的表现吗？为什么还把译本的归属与原著的来源切断而以目的语的归属为准呢？

毕比教授：是的，翻译文学可以使源文本获得“来世”。但是这种“来世”仍然是一种已然消失的生命，我用这个词不是指事实上的某个个体的死而复活，而是指它的生命以其子孙后代的方式得到延续。这些后世子孙（翻译文学）对于父母（源文本）来说就是它的“来世”，但是作为后世子孙的翻译文学都具有独立的生命，它们是独立的个体，所以它们可以脱离源文本的归属而在多元系统中获得新的归属的权利和身份。我在《翻译模仿：在翻译的暗箱里》一文中提出就文学翻译而言，源文本从暗箱的一端输入，这个暗箱就像一个神秘的机器，源文本在暗箱中被加工改造，目标文本从暗箱的另一端被输出。输出的成品与原材料虽有联系却已经发生了巨大的变化。你看这张图，我用白色和黑色来标示“输入”和“输出”的目的就是提醒读者去关注源文本与目标文本之间的差异性而不是相似性。

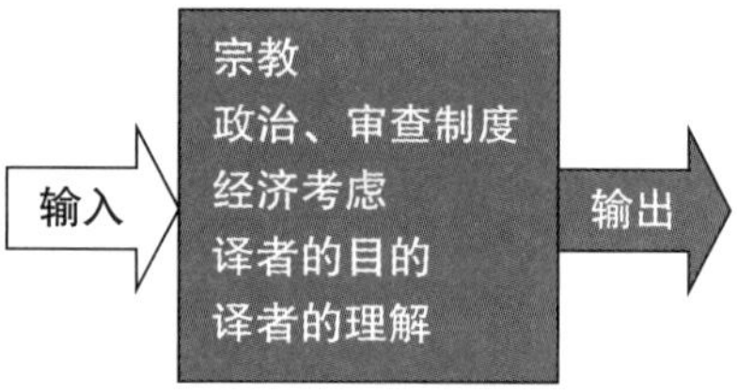

卢婕：您的“暗箱”这个比喻太有趣了，但既然是“暗箱”，您又是靠什么看见其中的内容呢？

毕比教授：我在《翻译模仿：在翻译的暗箱里》一文中提出了一个全新的概念：“翻译模仿”（transmesis）。这个词是我发明的，它由“翻译”（translation）与“模仿”（mimesis）两个词构成。我把它定义为“翻译模仿”（the mimesis of translation），我知道这个定义是明显的“同义反复”（tautological），因此我会举例让你更好地把握这个概念。我知道大家都很熟悉西方的“模仿说”。作家，比如陀思妥耶夫斯基（Dostoevsky）、巴尔扎克（Balzac）、西奥多·德莱赛（Theodore Dreiser）等，就像手握镜子或相机在捕捉周围的一切，用他们的作品模仿和反映现实。我的“翻译模仿”指的是小说的翻译行为也是对现实的模仿和反映。通过分析小说中涉及的翻译行为，我们可以看见那些原本不易被察觉到的现实。首先，作品中对日常翻译行为的叙述，作为一种“翻译模仿”，是一种典型的后殖民作家运用的小说策略，用以模仿和反映他们所被强加的双语制现实。比如，塞尔维亚作家米洛拉德·帕维奇（Milorad Pavic）在《自传》（*Autobiography*）中回忆到他十五岁时正值第二次世界大战，在家乡被德国占领期间他被迫学会了德语，后来他遇到一位俄国军官，那位军官又教他说俄语。这个例子是不是说明文学作品中涉及的在双语或多语之间的翻译行为深刻地再现了后殖民的现实呢？其次，“伪译”（pseudo-translation）作为“翻译模仿”中的一个重要类型，也是对现实的模仿与反映。比如，在《堂吉诃德》（*Don Quixote*）中，叙述者声称发现了阿拉伯历史学家阿梅德（Cide Hamete Benengeli）的一本名为《堂吉诃德传》的书，于是借着翻译把这个故事讲给大家听。这本小说百分之八十的内容都是“伪译”。另一个“伪译”的例子是《天方夜谭》中我们都熟悉的阿拉丁神灯这个故事。在阿拉伯语的原故事集中这个故事根本不存在，是法国译者安东尼·嘉兰（Antoine Galland）在翻译该故事集时自己创作并加入集子的。我举这两个例子是为了说明小说的“伪译”现象能够帮助我们认清藏在翻译“暗箱”中平时被我们忽视的东西。《堂吉诃德》的“伪译”事实上从某种程度上反映或模仿了西班牙与阿拉伯的现实：公元 8 世纪阿拉伯人入侵西班牙后对其持续了长达将近八个世纪的统治，阿拉伯人的语言、思想和文化对西班牙产生了重大影响。而对阿拉丁神灯的“伪译”则更可能是出于经济原因，由于《天方夜谭》（*The Thousand and One Nights*）成了当时的畅销书，人们想要读到更多的此类故事，于是译者就假托翻译之名开始了自己的创作。最后，另一种“翻译模仿”是“翻译倒构”（translational backformation）。它与“伪译”刚好相反，作者的作品并不是经翻译而来，但是读者却明显感到整个作品中叙述的内容应该是发生在说另一种语言的地区或国家。比如《哈姆雷特》（*Hamlet*）中的人物本应该说丹麦语，《罗密欧与朱丽叶》（*Romeo and Juliet*）中的人物本应该说意大利语，但是莎士比亚却直接用英语来讲述。再比如第一位获得美国国家图书奖的华人作家哈金（Ha Jin）的作品《等待》（*Waiting*）讲述的是一位叫孔林的军医近 20 年间的感情故事：孔林受家庭安排娶了没有文化但很贤惠的妻子淑玉，由于两地分居，二人感情平淡，孔林后来爱上了护士吴曼娜而决心与淑玉离婚，但淑玉不接受。根据军队里的规定，如果分居满 18 年，婚姻可以自动解除。因此，孔林只能在离婚不能实现，爱情近在眼前却又遥不可及的等待中蹉跎岁月。贯穿全书的是严峻的党性原则对人性的约束。这部作品反映的内容百分之百是 20 世纪特殊年代的中国现实，但作者却以英语把它写下来。“翻译倒构”是我提出的一个复杂难懂的术语，意思是我们要通过阅读文本而回去重构它所模仿的场景，去想象说另一种语言的地区或国度的现实。而导致作者采用“翻译倒构”的手法去创作小说的原因则很可能是政治或审查制度。简单来说，我通过对作品中各种各样的“翻译模仿”方式看到了隐藏在翻译行为这个“暗箱”中的东西：宗教、政治、审查制度、经济、译者意图、译者阐释等。顺便提一句，我觉得《道德经》之所以能够成为被译成外国文字发行量最大的中国文化名著，就在于它本身意义的不确定性所导致的译者阐释的多样性。

卢婕：文学作品中的翻译现象真是令人眼花缭乱。但是通常情况下，人们更常谈到的却是翻译的技巧或者译者的地位，以及译文质量的评价标准等问题。您可以谈谈对这几个问题的看法吗？

毕比教授：首先，就翻译技巧或者翻译标准而言，我主要谈谈“从读者到文本”和“从文本到读者”两类。以纳博科夫（Vladimir Nabokov）对普希金（Alexandr Pushkin）的《奥涅金》（*Onegin*）的翻译为例。纳博科夫认为《奥涅金》中的用韵是不可译的，并且他用大量的脚注来对《奥涅金》进行说明和评论。这就是典型的“从读者到文本”的译法。纳博科夫作为一名俄裔美籍作家和译者，他的目的是要让读者尽可能地接近《奥涅金》。我们知道《奥涅金》在俄国文学史中作为俄罗斯民族经典文学的地位是毋庸置疑的，但是事实上令人感到意外的是，民族经典并不理所当然的是世界经典，令人遗憾的是这部作品在世界文学中的经典化程度显然远远低于其在本民族中的经典化程度。因此，作为民族心理的一种补偿，纳博科夫的翻译把源文本作为一种“确定性”，他曾说他想让书页中的脚注如同高耸入云的摩天大楼一般直抵这一页或那一页的顶端，只留一句诗行，在注释和永恒之间熠熠生辉。从这里我们可以窥见他希望以注释把读者带到文本面前，让世界仰望俄罗斯的民族经典文学的翻译动机。但是，同样是翻译《奥涅金》，美国的俄语教授詹姆斯·法伦（James E. Fallen）却成功地把“奥涅金诗节”翻译成了格律英语诗。他的翻译是典型的“从文本到读者”，以读者为“确定性”，把作品移到读者面前。

另外，说到民族经典并不理所当然的是世界经典，我必须要补充的是，这一点反之亦然。比如世界经典文学《天方夜谭》根本不被看作阿拉伯民族的经典，《天方夜谭》的第一次出版是在法国，然后由于它的法语、英语、德语版本的流行和经典化才被重新翻译成阿拉伯语回到阿拉伯世界。因此，在很长一段时间里，作为“世界经典”的《天方夜谭》并不是阿拉伯民族的经典。博尔赫斯（Jorge Luis Borges）在谈到《天方夜谭》的不同翻译版本时体现了与纳博科夫截然不同的翻译观。博尔赫斯认为文学作品不是一个固定不变的像纪念碑一样的东西，文学作品是不断变化的，一部作品就像一个谜，它可以拥有无限多的答案。他评价说理查德·伯顿（Richard Burton）的翻译语言古奥华丽但生气勃勃，具有“直接从阿拉伯文翻译过来并加以评论”的特色。马德鲁斯（Joseph Charles Mardrus）的翻译对东方极力渲染，保留了所有情欲的描写，“并不是翻译，而是在介绍原书”。利特曼（Littman）的译本则是将“难以言表的污秽”译成了“贞节”，将“阿拉伯诗歌”译成了“西方诗歌”。尽管如此，博尔赫斯认为伯顿“无与伦比”，马德鲁斯“最值得一读”，利特曼“最优秀”。就这一点来看，我的观点和博尔赫斯一样。翻译标准是一个开放性的问题。对于一部作品，我们可以说所有的译本都是好的，同时又都是不好的。并且由于时间和环境的变化，原本好的译本可能被认为不好，原本不好的译本又可能被认为是好的，这是一个动态的过程。

卢婕：您在讲解文学翻译的时候提出了几组悖论。比如，在西方，译者曾被称作“叉舌”（fork tongue）（这和中国古代把译者称为“舌人”很巧合），但同时您又说《古兰经》认为上帝为每个民族都派去了通晓本民族语言的先知（prophet）。很显然“叉舌”是一个对译者具有怀疑和轻蔑意味的称谓，而“先知”通常会被奉为神灵而得到尊重。您怎样看这样一组对译者身份界定的矛盾说法呢?

毕比教授：首先，我需要说明的是“先知”本身并不是神明，他只是神明的“代言人”（spokesman）。而且在西方很多文学作品里，你都可以看到“先知”并不一定会得到尊重，他们中的很多人甚至遭到杀戮。其次，我要说的是关于“叉舌”这样一个称呼的确关系到一个很重要的问题，即被给予翻译服务的对象对译者立场的怀疑问题。既然译者具有分叉的两种语言能力，而被译者双方都不能通晓另一方语言，那么译者的立场是否完全中立以及译者是否恰当准确地翻译了自己的内容就容易招致怀疑。因此我倾向于用“协调者”“斡旋者”（mediator）这个词来界定翻译者。翻译者在世界精神产品的贸易中进行协调和斡旋去促进这种精神产品之间的交易。

卢婕：就“可译性”这一点，您谈到一切作品都可译，但又没有什么是可译的；诗歌是不可以被翻译的，但诗歌又必须被翻译。您如何解释这些悖论呢?

毕比教授：华莱士·史蒂文斯（Wallace Stevens）写过一首名为《看黑鸟的十三种方式》（*13 Ways of Looking at a Blackbird*）的诗。这首诗启发了艾略特·温伯格（Eliot Weinberger）写出《看王维的十九种方式》（*19 Ways of Looking at Wang Wei*）。在这本书里，艾略特·温伯格介绍并评价了 19 种对王维《鹿柴》一诗的翻译。这些五花八门的翻译方法到底说明了可译性还是不可译性呢?诗歌到底该不该被翻译呢?事实上，翻译当然不是从一本字典跳到另一本字典的问题。对诗歌翻译来说，翻译是对诗歌的重塑。而无论对哪一首诗，不同的读者都会有不同的阐释，甚至即使同一个读者在不同的年龄和心境中也会对同一首诗作不同的解读。博尔赫斯说一首诗可以是一个有关翻译的图书馆这个比喻真是再恰当不过了。因此我对你的问题的回答也许显得模棱两可（ambiguous）：由于对作品阐释的多样性导致对任何作品的翻译都是多样性的，它们徘徊在可译与不可译之间，但是诗歌的翻译是必须的，因为它为使用另一种语言的民族或地区带来了新鲜元素。比如埃兹拉·庞德（Ezra Pound）

的《华夏》(*Cathay*)对中国古诗的误译为古希腊罗马传统的西方文明带来了东方的诗学财富。庞德把李白的《玉阶怨》(*The Jewel Stairs' Grievance*)翻译为:"The jewelled steps are already quite white with dew, / It is so late that the dew soaks my gauze stockings, / And I let down the crystal curtain /And watch the moon through the clear autumn."并在注释中补充到"The poem is especially prized because she utters no direct reproach"(这首诗由于她不直接发声说出她的怨恨而尤其值得被人称道)。如果你对这首诗进行"回译"(backtranslation),我相信你很难会把它还原到李白《玉阶怨》的原文。但正是在这种"误译"中,庞德受到了中国古典诗词的启发而生发出"诗歌意象"的理论,为东西方诗歌的互相借鉴做出了卓越贡献。

卢婕:毕比教授,您举的关于庞德的例子让我想起您画的一幅关于文学翻译与世界文学的关系的图。在这个图中"文学翻译"与"世界文学"有一部分是重叠的。能否请您谈谈文学翻译是如何帮助原本属于一个地区或民族的文学被纳入"世界文学"的范畴的呢?

毕比教授:是的,"文学翻译"与"世界文学"的关系可以用下面这个简单的图来体现。但是这个图并不仅仅体现了翻译对于民族文学进入世界文学的推动力,也体现了世界文学研究对于民族文学进入世界文学体系的推动力。

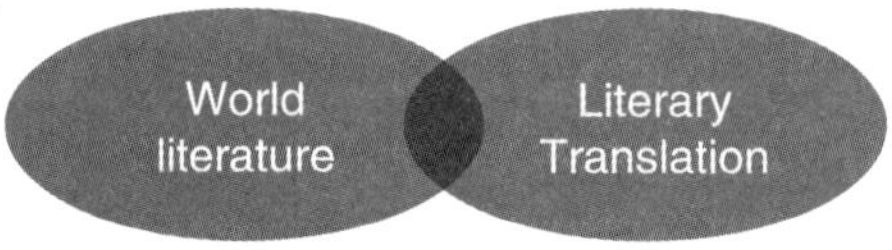

以中国文学加快步入世界文学之林为例,美国俄克拉荷马大学(University of Oklahoma)的孔子学院和美国《当代世界文学》(*World Literature Today*)杂志社共同主办的"中国文学海外传播"工程以及它们在美国创办的《今日中国文学》(*Chinese Literature Today*)就是倚靠着"世界文学"研究大潮而把中国文学中的民族经典推广到海外并进一步被纳入"世界文学"范畴的。当然,就算是中国文学体量大、成就不凡,它也需要寻求或者创造一系列的传播媒介——翻译者、批评家、教师等,他们需要对把中国这些激动人心的作品传播给海外读者这一事业充满热情并技艺精深。在这些传播媒介中,文学翻译显然是最重要的组成部分。在美国蓬勃发展的汉语教学以及各大高校开设的亚洲研究课程都为培养跨文明翻译人才奠定了物质基础。我认为另一个有趣的问题是我们到底应该翻译或重译中国古代的重要作品还是专注于反映当今中国社会现实的当代中国文学。目前在宾夕法尼亚州立大学,我们用

英语开设了单独的中国当代文学和电影课程。我们也开设了亚洲文学经典的阅读课程，其中包含了不少中国古典名著。

卢婕：在文学的跨文化旅行中，无论是译介还是接受都会发生诸多变异。我的导师比较文学与世界文学研究专家曹顺庆教授在2014年出版了英文著作《比较文学变异学理论》（*The Variation Theory of Comparative Literature*）。您觉得他的理论对翻译研究和比较文学研究有什么价值呢？

毕比教授：比较文学变异学理论可以提供一套术语把许多当代比较文学研究的方法和方法论与传媒研究以及翻译研究连接打通。变异研究改变了曾经把理念、主题、母题以及角色等看成祖父的旧手表在代代相传中形状和重量维持不变的影响研究的陈旧观念。变异学理论所关注的文学、理论、哲学等如何在“旅行”中发生变异的问题是对传统的影响研究的完善。事实上，正如我在前面提过的，一个人不会两次读到同一首诗，世间本就没有不发生变异的“源文本”。

卢婕：毕比教授，您在这次会议中参加了关于“跨文化对话：数字化时代的比较文学”的圆桌讨论。能否请您谈谈您对“互联网+”与文学的未来这个话题的看法呢？

毕比教授：毫无疑问，互联网使学者在获取和理解其研究对象的过程和结果上更快捷、更广泛了。过去由于交通和住宿的高昂花销而可望而不可即的很多文献资料现在变得足不出户就唾手可得，花上一个小时就可以搜集到堆积如山的关于一个作者或主题的评论。而且，由于有了Polycom、Skype以及其他网络通信模式，学者们跨文化之间的合作也变得更容易了。但是，事实是我们越走得快，就越落后。这尤其体现在以下几个方面。首先，我们还没有与互联网、社交媒体以及虚拟现实科技所催生的新的图书馆形式与时俱进。其次，文学现在可能囊括从网络独载小说到多人电子游戏等多种样式。因为游戏和文学一样是一种塑造世界的模式。正是这种最新的传媒形式提醒我们阅读其实正沦落为一种残存的文化习惯。最后，我们还不知道如何像解读诗歌一样去解读流行歌曲。简而言之，文学的内涵随着互联网的兴起已经发生了巨大的改变，而我们对它的理解却踯躅不前。我们需要发明一个新词来替代“文学”（literature）这个旧术语。这个新词应该能表达数字化时代包括形形色色的媒介在内的更广泛的意义，以便我们获取人们对“文学”的更宽广的认识。

卢婕：非常感谢您就“文学伦理”“文学翻译”以及“世界文学”所提出的新颖独到的见解。希望中美两国在比较文学与世界文学研究领域能有更多的互动与交流。

岁月如梭，距离访谈毕比教授已经过去了6年的时间。但是，如今提笔回想起与毕比教授的交流还是那样令人难忘。在毕比教授回国之后，我曾写信表达希望到宾夕法尼亚州立大学访学的愿望，毕比教授在信中幽默地回复道，他如今已经是“半退休”的状态，通常是不愿意接受访问学者的，但考虑到我是帮助他在四川大学“生存”（survival）下来的助理之一，他觉得欠了我们一个“人情”，因此他同意协助我申办到宾夕法尼亚州立大学的访学申请。无论此次申请是否成功，我都非常感谢毕比教授的热心帮助。而我之所以能与这位美国著名学者建立这份学术渊源，则多亏了曹顺庆老师的高瞻远瞩和谆谆教诲。正是因为他从一开始筹备“第七届中美双边比较文学国际学术研讨会”时便鼓励学生们怀着积极、自由、平等、开放、包容的心态与国际接轨，拓展学术视野，我才有了明确的意识，将搭建中外学术交流的桥梁作为与国外学者交流交往的目的，作为比较文学研究的宗旨。

第六章　四川大学比较文学拔尖人才培养

第一节　比较文学本科教学拔尖人才培养

四川大学比较文学的研究与教学肇始于1984年，至今已形成实力雄厚的学术团队和独具特色的研究范式，不仅丰富和充实了“比较文学中国学派”的立场和方法，也在国际比较文学界产生了影响。作为四川大学比较文学学科带头人的曹顺庆教授，始终坚持科研与教学双管齐下、齐头并进的治学和执教理念，不仅重视学术上的严谨、扎实和创新、创造，而且将这种学术研究精神与人才培养相结合，为培养优秀的中青年专家学者打下了扎实的学术功底，也为社会各行各业输送了大量品学兼优、才华横溢的青年学生。

1983年，曹顺庆教授留校任教，成为四川大学中文系的一名青年教师。1984年，四川大学中文系成立比较文学教研室，同时开设比较文学专业的相关课程，川大中文系也成为率先在国内高校中文系开设比较文学课程的系科之一。同年，曹顺庆教授开始在四川大学中文系讲授“比较文学概论”，他关于比较文学的教学理念、方式以及人才培养方面的经验也是从这时开始逐渐积累起来的。1992年，受哈佛大学、康奈尔大学的邀请，曹顺庆教授赴美国进修比较文学，1998年在中国台湾南华大学讲授比较文学，2001—2003年在中国台湾的淡江大学、佛光大学任客座教授，讲授比较文学课程。回到川大后，继续比较文学的研究与教学工作。2006年5月，曹顺庆教授主编的比较文学教材《比较文学教程》被批准为教育部“十一五”规划重点教材，四川大学“比较文学”课程也在这一年获评“国家级精品课程”。之所以能够获评“国家级精品课程”，与曹顺庆教授在比较文学本科教学中推行的理念与方式有很大的关系。

自1983年留校任教，1984年开始讲授“比较文学概论”，曹顺庆教授已经在四川大学的讲台上勤恳耕耘四十载。作为川大比较文学的领军人物，曹顺庆教授个人的教学和科研理念对学科的建设与发展产生了重要影响，可以说，四川大学比较文学学科在科研与教学方面实施的方式、方法，正是曹顺庆教授从事科研与教学工作所积累的实践经验的反映。首先，建设一流的教学团队是优质的课程教学与培养拔尖人才的基础。四川大学比较文学课程组建了一支实力雄厚的教学团队，目前该团队主要成员包括教育部“长江学者特聘教授”、中国比较文学学会会长、四川大学“杰出教授”曹顺庆教授，中国比较文学学会文学人类学研究分会会长、四川大学文学与人类学研究所所长徐新建教授，四川省比较文学学会副会长、四川大学符号学—传媒学研究所所长赵毅衡教授，中国比较文学学会常务理事兼青年委员会副主任赵渭绒教授以及中国比较文学学会理事梁昭副教授。参与授课的教师还有四川大学文学与新闻学院的靳明全教授、王晓路教授、刘颖教授等。同时，还聘请了国外知名的专家学者加入教学团队，每学年都会有一两名国际学者为本科生授课。比利时欧洲科学院院士德汉教授、丹麦奥尔胡斯大学比较文学系拉森教授、美国亚利桑那州立大学李点教授以及著名汉学家、哈佛大学宇文所安教授都曾为四川大学本科生授课，并与他们通过各种课下学术活动进行深入交流，使本科学生能够尽早接触国际学术研究的前沿。从教学团队的构成来看，川大比较文学教学团队由不同年龄段的教师组成，形成了老年、中年、青年教师结合的序列。曹顺庆教授认为，多人教学可以使同学们领略不同老师的不同教学风格，大大提高课程的丰富性和多样性，形成科研成果进入本科生课堂，著名教授进入本科生课堂的特色教学。[①] 其实，共同授课的方式更容易被青年学生接受，他们可以根据自己的偏好再去选修某一位自己喜欢的老师的课程，这样也更利于学生提升自己的学习兴趣和学习效率。而且，知名教授走进本科教学的一线，可以使学生从一开始就站在学术领先的位置，提升未来从事学术研究的兴趣。在教学团队中，青年教师除了要承担一定的教学任务，还为学生提供课外辅导，他们不仅指导学生的学习，还带领学生开展各种有益的课外活动。同时，青年教师也随堂听课，与学生一起聆听知名教授的课程，既拉进了与学生的距离，也增长了自己的教学知识，有助于解决教学工作中以老带新的问题。

其次，科学的理念是推动教学与科研互相促进、互相成就的根本保障。在曹顺庆教授看来，“教学相长、教研相长”是四川大学比较文学课程多年来形

---

① 2006 级本科比较文学课程刊物：《流水沉沙・卷首语》，四川大学文学与新闻学院主办，第 1 页。

成的独特风格。[①] 古人云“教然后知困”，知道“教”之困何在，其实也就找到了学术研究的开展方向。正如曹顺庆教授在《比较文学教程》后记中所指出的那样，他之所以选择研究比较文学的学科理论，是因为在平日的教学中，发现以往的比较文学学科理论不能解决学术研究中的一些困惑，于是开始结合中国比较文学的现状探索中国的比较文学学科理论，并提出了比较文学变异学的重要理论。2014 年 4 月，曹顺庆教授的英文专著《比较文学变异学》（*The Variation Theory of Comparative Literature*）由世界知名出版机构 Springer 出版发行，与此同时，比较文学变异学理论也成为本科教学的重要内容。这样就避免了教学与科研脱节的问题，教学中积累的实践经验转化为推动学术研究的一个重要动力，不断地为执教者从事科研工作提供思想源泉，反过来，学术研究的成果又可以反哺教学，解决教学中许多悬而未决的问题，真正实现“教”与“研”的互相促进；“学然后知不足”，认识到自己在学识上的不足，就找到了提升的方向，从而激发学生进一步学习的愿望。曹顺庆教授告诉本科同学，为他们开设比较文学课程，目的不在于让他们认识到自己的知识储备有限，而在于拓宽他们的眼界和格局，当他们发现一个全新的视野、未涉足的领域时，也就将自己的知识境界向上提高了一个层次。[②] 实际上，“教”“研”“学”本来就是三位一体的，彼此之间的恰当结合就可以达到互相提高、互相促进的良性循环。曹顺庆教授在教学工作中将“教”“研”“学”三者深度结合融为一体的理念，不仅以教学促进了学术研究与学术创新，而且又把学术研究与学术创新的新成果、新观念应用于教学实践，在向学生传授学科基本知识的同时，也使学生能够及时了解学术前沿，激发他们对学术研究的兴趣和从事学术工作的愿望。可以说，四川大学比较文学推行“教学相长、教研相长”的科学理念，将学术研究中的创新、创造转化为教学内容，将理论建构与学术实践相结合，实现了本科教学的创新与突破，充分提高了本科教学工作的质量和教师学术研究的水平。

最后，践行互动式的教学方法，打破传统的以教师传授为中心的课堂，向以学生学习和接受为中心的课堂转变。与中文系的其他学科一样，很长一段时间内，比较文学的课堂都是以教师的单向讲授作为主要的教学和传授方式。这种传统的以教师为中心的教学方式易操作、效率高，在一定时期内也是传递知识的有效途径。然而，它也存在明显的弊端。学生在课堂上只能被动地接受教

① 2006 级本科比较文学课程刊物：《流水沉沙·卷首语》，四川大学文学与新闻学院主办，第 1 页。

② 2005 级本科比较文学课程刊物：《此岸·彼岸》，四川大学文学与新闻学院主办，第 82 页。

师灌输给他们的知识，不能主动地参与课堂的建构，师生之间缺乏互动，老师讲什么，学生接受什么，教与学成了简单的输出与接受的关系，难以调动学生的主动性和积极性，更谈不上激发学生的创新精神。而且，随着时代的发展和社会环境的急剧变化，象牙塔内外的竞争也变得愈加激烈，想要在激烈的竞争中不被淘汰乃至脱颖而出，中文系的学生就不仅要有广博的知识，还需要较强的文字功底、流利的口头表达能力以及良好的沟通与交流能力。显然，传统的教学方式已经不能满足现代社会对人才的要求，以教师单向讲授为主的教学模式也受到了极大的挑战。因此，如何应对挑战、做出改变，扭转单向的传授方式已经成为课堂教学改革的一个重要问题。

曹顺庆教授在为本科生授课的过程中，很早就意识到师生之间缺乏交流的弊端，并尝试改变过去只由教师一人“独白”的课堂传授方式。为此，他采用师生互动的方式授课，同时注重启发式教学，要求比较文学设置课堂讨论。这些改变与尝试旨在扭转以往课堂以老师为中心的教学模式，力图在老师与学生、学生与学生之间搭建一个互动交流的平台，以培养学生运用知识的能力和知识创新的能力，最终把课堂转化为以学生为中心，使学生成为是课堂的主角，老师在教学过程中更多地扮演组织者、指导者的角色。正是通过这些尝试，在中文系本科生的印象里，曹顺庆教授“从不把知识直接硬塞给学生，而是循循善诱，慢慢点拨我们，让我们的视野提升到了新的层次”①。关于曹顺庆教授为本科生授课的情况，北京航空航天大学人文与社会科学高等研究员助理教授杨扬回忆道：

> 曹老师讲课非常认真投入，他总能够用轻松的教学风格来吸引学生，用新颖的学术观点来启发学生，让我们从第一堂课开始就爱上这门课。他的课堂气氛十分活跃，他喜欢采取互动式的方法授课，回答对的同学他会大家赞扬，如果错了他也会大加鼓励。上过曹老师课的同学，都不会忘记他诙谐幽默的教学风格和他特有的轻松愉悦的课堂气氛。②

这种轻松、愉悦的授课方式提升了师生之间的互动效果，可以调动学生的主动性和积极性，既有利于知识的接受和创新，也有利于学生将老师传授的内容转化为自身建构意义的对象。幽默、风趣是曹顺庆教授的执教风格，它拉近了学生与老师的距离，也使原本枯燥的课堂充满了欢乐的气氛。在同学们的心中，“比较文学是一门学术性很强的学科，内容抽象而且复杂，听其名字就能

---

① 2005级本科比较文学课程刊物：《此岸·彼岸》，四川大学文学与新闻学院主办，第88页。
② 2005级本科比较文学课程刊物：《此岸·彼岸》，四川大学文学与新闻学院主办，第87页。

让人感觉到其深奥与枯燥，但曹老师诙谐幽默的教学风格却让整个课堂充满了活力。”“曹老师的课，最大的特点就是能让你在轻松愉悦的氛围中有所收获，而且很多笑话课下越品越有味道，让人受益匪浅。”轻松、开放、自由的课堂环境确实有利于激发学生的学习兴趣、启迪他们的思考。在比较文学的课堂上，“曹老师常常培养我们的创新意识，鼓励我们去思考一些前沿的学术问题。比如中国‘有没有悲剧’‘阿拉伯的鲁拜体从哪而来’‘为什么美国人偏偏青睐寒山诗’等。”以学术问题启发学生的深入思考，加深他们对已学知识的印象和理解，是曹顺庆教授在课堂上经常采用的方式。“有时他甚至启发我们去思考一些很逗的话题，比如‘香烟与文学’‘醋与文学’，他还建议我们去画一下‘文学辣椒地图’，非常好玩也非常有挑战性。”① 这些在学生心中“好玩”“有趣”的问题，打开了学生的想象力，拓展了他们的思维空间，为他们将来开拓新的学术园地培养了跨越性思考问题的能力。其实，互动式的教学方式不仅仅局限在课堂之上，也存在于课堂之下。四川大学 2004 级电气学院本科生赵树江曾听过中文系的比较文学课程，他说：“曹老师不仅喜欢在课上纵横捭阖，更喜欢时不时地找同学‘摆摆’。‘摆摆叶嘉莹教授的七宝楼台’‘摆摆希腊神话中俄狄浦斯王的故事’……每每同学‘摆’得很漂亮时，曹老师总是一脸欣慰‘不错，不错’。”② “摆摆”的教学过程，以学生为主体，老师一边聆听，一边引导，把教师滔滔不绝的独白转变为师生之间的对话。既有互动的教学方式，又有风趣幽默的老师，难怪同学们感叹：“在川大中文系读书，如果没有上过曹老师的课，那实在算得上是一种遗憾。”③

除此之外，为提升学生的综合素质，达到培养出的拔尖人才能够满足未来社会的激烈竞争和学术研究创新、创造的要求，四川大学比较文学教学团队还采取了下面一些方式、方法来锻炼学生的学术研究能力和社会实践能力。

第一，通过设置课堂讨论，加强师生之间的互动性以及学生参与课堂建构的积极性。根据具体的教学内容和课程进度，比较文学的本科教学设置了课堂讨论的环节。除了随堂的即兴讨论，还将选修比较文学课的本科生分成若干讨论小组，就比较文学课讲授的相关议题展开讨论，最终形成的讨论报告由每个小组选出的学生代表在课堂上进行汇报。以 2004 级本科生为例。在比较文学授课的第 13～15 周，100 余名选修比较文学课的本科生分成 11 个小组，对比较文学课上涉及的相关议题进行专题讨论，如比较文学的语义发展及其在中国

① 2005 级本科比较文学课程刊物：《此岸・彼岸》，四川大学文学与新闻学院主办，第 88 页。
② 2005 级本科比较文学课程刊物：《此岸・彼岸》，四川大学文学与新闻学院主办，第 90 页。
③ 2005 级本科比较文学课程刊物：《此岸・彼岸》，四川大学文学与新闻学院主办，第 87 页。

的实践、文明的他者、中西文化的异同等议题。在小组讨论的基础上，每个小组报告人都制作了形式多样、风格各异的课件，以图文并茂的方式向老师和同学汇报小组讨论的情况。第四小组的汇报人是李艳萍和梁娟两位同学，他们这一组汇报的题目是《“Comparative Literature”的语义发展及其在中国的实践的可能性》。该组同学从比较文学的语义出发，为其撰写了一篇简短的传记，梳理了比较文学语义发展的历程：从早期文学研究中比较方法的运用，到歌德提出“世界文学”的概念为比较文学的出现奠定了必要条件，再到英国批评家马修·阿诺德最早使用“比较文学”这一术语以及波斯奈特真正把比较文学这一概念引入比较文学的学科理论。他们还通过指出法国学派、美国学派在比较文学发展过程中的功过是非，说明比较文学何以在中国能够形成、发展以至今天的繁荣。这组同学在课上、课后的讨论中就其选择的议题达成了一致，并将他们的讨论结果形成了逻辑清晰的课堂报告。还有一些小组的议题本身就具有开放性，难以形成统一的结论。在这种情况下，同学之间往往各抒己见，畅所欲言，提出自己的观点与看法，有时也会展开针锋相对的激烈讨论。比如，就什么是“他者”、比较文学如何看待“他者”、如何通过“他者”了解自身文化等问题，2004级黄金晶、张盛辉、周子阳、黄晚、张倩、赵良杰等几位本科同学分别表达了自己的观点、意见。黄金晶、张盛辉、周子阳三位同学质疑“他者”的存在意义和价值以及所产生的真正的影响。黄金晶同学站在历史传统的立场，坚持认为我们自己的文化一定有自己的问题和相应的解决方案，不应该机械地借用其他文化的概念。黄晚、张倩等大部分同学则支持“他者”的存在，认为它的意义在于反观自身，并且有益于寻找人类的共性。赵良杰同学站在理性和哲学的立场，力求在这些观点中找到一个平衡点。比较文学课程通过设置专题性的讨论，丰富了互动教学的方式，建立了教师与学生、学生与学生之间的沟通、对话。这种自由、开放的交流解放了学生的思维，为他们提供了更加广阔的思考空间，往往会产生打破常规的甚至创造性的想法，有时也会对教师的学术研究产生一定的启发，对形成“教”“学”“研”的良性循环具有促进作用。

第二，建设一流的教学实践平台，培养学生参与学习的主动性和积极性。与课堂教学互相配合的是建设一流的教学实践平台，目前比较文学教学团队已经组织学生创办了一种课程刊物、两个校外科研和实践基地以及开通了三个微信公众号。课程刊物和微信公众号通过让学生自己写稿、组稿、编稿，使他们得到了初步的学术训练，也为学生提供了一个发表文章的平台，提高了学习的积极性和主动性；科研和实践基地为学生提供了一个校外活动的场所，丰富了他们的学习生活，提升了学习兴趣。而且通过这些实践教学平台，还可以组织学生进行读书会、戏剧排演、社会调查、诗歌交流等活动。同时，为配合课程刊物的创办，老师们还会安排同学与国内外一流学者进行访谈。曹顺庆、佛克马、宇文所安教授都是同学们的采访对象，他们可以近距离地领略一流学者的风采。而且，访谈从准备材料、现场采访到最后撰写文稿，全部过程都由学生亲自完成，充分提高了学生的写作、表达、组织、协调等的能力。2004 级本科生周子阳同学不仅参与了课程刊物的编辑工作，还负责采访了著名学者佛克马及其夫人，后来，她被保送到清华大学攻读硕士学位，毕业后选择到成都市广播电视台成为一名记者，并被评为 2018—2019 年度四川省十佳记者。可以说，建设一流的教学实践平台，不仅为本科生从事学术研究作了铺垫，也为他们步入社会从事与中文专业相关的行业奠定了基础。

第三，通过阅读中外原典，打好学术研究的基本功。高等学府的本科教育不仅承担了为社会培养人才的任务，也肩负着为有志从事科研的学生打好基本功的责任。就人文学科而言，本科阶段要打好基础，就需要阅读大量的原典著作，而不是仅专注于学习各种五花八门的理论。任何理论都必须以文本为基础，没有可以完全脱离文本的理论，因此要更好地理解和运用理论必须先从阅读文本中积累经验。否则，培养出的学生的知识体系就只能是由理论建构的“空中楼阁”，也许可以夸夸其谈，却做不出扎实的学问。多年来，曹顺庆教授始终在思考一个问题：“为什么中国当代几乎没有培养出堪称学术大师的一批人才?”① 造成这一问题的原因或许非常复杂，但是有一点却很清楚：那些学贯中西、博古通今的大师，那些著名的比较文学的专家学者，都具备十分深厚的国学功底。其实，曹顺庆教授自己也是中国古代文化、文论方面的专家。早在复旦大学读本科时，曹顺庆教授已对中国古代文化充满了浓厚的兴趣，其间曾发表学术论文《论孔子的美学思想》，后在四川大学师从著名古典文献学学家杨明照先生，是四川大学中文系第一位博士生，也是我国中国文学批评史第一个博士。正是因为对中国古代文化十分熟悉而且具有非常扎实的国学功底，曹顺庆教授才会特别强调中国传统文化的价值与意义，并倡导从事比较文学的研究也有必要学习中国文化典籍和文学作品。此外，比较文学“跨越性”的特点，也要求研究者掌握中国古代文化知识。比较文学的跨文明研究旨在破除文化、文明之间的壁垒，为此，必须培养既知晓外国文化，又精通中国文化的拔尖人才，而且也只有深入地了解了中国文化的精髓，才能在异质文化的比较中

① 曹顺庆主编：《中华文化原典读本》，北京师范大学出版社，2011 年版，前言，第 1 页。

发现中国文化的独特价值。除阅读中国古代的原典外，还要阅读原汁原味的西方原典。曹顺庆教授常提醒同学们“如果选了比较文学，要多学几门外语”，直接阅读外国文学、文论的原文，而不是通过译文去理解，因为译文无法充分传达原文的意思，只有在理解外国文化的背景下，直接阅读原文才能最大限度地避免对外国文化的误解与偏见。通过阅读中外原典，可以更准确地把握东西方文化，只有在这个基础之上，比较文学培养出的学生才能甩掉以往存在的“崇洋媚外”的陋习，才能客观地看待东西方文化的优劣，真正开展平等对话，通过比较实现不同异质文化之间的文明互鉴。基于这样一些事实，曹顺庆教授大力倡导阅读中外文化原典，他开设了“中国文化原典：《十三经》”课程，要求学生不仅要直接阅读中国文化原典，而且还要背诵中国古代文学、文论的经典篇目。在四川大学比较文学的教学工作中，讲读中国文化典籍已经成为一项非常重要的内容，《十三经注疏》也成为同学们的必备书和必读书。实际上，无论是攻读硕士、博士学位还是有志成为优秀的专家学者，甚至成为众人敬仰的国学大师，都必须具有非常扎实的国学功底并掌握和理解西方文化的精髓，从这个角度来看，本科教育阶段以阅读中外原典为主，无疑可以为学生的未来发展和成长并最终成为拔尖人才打下坚实的基础。

事实也充分说明，曹顺庆教授带领的四川大学比较文学教学团队确实培养了一批优秀的本科生，他们中的很多人已经成为各个领域的中坚力量，也有很多人本科毕业后继续攻读硕士、博士学位，选择成为一名高校教师、一名学术研究工作者，继续在高校从事科研与教学工作。仅就 2004、2005、2006 级的本科生来看，已经涌现出不少佼佼者，现略举几例：

赵良杰，2004 级本科生，师从四川大学吴兴明教授攻读硕士、博士学位，现为四川大学文学与新闻学院副研究员，致力于当代艺术理论、文化产业、消费社会理论等相关问题的研究。

宗争，2004 级本科生，师从四川大学赵毅衡教授攻读博士学位，现为成都体育学院副教授，主要从事符号学、游戏学以及中国传统体育文化传播的研究。

黄晚，2004 级本科生，师从复旦大学杨乃乔教授，攻读比较文学与世界文学专业硕士、博士学位。现为《海峡人文学刊》编辑部副主任，主要从事比较文学、比较诗学、中国经学诠释学与西方诠释学的比较研究。

程瑜瑶，2004 级本科生，从四川大学中国语言文学基地班毕业后，赴新加坡国立大学中文系攻读硕士、博士学位，现为中山大学中文系在站博士后，主要从事明清以来中国文学与文化的研究。

杨扬，2005 级本科生，2009 年获四川大学文学学士学位，后赴清华大学继续深造，2012 年获文学硕士学位，2017 年获传播学博士学位。现为北京航空航天大学人文与社会科学高等研究员助理教授。主要从事新媒体、文化产业、媒介社会学等方面的研究。

杨竞，2005 级本科生，2011 年获英国杜伦大学人类学系硕士学位，2015 年获英国圣安德鲁斯大学社会人类学系博士学位，现为陕西师范大学体育学院副教授，主要从事体育史、体育文化遗产、体育人类学方面的研究。

罗维斯，2005 级本科生，2012 年获四川大学文学硕士学位，2015 年获北京师范大学现当代文学博士学位，现任教于南开大学文学院，2018 年在第四届全国高校青年教师教学竞赛中获得文科组一等奖，主要研究方向为中国现当代文学。

陈兴，2006 级本科生，2010 年获四川大学文学硕士学位，2017 年获四川大学比较文学与世界文学博士学位，现任教于四川美术学院，研究方向为中外文化与文学、艺术与文化批评。

可以看出，四川大学比较文学教学团队多年来总结出的“参与教学法”“实践教学法”“研究性教学法”等教学模式在拔尖人才培养方面确实有效，也确实培养了一批优秀的青年学子，他们不仅能够在科研单位从事学术研究和教学工作，也能够走入社会应对激烈的竞争并从中脱颖而出。

四十年，春风化雨，润物无声。四十年，上下求索，勤思敬业。四十年来，探索一流的学科建设，组建一流的教学团队，培养一流的拔尖人才，始终是曹顺庆教授坚持不懈的追求，也激励着四川大学比较文学教学团队沿着他的教学理念，再接再厉，继续为拔尖人才的培养贡献力量。

自曹顺庆教授在四川大学开设比较文学本科课程以来，大批学子从中受益，既全方位地开阔了眼界，又深入学习了专业知识。曹教授在中西融通、原典导读、关注前沿、接轨国际视野等方面的教学实践，比较文学学科团队的不断建设，比较文学教材的持续改革，国内外知名专家学者的广泛参与等，都对本科学子产生了深远的影响，其中一些学生或许正是因为在本科课程中接触了比较文学学科，从而决定以此为专业继续深造，或者利用课上学习的新理论、新方法、新视角进行其他多个方向的研究，并取得了进展。他们都是本科拔尖人才培养的成果。

2005 级中文基地班的叶天露在四川大学文学与新闻学院度过了本、硕、博三个阶段。叶天露回忆她初进校门、开启大学时光时的心情是激动而忐忑的，但是作为文学与新闻学院的新生又是幸运的。在学院迎新晚会上院长曹顺庆教授表演了二胡独奏，令她对曹教授印象深刻。

新生的第一堂课也是曹教授授课，正是在这堂课上，叶天露第一次听说“比较文学”这门学科，当时她对比较文学的认知还不够全面，只知道这是一门季羡林、乐黛云等学术大家致力建设的学科，也是值得毕生研究的领域。

叶天露回忆，学院在大三时开设了比较文学课程，学生们开始系统地学习比较文学。这门课程由曹教授及其弟子赵渭绒老师讲授，他们从学科前沿问题到具体案例分析，系统且细致地展现了这门学科的面貌。除了讲授书本知识，老师还鼓励学生以小组形式参与学术话题讨论，此外还要求他们独立完成一篇课程论文。叶天露认为，课堂上的知识学习以及课后的自主研究都大大拓宽了她的视野，使她在打开思路的同时又产生了很多疑惑。比如：比较文学不是比较，那比较文学是什么？

正是在系统学习比较文学课程的那一年，叶天露课下翻阅了许多曹教授的专著和论文，了解了比较文学的发展历程，了解了比较文学中国学派的代表性观点，她感到自己的疑惑慢慢得到了解答。也是在那个时候，叶天露下定决心攻读比较文学与世界文学专业硕士学位。经过努力她终于考入曹教授门下，继续学习和研究比较文学。叶天露记得，曹教授曾说过要回答“比较文学是什么”这个问题是很难的，她认为这个问题或许需要并且值得穷尽一生去思考和回答。

叶天露后来跟随曹教授攻读文艺学博士学位。在对中国画的研究中，比较文学的视野和方法继续发挥作用。博士毕业后她在重庆工商大学文学与新闻学院任教，主持了重庆市社科规划项目“跨文化视域下高居翰的中国画研究”，以及“跨文化传播视域下美国的中国画研究”“‘他者’视角：巴赫霍夫的中国画研究”等校级项目，这些都与其在博士学位论文写作中形成的学术积累相关。

欧婧同样是在四川大学完成了本、硕、博阶段的学习，她于2008年考入汉语言文学基地班，本科时就多次参加曹教授的讲座。欧婧认为本科阶段对其影响最大的就是大三下学期的比较文学必修课。

据欧婧回忆，比较文学是一门由不同教授学者共同参与的团队教学课。第一堂课由曹教授讲授，他提纲挈领地从整体上介绍、讲解了比较文学的基本定义、比较文学学科三个发展阶段的历史沿革及各自的特色，同时带入了一些学术前沿视角。当时的本科生对比较文学学科还知之甚少，通过曹教授的讲述，他们了解了这一学科的历史、现状和未来的发展潜力。

后续的课程还有赵毅衡老师、唐小林老师、赵渭绒老师等参与教学，老师们用生动翔实的文学案例讲解比较文学各个学科分支的相关理论知识。在教学的同时，赵渭绒老师还组织班级同学自主编辑了一期比较文学刊物。大家的积极性很高，都踊跃投稿，将该学期学习的知识要点与相关文学作品相结合，把理论学习落实到文学分析实践，撰写了视角多样的学术小论文，有效地锻炼了学术写作能力。除此之外，临近期末时的小组汇报展示，要求每组成员就教材中的某一知识点进行话剧表演，或者采用课件等形式进行课堂展示，这一环节也充分锻炼了学生们的语言表达能力、思维组织能力与团队协作能力。

比较文学课程使用的教材是由曹教授主编的《比较文学教程》，这本教材也给欧婧留下了很深的印象。她认为教材深入浅出、结构清晰，用翔实准确的语言阐述了比较文学的相关概念、理论，并旁征博引，采用了东西方文学的丰富案例，为学生们提供了一个全面而具体的知识框架。

以上是欧婧对大三下学期比较文学课程的深刻印象，这些学习经历激发了她对比较文学专业的强烈兴趣，因此在大四保研时，她决定选择“比较文学与世界文学”这一专业，继续在四川大学攻读硕士学位。在博士阶段，她依旧选择跟随曹教授在这一方向继续努力、钻研精进，在读期间曾获四川大学光华奖学金。欧婧认为自己的这种坚持，究其源头，都是受惠于比较文学本科课程中以曹教授为代表的各位老师对她的宝贵启发与指引。欧婧的研究兴趣广泛，她发表的论文涉及中国古代文学、中国古代文论、中外文学比较、中国文化传播、西方文学理论、西方文学等多个专题，这无疑获益于在比较文学课程学习与专业研究中所拓展的学术视野。

欧婧毕业后任教于重庆工商大学文学与新闻学院，目前正在给汉语言文学系的大三学生教授比较文学专业必修课，她所使用的教材是曹教授担任首席专家的马克思主义理论研究和建设工程重点教材《比较文学概论》。欧婧上课时会有意识地学习、借鉴之前曹教授在本科课堂上的一些例子，比如寒山诗的英译与传播、庞德英译李白诗歌和《论语》、佛教的中国化等。她也会介绍国内学者在变异学领域的研究成果，以及国际比较文学前沿议题等新动向，引导学生们关注比较文学学科发展的趋势。

李嘉璐本科就读于四川大学艺术学院美术学专业，她在本科时就对曹教授的学术成果有所耳闻，之后如愿考入文学与新闻学院，跟随曹教授攻读艺术学理论专业硕士研究生。李嘉璐在 2014 年春季学期担任了国家级精品课程比较文学的助教，她的回忆可以帮助我们进一步了解这门本科课程的细节。

这门课程的专家团队授课形式给李嘉璐留下了非常深刻的印象，每位授课老师都是比较文学领域的专家，他们以自己的研究专长结合教学安排进行讲授，有的放矢、引人入胜。

在2014年春季学期的课程中，曹教授邀请了瑞士汉学家劳尔·戴维·冯铁（Raoul David Findeisen，1958—2017）教授与同学们交流。当时春寒料峭，李嘉璐和冯铁教授乘坐第一班校车从望江校区赶往江安校区，并利用午休时间接受学生们的学术访谈。

一学期的课程很短，但李嘉璐感触颇深。曹教授在比较文学课程的设计和实践中坚持了比较视野和专业教学，使本科生对比较文学这一学科有了由浅入深的理解。课堂上接触到的国际知名学者也让学生们产生了触动，正如李嘉璐因这门课程得以结识冯铁教授，冯铁先生坚持读书、保持好奇的品质深深地影响了她。她认为，这些都是在这门课程中获得的珍贵礼物。

在比较文学本科课程中，李嘉璐学习了之前在艺术学领域没有接触过的理论和研究方法，扩宽了自己的研究路径。她之后也继续攻读博士，毕业后任四川大学艺术学院讲师。

第二节　本科教学与人才可持续发展

一、四川大学文学与新闻学院赵渭绒教授①

学高身正育桃李，润物无声滋众英

——我和曹老师一起为川大本科生上课

自2009年我博士毕业留校始，便跟随曹老师为四川大学本科生上课，在老师的关爱与提携下，我渐渐地从一个孱弱的学生成长为能够在高校课堂立足、在学术上有所建树的青年学者。曹老师作为教育部长江学者特聘教授、四川大学文科杰出教授、四川大学文学与新闻学院学术院长，平常的教学、科研及行政工作十分繁忙，然而无论多么忙，他都将本科教学放在所有工作的第一

① 赵渭绒，现为四川大学文学与新闻学院教授。本文为四川大学文学与新闻学院“立德树人”教改项目比较文学团队“立德树人”教学理念研究阶段性成果。

位，常常告诫我一定要上好课。

川大本科生的比较文学课是国家级精品课，课程实行团队教学。师资队伍由老中青三代组成，当时团队里除了我都是国内外知名教授，初出茅庐的我因此非常忐忑。每学期的课前有个开讲仪式，每一位老师都要登台亮相，介绍自己的研究专长并作课程寄语。我清楚地记得第一次登上讲台时的情景：曹老师先讲了课程的性质、目标、要求及希望，接下来是赵毅衡教授。轮到我时，已记不清他们都讲了什么，我紧张地说："有了著名的曹老师和著名的赵老师，因此小赵老师深感焦虑。"接下来，我举出了亚历山大大帝在年轻的时候，每每听到自己的父王打仗凯旋的消息就要发愁，生怕全世界都被他的父王占领完了，留下他这个英雄无用武之地；还提到李白在看到崔颢题的《黄鹤楼》一诗时也发出慨叹"眼前有景道不得，崔颢题诗在上头"；美国有个学者哈罗德·布鲁姆（Harold Bloom）写过专著《影响的焦虑》等。我在此想说明的是在成就卓越的前辈面前后来者所产生一种深刻的忧虑。接着，我又絮絮叨叨地讲了自己的求学经历和对比较文学的认识。听了我的课前絮语之后，曹老师说："文学史上的很多名人都是在非常年轻的时候做出成绩的，如：曹禺创作著名的四幕话剧《雷雨》的时候只有 23 岁；鲁迅写《摩罗诗力说》的时候仅仅 26 岁；钱锺书 28 岁时就被清华大学破例聘为教授，并开始《谈艺录》的写作；而郭沫若在 29 岁时就发表了中国新诗的奠基之作《女神》；钱学森 36 岁时已成为麻省理工学院最年轻的终身教授；刘师培 36 岁时去世，已经是公认的学术大师，这些人都是在非常年轻时就具备了相当深厚的学术素养。你刚才表述你的焦虑时，举了好几个例子，这就很好。钱锺书先生在《谈艺录》和《管锥编》中在论及某一问题时也是用了这种聚焦法，就某一问题、古今中外谁谁谁都说了什么进行一个汇聚，这就是一种学术能力。因此，你应该更加自信才是。"曹老师就是这样，他从不直接指出你的不对，只是轻描淡写地举出一些很有说服力的例子，然后让你在心理上轻轻松松没有后顾之忧地严谨治学。有了他的心理支持，后来几年我上讲台时便充满自信，课也上得精彩了许多。

国家社会科学基金评委、教育部国家级教学名师奖获得者、国务院学位委员会学科评议组成员、教育部本科教学评估工作专家委员会委员、教育部教学指导委员会中文学科副主任委员、国家级重点学科比较文学与世界文学学科带头人……这些在外人看来是耀眼的光环，事实上全部都要转换为工作量压在老师的身上。由于工作过于繁忙，曹老师常常一下飞机就急匆匆地赶往课堂。有时我觉得老师太累，就建议本科生的课程由团队青年教师多上点，却总是遭到他的拒绝。他说："由于工作忙，和学生待在一起的时间已经够少了，应该尽可能地与他们多在一起。”曹老师永远将上课作为第一要务、将教师作为第一身份。近年的比较文学课上，曹老师上课次数是最多的，达5周次，而其他大部分老师多是上1～3周次。尽管从教已40年，已成为公认的国家级教学名师，但曹老师每次皆认真准备，精心设计。

曹老师博闻强记、贯通古今、博览中外，上课过程中关于《文心雕龙》《文赋》《人间词话》《二十四诗品》等经典中的词句信手拈来、自由引用。如讲到比较文学接受学一节时，老师先背诵寒山的白话诗《猪吃》：“人吃死猪肉，猪吃死人肠。猪不道人臭，人反道猪香。猪死抛水里，人死掘地藏。两者莫相啖，莲花生沸汤。”接下来，老师又详细讲解了寒山诗的特点及其在中国、日本、美国的接受差异。这样，在老师朗朗的背诵声中，学生非常愉悦地听完一节课，并多次表示听曹老师的课是一种享受，他能将理论与活生生的文学结合起来，从而使理论“为有源头活水来”。曹老师有时上课兴致极高，有一次课上提到民间文学，进而引申到陕北民歌，老师即兴给同学们演唱：“东方红，太阳升，中国出了个毛泽东，他为人民谋幸福，呼儿嗨哟，他是人民大救星，他为人民谋幸福，呼儿嗨哟，他是人民大救星……”我诧异地发现老师竟能将陕北民歌中那种浓浓的鼻音唱出来，歌声一毕，课堂上便响起阵阵掌声。

曹老师非常注重原典教学，注重背诵经典文献。他常常在讲授一个问题的时候自己先背诵，学生们听到大段大段的背诵就被深深折服了。曹老师又是一位极其智慧与风趣的学者，如讲到阐释学的时候，他会先背诵李商隐的诗，再举出台湾一学者用弗洛伊德的理论来阐释李商隐的《无题·相见时难别亦难》。曹老师背道：“相见时难别亦难，东风无力百花残。春蚕到死丝方尽，蜡炬成灰泪始干。晓镜但愁云鬓改，夜吟应觉月光寒。蓬山此去无多路，青鸟殷勤为探看。”接着，他说我国台湾地区学者阐释这首诗里的“蜡炬”乃男性象征，曹老师说，如果真是，那么李商隐的另一首诗《夜雨寄北》该怎么解释？他当堂背诵：“君问归期未有期，巴山夜雨涨秋池。何当共剪西窗烛？却话巴山夜雨时。”第一首诗中的“春蚕到死丝方尽，蜡炬成灰泪始干”分明是运用生动的比喻来写男女之间的爱情的千古绝唱；第二首诗则是诗人身居遥远的异乡巴蜀写给在长安的妻子的一首抒情诗，表达了诗人对妻子的一片深情。如果说根据弗洛伊德的理论来解释蜡炬是男性生殖器官的象征能够成立，那么到了第二首诗里，无论如何就说不通了，即便是要剪男性的生殖器，也不能和爱妻一起剪啊？讲到此处，课堂爆发出一阵阵笑声。老师运用学术研究的笑话，一方面活跃了课堂的气氛；另一方面，让学生在大笑之余，感悟比较文学的基本原理，认识到阐释学的缺陷，在研究中规避已经出现的一些错误。这样就达到了意想不到的课堂效果。

曹老师对课程要求极严，在他的带领下，我感受到的是一个全新的、多样化的课堂。他非常重视理论研究的讲述和理论的实际应用，通过在实践环节增列讨论、调查、撰写学术论文、编撰学生刊物、进行课堂展示、小组“打擂”等多种形式，加强学生对课程的理解与领悟，以期达到良好的效果。川大比较文学课程从理论的高度有意识地进行从研究到实践的制度性引导与规范，逐步形成学风朴实、视野开阔、原典阅读、团队上课、中外融通等特色鲜明的本科生人才培养风格。这门课程在本科三年级开设，从学期一开始便要求同学十人一组自由组建学术兴趣小组，利用周末、课余等闲暇时间进行原典阅读，在大量广泛的阅读基础上，各小组交流读书经验，举行读书汇报会，选定科研论文题目，进而深入进行材料的收集、梳理、阅读，经过一个学期的阅读、研究，在指导老师的指导下撰写成科研论文，最终以课堂刊物的形式发表，同时以PPT 的方式进行课堂展示，使学生得到初步的学术锻炼。学生课堂刊物每年一期，由国家级精品课经费出资，学生创办，老师指导，从最初的《此岸·彼岸》《对话·交流》《墙》《有一·玫瑰园》《彼此·彼此》《跨文化交流与对话》至今，已接连办了 6 年，从未中断。目前，刊物为了扩大影响，已正式定名为《跨文化交流与对话》，固定印刷发行。一些学生在课堂刊物上发表的论文在其进入研究生阶段后陆续在国内公开学术刊物上发表，这进一步证实了此教学改革的成效。一些学生的论文如《上海，你如何被上海？——以〈上海〉和〈子夜〉的对比为例》《卡夫卡的〈城堡〉和钱锺书的〈围城〉比较》《夫权下的“疯女人”——以伯莎和繁漪为例》得到了国内著名教授的认可和赞扬。这些成绩的取得与曹老师的指导与培养是分不开的。

还记得在读博时，由于曹老师的严格要求，我们背诵了《毛诗序》《楚辞》《离骚》《文赋》《典论·论文》《文心雕龙》《二十四诗品》《人间词话》等经典，极大地筑牢了学术基础，增强了学术自信。2012 年黄维樑教授在给川大本科生讲课后，连连称赞学生素质高。吃饭时，曹老师指着我对黄维樑教授说，赵渭绒也是背过经典的。于是黄教授顺口背出陆机的《文赋》：“遵四时以叹逝，瞻万物而思纷……”并问我后面是什么。我自然地接到：“悲落叶于劲秋，喜柔条于芳春。”今天，每每在写文章时我心中就会自动溢出诗情与文意，这与老师的指点与培养是分不开的。曹老师又是一个极乐观豁达的人，每每遇到因压力而颓废困惑的学生，老师总说：“生年不满百，常怀千岁忧。昼短苦夜长，何不秉烛游！”他宽慰学生，不要做无谓的担忧，踏踏实实走好眼前的每一步就是了。遇到急功近利、浮躁空疏的学生时，老师又说：“我们每一个人饭都是一口一口吃的，路都是一步一步走的，要在学术上有所作为，打好基础是关键。”对于冒进和保守老师皆不赞成。这种批评方式无疑是有效的。曹老师又是一个极温和的人，他虽然成就卓越，但从不摆架子，在学生中口碑极好。他的穿着打扮也很朴素，大象无形，他如普通大众中的一员融入人群；然而，他的睿智、无私、大度、豁达与宽容却使他神态昂然、不怒而威。

在诸多事务的缠绕之下，曹老师总能做到“心远地自偏”。有一次，他告诉我，他的很多文章和书稿都是在飞机上改成的。听后，我感动良久。然而，在繁重的工作之下，老师也有累倒的时候，2012 年暑假老师因病住院动手术，叮咛师母不要告诉任何人。收假后我才得知消息，深感愧疚。事后师母转告了曹老师的话：“年轻人正处于事业的爬坡阶段，不要拿小事情来烦他们。”此生能遇到这样的良师，我还能说什么呢？只有用切实的行动来感谢老师的教导之恩了。

几年来，我从老师身上学来了乐观、豁达、宽容、无私的精神，是老师将我从人生的“小我”境界中带了出来，走向人生的“大我”。在挫折面前，我有了一种“恰似绿竹，看似欲折，终于不断”的顽强精神和“勇于拼搏，不达目的，不言放弃”的拼搏精神。我知道这是我从老师这里获得的又一笔财富。

学高身正育桃李，润物无声滋众英。不知不觉，敬爱的曹老师已经进入耳顺之年，如今老师已经桃李遍天下，学生中有的或为高校著名教授，或在行政部门担任要职，或在普通岗位默默耕耘……他们在不同的岗位默默地传承着老师的精神，将老师身上的美德发扬光大，为社会做出自己的贡献。我想这就是立德树人，十年树木，百年树人，老师的精神在后学身上得到了延续。真可谓，善莫大焉！

二、2010 级本科生赵靓[①]

由川大出发：从比较文学到文学人类学

对四川大学文学与新闻学院的本科生而言，国家精品课程“比较文学”是四年学习生活中最值得期待的必修课之一。十二年前，我在比较文学的课上，第一次听徐新建教授讲“文学人类学”，便对此产生了浓厚的兴趣。

---

① 赵靓，云南昆明人，四川大学文学人类学博士研究生，四川大学图书馆馆员，主要从事文学人类学研究。

文学人类学是四川大学比较文学与世界文学专业下设的一个跨学科分支方向，拥有全国首个博士授位点。因为本科课程采用团队授课方式，我们有幸在一门课上领略了多位学术大咖的风采。在曹顺庆、徐新建、赵渭绒、梁昭等师长组成的教学团队及校外的叶舒宪、彭兆荣、汤晓青等教授的引领下，我们的学术视野从文学走向人类学，从二维书本走向多维田野，从成都市区走向西南乡野。

记得当年作为比较文学课程助教，我建立了与法国探险家冰焰女士（Frederique Darragon）的交往。在与四川大学合作建立育利康文化遗产保护中心期间，冰焰致力于中国西南地区碉楼的研究。她在比较文学课堂上讲授自己在美国刊物 *Nature*、民俗学研究所 *Smithsonian* 杂志上发表的相关成果，并于课堂之外给我们留下了风趣幽默的印象。作为四川大学外籍荣誉教授，冰焰不仅熟练使用汉语、藏语、法语、英语、西班牙语等多门语言，而且旅行探险到过 100 多个国家和地区，她启发我们将视野拓展至国际，同时扎根村落社会展开研究。

2011 年，徐新建教授推荐我以川大本科生身份参加了云南大学、云南省社科院、大理州政府等策划主持的“中国白族百村影像民族志”项目，前往云南省大理白族自治州喜洲镇庆洞村进行调研和写作。一年时光，运用文学与人类学跨学科方法，我参与观察了村落的年三十、绕三灵、火把节等节庆仪式及日常交往，以此为基础出版了本科生的学术成果——田野专著《中国白族村落影像文化志·庆洞村》[①]，并因此获得了国家奖学金。

本科毕业后，我继续在川大学习深造，攻读文学人类学硕士、博士学位，成为民间戏称的“穿山（川三）甲”。其间，以成都为坐标，我曾赴重庆、云南、广州、台湾等地交流访学，对“一点四方”的学科、学人、学问也构成了初步的认知。

2013 年在台湾新竹，人类学家李亦园先生创建的台湾“清华大学”人文学院与我访学所在的台湾交通大学客家研究院彼此相邻，共享诸多学术资源，因而选课跨越两所高校，分别是庄英章、陈中民教授开设的“汉人社会与文化”、林淑蓉教授开设的“人类学方法论”、庄雅仲教授开设的“族群理论”。

① 赵靓：《中国白族村落影像文化志·庆洞村》，光明日报出版社，2013 年版。感谢大理州委、大理白族自治州人民政府、大理州委宣传部和云南省社科联组织实施的“中国白族村落影像文化之”课题的提携资助。在田野里，老村支书记赵光宗成了我的老师，红白喜事主持人段德元、驻村大学生村官何凤萍成了我的同路人，还有无数关心、支持、给予我帮助和理解的庆洞村人。在文稿写作阶段，要感谢的人也很多：导师徐新建教授给予了悉心指导，邓启耀、范建华教授提供了出版机会，杨远梅编辑做了耐心细致的工作，杨丽娟博士全程参与和协调。这部专著凝结了太多人的心血。

简美玲教授作为访学导师给予我莫大的帮助。她逐字逐句阅读我的文章，推荐我跟随马来西亚同学去体验妈祖绕境盛况，田野记录后经四川大学李菲教授推荐发布在“文学人类学”公众号上，成为我终生难忘的回忆……①

此外，我还参与了多种类型的学术实践。作为课程助教，参与曹顺庆教授等主持的国家级精品课程“比较文学”的教学环节；作为刊物编辑，见证了徐新建、李菲教授等创建学术刊物《文化遗产研究》（现更名为《文学人类学研究》）的全过程；作为课题成员，加入国家社科基金重大项目“中国多民族文学与文化共同发展研究”的申报、调研及多次学术会议；作为项目助理，三次助力“中华多民族文化遗产与文化凝聚协同创新中心”（现更名为“中国多民族文化凝聚与全球传播协同创新中心”）在校级、省级、国家级平台的申报；应阿库乌雾之邀作为外聘教师，担任西南民族大学“文化产业研究”“少数民族文化产业”等课程主讲，带队文学人类学专业硕士生团队赴茂县考察；作为自媒体平台编辑，协助“文学人类学”“艺城志”等学术文化公众号平台的创立、策划、组稿。

近年来，随着徐新建教授提出的“数智时代的文学与文化”“人类学与数智文明”② 等观点，四川大学文学人类学团队所关注的前沿涉及两个方面：其一，聚焦数智时代的文学问题，提出文学幻想的多种类型、神话科幻的关联对应、网络媒体的表述实践、人工智能写作及后人类叙事等议题③；其二，关注数智时代的人类学问题，探讨数字生存的多重身份、线上线下的世界关联、真实虚拟的映照叠加、网络田野的变迁革新等。④ 我亦尝试以博士论文讨论互联网时代多媒介平台的地方表述与文学实践问题，“流浪家园与移动宇宙：互联网时代的幻想表述”“人手一快：凉山的网络化与在地化”等论文在四川省比较文学年会、网络人类学年会、人类学高级论坛上发表，有幸与文学和人类学界的前辈同行，再续学缘。

从川大出发，正因为所遇师友的信任与鼓励，我得以领略学术之路的艰辛

---

① 参见赵靓：《“信”与“行”的宝岛一夜》，文学人类学微信公众号，网址链接：https://mp.weixin.qq.com/s/oS1yb7kvHwsId7yR9SYsFA，2014 年 4 月 15 日，感谢李菲教授给予网络发文的宝贵修改意见。

② 相关学术会议包括：2019 年 4 月，四川省比较文学年会以“数智时代的文学与文化”为题在成都电子科技大学召开；同年 7 月，中国比较文学年会文学人类学分会以“神话与幻想：从萨满田野到科幻叙事”为题，在广西民族大学举办第八届年会；2020 年 10 月，第十九人类学高级论坛以“人类学与数智文明”为题，在都江堰举办；同年 11 月，中国比较文学学会文学人类学研究会在徐州举行专题会议，围绕“文学新传统：数智时代的文类研究”“神话民族志：连通科幻的文化文本”等主题展开。

③ 参见徐新建：《数智时代的文学幻想——从文学人类学出发的观察思考》，《文学人类学研究》，2019 年第 1 期，第 3～15 页；徐新建：《数智时代的文学与幻想》，《中外文化与文论》，2020 年第 2 期，第 116 页。

④ 参见徐新建：《人类学与数智文明》，《西北民族研究》，2021 年第 4 期，第 1～10 页。

与乐趣，也因追随他/她们的脚步，让我立下以学问为主业的志向。

美国学者伊万·布莱迪（Ivan Brady）指出“虚构是人类的本质力量”①，徐新建教授常言“饭养身，歌养心”②。文学人类学一直致力于探讨世界的文本特性与人类的诗性基因，关注“写文化”“讲故事”“志地方”等表述实践，正是表述与被表述，让我们逐步成为诸多可能中的那个被实现的“X”③。

希望通过川大故事的讲述，引导自身探索学术之路，修成正果，文以成人，迈向比较文学与文学人类学的新世界。

三、2015级本科生邱晨④

比较文学：通向“星辰大海”的窗口

转眼间，我离开母校已将近七年，但至今依然不能忘怀第一次接触“比较文学”课程时内心的悸动，可以说，比较文学就是我看向外界的窗口，窗口外面的就是我心驰神往的星辰大海。

大约2013年的时候，我作为四川大学文学与新闻学院中国语言文学基地班的一员系统地学习了比较文学课程。比较文学以“跨越性”研究为基本特征，这就注定了这门课程的视野必然极度开阔。为了更好地理解比较文学的研究方法论，我还专门选修了赵毅衡、唐小林先生开设的“符号学”相关课程，这些课程拓宽了我的视野，并使我在日后的工作生活中能因地制宜地分析问题、解决问题。

尽管距今已近十年，但那时我参与的“比较文学”课程已经足够丰富多彩。除了多位知名学者在自己最擅长的领域联合教学，深入浅出的课堂展示以及严谨多元的课程论文也异彩纷呈。学生们以表演的方式将自己对课程的理解融会贯通，也以撰写论文并进入课程刊物的形式巩固自己的学习成果。

也许是初生牛犊不怕虎，我在“比较文学”课程上选择了一个非常具有挑战性的选题，即以文学与自然科学跨学科的研究方式来解读三部古今中外风格

① 伊万·布莱迪：《人类学诗学》，中国人民大学出版社，2010年版。

② 徐新建：多民族国家的文学生活，《中外文化与文论》，2013年第4期，第10～13页。

③ 关于哲学人类学及人观问题的讨论，参见徐新建：《回向“整体人类学”——以中国情景而论的简纲》，《思想战线》，2008年第2期，第1～5页。转引自刘小枫：《人是祈祷的X》，《走向十字架上的真》，上海三联书店，2001年版。

④ 邱晨，四川大学文学与新闻学院2015级本科生，武汉大学文学院2018级硕士研究生。

迥异的作品中的类同性——中国古代传统长篇章回体小说《红楼梦》、中国当代先锋中短篇小说《冈底斯的诱惑》，以及意大利寓言幻想小说《寒冬夜行人》，最终写成了文章《挥之不去的重复与衍生——以〈红楼梦〉〈冈底斯的诱惑〉〈如果在冬夜，一个旅人〉为例探究叙事类文学文本中的“绝对结构”》，并在课堂展示环节演讲，获得了师生们的一致认可。该文章也构成了我本科毕业论文的基础框架，同时也让我明确了自己后续的专业研究方向。

这篇文章根据基础科学中分形学的基础理论，打通精神分析心理学的思维惯性，最终在叙事文本创作里找到了共性现象。那段时间让我印象最深刻的事情就是在图书馆里奔走于理科文献和文科文献展示架之间搜集资料，虽然忙碌，却十分享受。因为两个截然不同的学科体系，竟然能够以这样一个隐性的方式构筑起某种联系，在那个特殊的瞬间，我的内心深处仿佛突然动了一下，感觉仿佛在被一个伟大而具体的使命召唤着，想要就此奋不顾身地投入比较文学跨学科平行研究的事业中来。

大约一年后，以课程论文为基础进行扩充的本科毕业论文《分形与系统：探究〈红楼梦〉〈冈底斯的诱惑〉〈如果在冬夜，一个旅人〉中的“绝对结构”现象》在赵渭绒先生的指导下顺利完成，并获得了“2015 级四川大学本科优秀毕业论文”奖项。幸运的是，该篇文章后来获得了编辑的青睐，又被选取部分内容，以《分形与系统：西方经典寓言小说“无限表意”的“绝对结构”论》为题在 2017 年年初发表在 CSSCI 来源期刊上。

离开川大之后，我来到武汉大学文学院赵小琪先生门下继续修习比较文学与世界文学，并跟随导师多次参加湖北省比较文学学会的会议，在学术信息的交流与交锋中，每一次都获益匪浅。在攻读硕士学位期间，我对比较文学方法论的探索不仅仅局限于比较文学平行研究，还尝试了比较文学实证性影响研究以及比较文学变异研究等多种研究范式，扩展了视野，夯实了基础。

赵小琪先生专攻比较文学变异学范畴中的形象学研究，其思路开阔，所涉广泛，著作等身，为比较文学形象学研究方法论做出了突出贡献。我在硕士期间一边跟随赵先生在比较文学变异学研究中汲取营养，一边学习赵先生的思考、治学方式。其中值得一提的是，当年有幸受赵先生邀请，为赵先生的形象学专著《跨区域华文诗歌的中国想象》写了评论文章《多元共生的中国形象谱系的系统性探寻》，并发表在 2016 年春季的《海南师范大学学报》上。

另外，在赵先生的指导下，我撰写的比较诗学文章《哲学传统的印记：“普夏之争”的思维模式论》于 2016 年年底获得首届湖北省比较文学硕博论坛硕士组论文一等奖，并被收录在 2017 年秋季的《世界文学评论》中。文章主要还原了布拉格学派代表人物雅罗斯拉夫·普实克（Prusek Jaroslav）与夏志清先生在60年前的争端中两人各自理论依据中的哲学传统印记。在梳理两人的文学批评观点的时候，我惊喜地发现两人迥异的文学批评谱系以及这些庞大谱系背后的思维方式的差异，这些差异也许在外人看来微不足道，却在60年前的世界文坛掀起了一场影响深远的争论，所以我立刻将这些发现诉诸文章。那份欣喜是如此生动，每当回想起来的时候，感觉自己仿佛穿越了几年的岁月回到了过去，那份热情依旧在澎湃，这大概就是文学研究的魅力，也是比较文学的魅力吧。

在攻读硕士学位期间，我依然没有忘记本科时拉我入坑的比较文学平行研究跨学科的方法论，思来想去，我把硕士学位论文的选题最终设定在以跨学科平行研究——系统科学模构论的方式去研究我从小读到大的科幻小说文本。也许真是应了那句俗话“念念不忘，必有回响”，我决定在硕士生涯的最后一篇学术论文中回归初心。

就像我在论文后记中所写的那样——

在每一个辗转反侧、难以入眠的夜晚，科幻小说总会以其气吞万里的博大胸襟和天马行空的奇妙幻想吸引我的注意，它们总会让我忘记当下的烦恼与焦虑，让我的思路飞向了广阔的星辰大海而不再仅仅局限于‘院子里高墙上的四角天空’。2018年正好是世界第一部科幻小说诞生的第二个百年，大概也是我从此告别学术生涯走向工作岗位的一年，那么为什么不调动所有的学术热情来献礼我曾经最挚爱的文体呢？

系统科学方法论是我这些年短暂学术生涯的另一个关注点，本科时在图书馆里第一次接触到系统科学理论的时候那种心里无法抑制的激动与喜悦至今仍然记忆犹新，从此以后，我便一直在致力于学习、探究文学研究与系统科学方法论联姻的可行路径。而系统科学方法论也为我后来的诸多学术思考提供了切实有益的灵感源泉，甚至在如今的工作中，我依然在方方面面贯彻系统科学方法论所带给我的思想启迪。此次的硕士论文也延续了之前对系统科学文学研究的探索，并将自己多年以来对科幻小说的喜爱与执念倾注其上，竟发现两者有诸多可通约的地方。但是，用至今还未足够成熟的系统科学文学研究范式来解决原本就重视不足的英美新浪潮科幻创作问题是极具挑战性的，然而面对人生中可能的最后一篇学术论文，我选择以高规格、高标准的学术态度来迎接挑战，最终在数十部新浪潮作品、科幻文学史、系统科学理论著作和若干种文本模型的基础上促成了两者的合作。[①]

跨学科平行研究与科幻文学也许真的是一对神奇的组合，前者是文学与自然科学在方法论上的合作，后者则是文学与自然科学在文本内容上的合作，我当时猜想，这对方法论和研究对象的合作一定会碰撞出惊人的火花。就是在这样的思考下，十三万字的《主流化的英美新浪潮科幻文本的系统科学模构论》终于完成，并全优通过，也为我硕士生三年的比较文学探索生涯画上了完美的句点。

虽然离开了大学走上了社会，但我依然在仰望星空。

毕业之后我选择进入一个更具挑战性的行业，在这里，之前在学校里学到的所有知识、方法论等都有它们的用武之地。

文学研究、文学批评最终还是为文学创作、社会实践服务的，在社会实践领域，无论是影视剧、游戏、动漫，还是小小的商业短视频，其中剧本、世界观的创作都需要广大从业者把娴熟的创作方法论和丰富的知识储备作为创作的基础和后盾。

比较文学这种以跨越性为基本特征的学科有着极其宽广的胸怀和视野，也有着极其精深的考据与探究方式，它就像一个茫茫黑暗中最光明的窗口，吸引着广大文学学子杂学旁收、寻根究底。而其打通其他专业、其他领域的思路方法论也可以引导专精于此的广大文学学子以更具创新性、前瞻性的方式来解决社会实践工作中所面对的具体问题。

也许大学校园只是一个小小的象牙塔房间，我们学习的一门门学科是镶嵌在象牙塔上的一扇扇窗子，如果我们不主动向外看，那么我们的视线就将永远被囚禁在黑暗里。而镶嵌在象牙塔上的窗子千千万万，每一扇的角度都是不同的，所以我们透过这些窗子所看到的外界的风景也是不同的。通过窗子 A 向外看，也许我们会发现自己的视线已被前方的柱子所阻挡；通过窗子 B 向外看，也许我们会发现外面只是一湾滩涂，一潭死水；可当我们透过母校的比较文学这扇窗子向外看的时候，我们便会发现，我们此刻所看到的正是无数人所痴心向往的那片星辰大海。

---

① 邱晨：《主流化的英美新浪潮科幻文本的系统科学模构论》，武汉大学硕士学位论文，2018 年，后记。

四、2016 级本科生杨溢雅[①]

灯塔引迷舟——忆川大本科比较文学课程学习点滴

2022 年 5 月，研究生学习的第二年即将结束。恍然发现，自我 2016 年 9 月本科入学以来，这已是在川大学习的第六个年头了。成为比较文学与世界文学专业的研究生后，我常常忆起本科时期在四川大学学习的点点滴滴，每次都不禁感叹：若不是本科时的那堂课，恐怕自己还如一叶小舟在文学海洋中随波逐流吧！这堂课便是我的第一堂“比较文学”课。

那是大学三年级，当时的我对于学习汉语言文学这一专业感到十分庆幸，中国古代文学的博大精深、现当代文学的发人深省总是让我着迷，可是面对这浩瀚无边的文学世界，我无法确定往何处远航。就这样，满怀踌躇的我踏入了第一堂“比较文学”课。

教室很大，似往常一样，我挑选了靠前的位置，坐下后我开始期待这到底是门怎样的课程。我一字一顿地品读，“比、较、文、学”，心里不禁发问：“比较文学难道就是文学比较吗?”就在这时，一位老师走进了教室，他个头不算太高却十分挺拔，脸上笑盈盈的。我看着这位老师不禁暗自思忖：“这位老师是怎样的一位老师呢?”当我回过神来时，老师已然开始了自我介绍：“我叫曹顺庆。”“原来是曹顺庆教授”，一听到这个名字，我心里对这堂课的期待又多了几分。果然，曹老师幽默风趣的话语让我不自觉地跟随他一起思考。“比较文学难道就是文学比较吗?”老师突然问道。一听到这一提问，我不免有些诧异，这不正是我课前所想到的问题吗？我开始忐忑起来，看到老师在扫视学生名单。正当我期待又害怕时，我听到了自己的名字。我有些胆怯地站了起来，说出了自己的想法：“比较文学是一种学科，而文学比较是一种方法。”老师听后还是笑盈盈的，接着问：“是这样的吗?”这一下我彻底慌乱了，因为之前我从来也没有质疑过自己给定的答案。看出我的慌乱后，曹老师没有立即给出标准答案，而是继续笑盈盈的，并示意我坐下。我坐下后，老师不慌不忙地继续讲了下去。我怀着一种别样的心情听完了课，下课后一直在教室里坐着思考：“是啊，是这样的吗?”

---

① 杨溢雅，四川大学文学与新闻学院 2016 级本科生，专业为汉语言文学（基地班）。现为四川大学文学与新闻学院 2020 级硕士研究生，专业为比较文学与世界文学，研究方向为东方文学与文论，导师为曹顺庆教授。

我陷入了反思，开始不断审视自身，发现面对问题的我总是在心里暗自思考，得到答案后便自鸣得意地将之收藏进自己的宝库，再也不拿出来与他人共赏。可是曹老师的话却敲醒了我——观点不加以质疑，思考如何深入？再者，文学的世界如此广博，哪有终极的答案呢？就这样，我对“比较文学”这一学科产生了不同于其他学科的兴趣。我似乎突然看到了远处的光亮，是灯塔在指引我前进的方向。

有了这堂课的体验，我对每堂比较文学课都十分期待。当然，这门课程作为四川大学课程改革中的精品也给了我不同的惊喜。首先让我感到惊讶的是教学团队的庞大。这门课与其他课程有很大不同，采取了团队教学的模式，每一次课都由不同的老师讲授。因为教学内容与授课老师的专攻方向大体相同，所以上课时不仅能获得比较文学的理论知识，还能听到各位老师自己的研究成果。这种既有广度又有深度的教学，让我真正感受到了文学研究的魅力，这种魅力来自运用理论知识观察对象后的恍然大悟，也来自在文学作品之间找寻联系的探索乐趣。

其次，这门课程创新式地加入了双语教学环节。其中，最令我印象深刻的也是我参与感最高的环节便是采访欧洲科学院院士、《世界文学》联合主编斯文德·埃里克·拉森教授。这也是比较文学课程的特色之处——每年都会邀请国外知名比较文学学者为本科生上课，并在课后增设互动采访环节。将国外知名学者纳入本科课堂教学，这一做法是少见的，原因也是明显的：一是许多本科课程无法邀请到国外知名教授，二是许多学校顾虑本科阶段的学生能否真正适应英语授课。但是四川大学的比较文学课程有底气、有魄力采取这种方式进行本科教学，不仅是出于自身比较文学学科建设的领先水平，更是出于对本科生能力与水平的信任。

事实证明，这种信任会极大地提升学生学习的积极性与主动性，我自己就是其中的一个例子。犹记得当老师通知拉森教授将要来上课时，我激动万分，十分想参与采访，但对自身英语水平的不自信让我打起了退堂鼓。“好不容易才发现自身真正感兴趣的领域，真的要一遇到风浪就返航吗?”我不断找寻内心的声音。就在这时，我想起第一堂比较文学课时的场景。忽然，眼前闪过一丝光亮，抬头一看，原来是指引我前进的灯塔正在向我发出信号。灯塔的光亮似乎有穿透力，直达我的内心，答案呼之欲出——我不能因这小小风浪而止步不前。我当即便写了参与采访所需的简历，并发给了助教。十分幸运，我成了采访小组的一员。但挑战并没有完成，因为采访的内容也需要我们采访小组自己拟定，老师只是最后对我们的采访问题进行审查而已。“如何采访一个比较文学学者？”这是摆在我们面前的新挑战。面对这一挑战，采访小组开始讨论，不仅搜集阅读拉森教授的研究成果，也关注比较文学学科的前沿研究，最终确定了采访稿。而我作为采访小组的采访员，对采访稿的英语表达再三斟酌，力求用词妥帖。就算做了如此多的准备，到了采访当天，忐忑、紧张之感还是向我袭来。可当拉森教授开始讲课后，我的心安定了不少。或许是出于照顾我们英语水平的原因，拉森教授的语速并没有那么快。而且他十分专注地倾听同学们的回答，一下子就拉近了与我们的距离。所以，到了真正采访的时候一切都十分顺利，拉森教授回答问题直戳要害，让我们觉得获益颇丰。

最后，让我印象十分深刻的还有比较文学课程的考核方式。作为课程改革的主力军之一，比较文学课程的考核方式也十分多样，主要来说有以下三种。

一是“打擂赛”。一听这个名字，就能感受到这一考核方式的精彩纷呈。具体来说，这一考核方式就是让学生以团队的方式编排与比较文学相关的舞台作品，老师再根据同学们的现场表演评选出名次。虽说这种以舞台形式进行考核的方式我在外国文学课堂上就已经体验过，但是因为要创作与比较文学这一课程相关的剧本，我还是有点束手无策：“怎样用剧本的形式呈现我在比较文学上的思考呢？而又应该比较什么对象呢？”那段时间，我反复思考这些问题，不断在图书馆翻看书籍寻找答案，可毫无方向乱找一通的我，犹如小舟陷入漩涡，不仅毫无进展，又让自身焦虑万分。我决定让自己静下心来，忽然想起了让我决定在文学海洋中远航的文学作品——《安娜·卡列尼娜》。这是我看过的第一部称得上“手不释卷”的文学作品，托尔斯泰的言语让我真正领悟到了独属于文字的魅力。“既然如此，那就将安娜作为这次剧本的主角吧”，我暗自决定。但是另一个问题又出现了：“将安娜与谁对比呢？”正当我不知如何是好时，一个形象突然在我脑海里闪现——“潘金莲”。初次听到对比两者，定会感到惊讶，因为“潘金莲”与“安娜”在中西传统文学批评中有着不同的待遇。但是，只要细细想来，两者的可比性也就明显了：一个是西方的“出轨者”，一个是中国的“出轨者”，两者的身份具有相似性，但两者的不同也是明显的，而“同中有异”，将异质性作为可比性不正是比较文学课程所强调的吗？如此，我便将“安娜”与“潘金莲”作为剧本主角，可问题还是没有完全解决。“剧本”不同于“论文”，要怎样将两者的对比通过剧本的形式呈现呢？团队成员的一个想法解决了这一问题——“既然是剧本，那我们可以自己构建一个虚拟法庭呀”。所以，我们根据这一想法将“安娜”与“潘金莲”作为法庭双方，各自配一名律师，在双方的辩论中展现两者的观点。这一剧本也得到了老师的认可，我们小组得到了这次打擂赛的一等奖。

二是向课程杂志投稿。这一方式也不同于其他课程，因为其并不是比较文学课程考核中的强制环节，而是要求学生根据自身兴趣自愿投稿。初听到“投稿”，我便觉得新奇万分，因为对本科生来说，“投稿”是陌生和遥远的。但既然希望自身在比较文学专业上继续学习，那这次投稿便是锻炼的绝佳机会。可机会的另一面是挑战，求好求新的心思让我迟迟不能选定研究对象。毕竟研究不似舞台表演，其不能建立在天马行空的想象上，而是需要脚踏实地。而且对于这次研究，我赋予了不同的意义——是我自身展开比较文学研究的起点。所以，“研究哪个国家的文学”“采用什么方法进行比较”都变成了十分重要的问题。虽说托尔斯泰的文学让我爱不释手，但俄国文化对我的吸引力却不强。我开始找寻自己真正感兴趣的文学世界，当遇到日本文学时，我想我找到了答案。我从没见过其他地域的文学与中国文学有这么强烈的相关性，又有如此大的差异。这种在相似与不同之间产生的极大张力吸引着我，我决定以后要专注于中日比较文学研究。回到“投稿”，虽说已经确定要将中国文学与日本文学进行比较，但两国文学都十分丰富，具体来说我又应该比较什么呢？我忽然想起曹顺庆老师上课时举过的不同国家的《西游记》的例子，心生一念：“不如找找我所熟知的中国故事是否有对应的日本版本吧。”顺着这个思路，我将自己的研究对象确定为“白蛇故事”的中日对比，将中国明代小说家冯梦龙《警世通言》中的《白娘子永镇雷峰塔》与日本江户时代作家上田秋成《雨月物语》中的《蛇性之淫》进行对比，发现了两者在主题上的巨大差异。这次“投稿”犹如指南针，让原本在大海中只知前进的我找准了远航的方向。

三是课程考试。这是本科课程最常用的方式，但比较文学的课程考试却有其特殊之处。首先，我们可以通过课程网站查找往年的真题以及其他的学习资料，这样一来，在固定的空间与时间学习的模式便被打破，学习的自由性大大提高了。其次，与其他课程相比，比较文学课程的考试成绩在总成绩中的占比并不高，记诵并不是这门课程考查的核心能力，如何让学生学以致用才是课程的关键。

白驹过隙，本科课程于我已是时光中的珍藏。常常感念，能求学于川大，能遇到比较文学这一学科，实乃一生之幸。书海之大，顺灯光而航行，用比较文学之法取书而读，察两书之同，比两书之异，可慰平生！

五、2016 级本科生陈思凝[①]

从成都到爱丁堡：一个普通川大学生的求学之路

12 月中旬的爱丁堡已经做好了迎接圣诞节的准备。先是出门的时候我偶然发现公寓一楼的信箱上坐着姜饼人玩偶，角落里的迷你圣诞树上则被堆满了装饰品；然后是去街角的超市买牛奶和鸡蛋时，发现货架上已经摆上了圣诞限定的巧克力、饼干和带有松果的花束，旁边的住户门口也挂上了花环；接着路过王子街时发现圣诞集市已经开始，挂着五颜六色小灯的旋转木马、摩天轮与哥特式的司各特纪念碑并立，让人产生一种奇异的和谐的美感。其实早在 11 月就收到了赵渭绒老师的邀请，让我写一篇小文章谈谈我从川大走到爱丁堡大学的经历，不过由于当时正值期末论文季，没有时间静下来好好思考和整理我这一路上遇到的挫折和受到的帮助，只好暂时搁置。现在应该算是已经步入寒假了，那就让我沏上一杯热茶，聊聊我的求学故事。

大一入校时候的我懵懵懂懂的，还记得李春霞老师在文化人类学课上说，大家这样是正常的，因为你们缺少了找寻自我的过程，却要直接面临“我”的选择（大概如此，请原谅五年多的时间过去了，我已经记不太清老师当时具体是如何遣词造句的了）。促使我作下第一个有关“我”的选择的是因为当时担任我们辅导员的周文老师做的一系列工作。周老师在年级大会上会请兼职辅导员，还有当时已经保研的学长学姐们来给我们分享他们在大学这四年所走过的道路，从生活、学习、工作、社交等各个方面分享他们或顺利或曲折的经验，给我们这些刚刚进入大学校园的新生勾勒有关大学生活的想象。当然，周老师自己也亲身上阵，讲述他自己还有他人生经验中认识到的各种可能性，并且鼓励我们寻觅大学校园中的多重身份，鼓励有兴趣进一步学习的同学们探索各种深造的渠道。我觉得这算是为我种下了一颗种子，一颗想要继续读书的种子，一颗想要以不同角度去了解我自己、了解我的学科、了解“我”的世界的种子。

大二这一年学校进行了改革，增设了班主任。因为有时候老师要辛苦奔波于两个校区授课、工作，本科生无法有更多的时间近距离地与老师接触。这个制度实行后，我们班便拥有了固定的和班主任开见面会的时间。我非常感谢这

---

① 陈思凝，四川大学 2016 级汉语言文学本科生。

项制度，也非常感谢我的班主任朱彤老师的耐心和给我们的指点。记得在一教A座第一次和朱老师在必修课堂之外见面，我还畏惧于一位严谨敬业的必修课老师带给我的身份距离感，到大二下学期在文科楼门口，我和舍友已经习惯地和老师沟通学习中遇到的一些困惑和未来道路选择上的问题。朱老师从毕业进入川大到现在在学院中担任不同的职务，又几次去国外从事教学方面的工作，和老师聊天、听老师解惑真的能够给予我一些对抗迷茫和困惑的灵感与力量。在我大三决定出国读研的申请之路上，朱老师作为我的班主任和推荐人，在我因为自己的成绩和背景气馁的时候、因为选专业选学校犹豫彷徨的时候、因为未来的不确定而感到焦虑的时候，都给予我极大的鼓励和支持，并且提出了很多建议，这些都是帮助我渡过申请季的重要力量。

在大一、大二学习了有关中国文学、外国文学和文论的内容以后，大三下学期我学习了作为必修课的比较文学。比较文学课是团队授课形式，基本每周有一位老师带来不同话题的讨论，介绍叙述学、文学人类学、比较文学学科史等。负责老师还邀请了两位欧洲的比较文学学者来课堂上做讲座、进行采访。不得不说这个课堂的课程形式和老师与我的研究生课程有着紧密的联系——我现在的必修课也是采取每周一个老师带着他/她研究领域的一个话题来讲课并组织我们进行讨论，另外本学期我的必修课还有选修课的阅读材料都有来自当时演讲者之一比利时鲁汶大学的德汉教授的著作。英国学校的申请看重本科课程与研究生课程的匹配程度，我本科学习过程中这个必修课的内容及其形式应该帮了我不少忙。这里我特别要感谢赵渭绒老师，作为比较文学课程的负责人之一，她在我的比较文学学习和申请道路上给予了我极大的帮助。我申请的学校之中有要求提交相关论文的，但是我作为汉语言文学专业且刚刚接触比较文学的学生，之前没有完成过英文论文或者比较文学论文，更不要说以英文写作的比较文学论文。赵老师作为我的另一位推荐人，多次指导我调整论文的结构，提出修改建议，帮助我完善用于申请的文章。另外在一开始听说我要申请国外学校的比较文学项目的时候，赵老师就把一位以前在爱丁堡大学读硕士、目前在川大读博士的学姐介绍给了我。思宇学姐无私地分享了她的申请经验还有就读体验，并且在选校定位以及个人陈述的写作、修改方面给了我很多中肯的建议。川大比较文学课程的帮助、老师在专业方面的指导以及学姐的分享让我在申请比较文学项目之路上走得轻松了许多。

我在川大读书的四年里，文新学院的老师们邀请了海内外各个高校的学者来做讲座，比如在北美工作的王德威教授、北大的陈平原教授，还有川大外院的杨武能教授等；也邀请了香港几所大学、比利时布鲁塞尔自由大学等学校的招生老师来做招生宣讲；在我大三那年还组织了已保研和成功申请出国的学长学姐们专门为我们这届开了精彩的经验分享会。学院为我们创造了一个能够接触优秀学者、前辈和优秀项目的平台，这些平台所提供的活动、信息和经验分享都推动了我最后下定决心申请国外的比较文学项目，并帮助我在申请过程中形成了一些书面资料。另外川大重视培养学生的国际视野和外语能力，大二暑假设置的国际课程周以及各年级都能参与的大川视界交换项目丰富了我们对国外老师的教学模式的认识，给我们更多的机会触摸申请国外高校的可能性；学校对雅思、托福考生的精神和物质鼓励也让我们这些备考的同学更有动力。说到英语学习有关的内容，一定要感谢我的大学英语老师方云军。方老师是在我大二时接手我们这个班的，她一直关注我们在英语学习方面的成长：大二时给我们补充在课本课堂之外的英语学习资料，鼓励我们学习英语；大三那年我和同学进行雅思备考的时候给我们支持和帮助；大四我准备申请资料时方老师提供了非常多的英语语言方面的专业指导——我的个人陈述和论文都是方老师帮我润色修改的。学校方面的重视以及老师的无私帮助让我在申请方面顺利不少。

大四上学期期末，也就是2020年的年初，新冠肺炎疫情暴发，之后整个学校的教学和论文评议工作都转为线上，大四的最后时光也就在家中度过。在毕业季短暂地返回学校领取毕业双证、相关文件证明之后，我的本科生涯正式画上句号。在疫情还未暴发的时候我已经决定去爱丁堡继续学习，但在当时形势不太明朗的情况下，就作出了先延期这个offer的决定。作为已经毕业的学生，我很感谢辅导员周老师，班主任朱老师、赵老师，还有我的大学英语老师方老师，他们都密切关注着我毕业之后的动向以及我接下来的学习打算。在延期的一年中，老师们的鼓励给了我对抗焦虑和虚无的勇气。

在川大读本科时，学校提供了非常多的学术交流交换平台，希望我们能够开阔视野，从而形成符合我们自己意向和需求的多样化选择；在本科阶段的学习、生活中老师们给了我们很多指点，也在精神上给了我们莫大的支持；已经毕业的学长学姐们从不吝啬分享自己的经验和心得，毫无保留地帮助正在经历或者即将经历困难选择的学弟学妹；不管是求学路上还是求职路上，同学们也都一直相互鼓励着对方。感谢这所有的一切让我顺利从川大毕业并进入爱丁堡大学学习。疫情期间，很多以前轻松容易的事情好像变得困难起来，我觉得在作出每一个决定的时候也会更加慎重地考虑。相信以后不管我作出何种选择、要走上什么道路，家人、老师、朋友都将会一如既往地支持我。茶已经喝完了，有关我本科求学生涯的回忆也告一段落。拉开窗帘发现太阳早已落下。爱丁堡所处的位置纬度偏高，进入冬季以后，下午四五点天就完全黑了。在这样黑夜漫长的日子里，我真的格外怀念在成都和朋友们一起吃火锅的那几个冬天。

六、2016级本科生沈婧伊[①]

渡我以航——回忆川大比较文学的课堂

每一位徜徉在文学世界、神游异邦的读者，都有抑制不住那份天然的好奇心的时刻：人与人、物与物，究竟有着怎样的际遇？这些跨域时空的他者之间，倾盖如故抑或多相扞格？可惜零散的火花，伴随着的常常是我深久的迷惑：人事的边界、笔法的混杂似乎总暗示着比较的不可能，只能待一双慧眼将事实从遐想中拣选出来，再细细厘清、娓娓道来。怯懦的读者如我，自从翻看过钱锺书的《管锥编》，便可知比较的门槛与自己的火候。因此，长久以来这份比较的野心只被埋藏在心底，直到比较文学以一门学科的方式向我敞露了它的怀抱。

带着“缘何比较”“如何比较”这样的疑问，我走进了课堂，却发现这仍是一门“危机四伏”的学科：课上，诸位老师并不告诉我们比较文学究竟是什么，只是为我们呈现了比较的活动与比较文学的历史是如何在这个变动不居的世界中生成的。所以，我的确知道了比较文学不是什么。第一个被打破的观念便是原来比较文学并不局限于文学比较，这体现在学科的研究对象未必是文学，而学科的研究方法更不仅仅局限于比较。学习之初，我便朦胧地感觉到，这门学科便是一门方法论，它将他者的视野纳入自我，在交流、对话、互动的基础上认识自我与他者的差异、相同之处或是共同面对的困境。

幸运的是，这门课也是本科期间我体验过的少有的以团队授课、多样化考核的形式开展的课程之一。曹顺庆、赵渭绒、徐新建、梁昭、庄佩娜、莫俊伦等诸位老师的讲授都给我留下了难以磨灭的印象；而各类小组合作也让我品尝到了探索、建构的乐趣与友谊的惊喜。这一切都让我更加感念川大的老师和同学们。曹顺庆老师幽默风趣、见闻广博，常给人谈笑间“樯橹灰飞烟灭”之感，现代性的锐利与历史的凝重在老师的讲演中梭织交错。赵渭绒老师在那个学期的课堂上是陪伴我们最久的，可以说，我们这一级的同学都是由她牵引着

---

① 沈婧伊，四川大学文学与新闻学院2016级本科生，北京大学中文系2020级硕士研究生。

来到了比较文学殿堂的门口，而门后的曲径通幽之处则待我们自由探索。赵老师和蔼可亲的面容、严谨治学的风格，让我充满敬佩与向往。当时，我读完赵老师的著作《西方互文性理论对中国的影响》，鼓起勇气向她请教了“互文性”这一关键概念。面对我冗长的、略显笨拙与急躁的提问，赵老师一一回复、指点了我。疑难之处，她略加点拨并鼓励我进阶阅读、继续探索。我也才明白，有些问题不急于一时的答案，更重要的是持之以恒的研究与这一路开放、吸纳、思考的状态，继而将问题本身作为锚点编织进自己生命的编年史中。读书之路漫长，而幸运的是能有赵渭绒这样的老师为我们辟航掌舵，在那段时光里帮助我们到达未知却美丽的彼岸。

就这样，一步一步地，经由课上比较文学原理的讲授、学科历史与经典个案研究的学习，这门课为一个渴望搭建联系进而拥抱世界的学生开启了一扇窗户。我如饥似渴地读着这片领域的书，开始了独属于我的探寻之旅。我徘徊在比较文学的一排排书架间，目光停留在一本又一本的书脊上，“挑选、阅读、写下笔记”这样的轮回不断充实着我。当时，我读到了张沛老师的《哈姆雷特的问题》这本书。《哈姆雷特》本是我熟知又熟读的经典，让我惊讶的是，《哈姆雷特》在张老师的手里却转而对我呈现出极度陌生化的状态。牺牲、比兴、天象示警、自杀、恋父、话语—权力、同情、知识的限度、噩梦、复仇、痛苦等话题联袂而来、不断涌现，与孔孟、文史、天命、德性等中国传统思想互相映照，让当时的我惊叹不已。这时回忆起老师曾在课上讲述过的比较文学研究的几种模式：语言层面上的对译介和翻译的研究，文学或文化层面上的对关系或阐释的研究，以及在此基础上凝练成的对理论的反思，也就是比较诗学的领域。于是我明白，我是被这本书所呈现的理论的魅力迷住了：文本在理论的剃刀下展现出陌生的样貌，而跨文化与比较的视野则让文本在玲珑透照下更加异彩纷呈、富于启示。

临近结课，我们想为这门课交上一份属于自己的答卷的心情愈发强烈。我和我的朋友们都极力想把握住期末那场比较文学主题的舞台表演，想要上映一场能展现我们对这个学科的理解以及探索精神的跨媒介舞台实验。我们由这样一些发现出发：西方悲剧中多描写人物复仇过程中被命运摆布的无奈，中国小说或戏剧中则多书写正邪对立并最终大仇得报的愉悦；爱情与复仇在西方的角色身上拥有相互对抗的地位，而爱情在中国的复仇叙事中往往被置于忠孝等大义之下……我们组对中西文学复仇主题的对比很感兴趣，决定以表演的形式展现我们对这一主题的思考。仍记得我们一次次从晚课下课后热火朝天地讨论至食堂打烊，一次次在白石桥凭借着简陋的设备试演，最终在一轮轮的思维碰撞后敲定了表演的形式：利用舞台和游戏主播直播这样的双重媒介，将一个虚构的故事以游戏的形式经由主播的屏幕展现出来，并配合前台同学饰演游戏角色的肢体动作和对话，由此思考复仇的正义性问题以及不同文化间复仇模式的差异，最后追问、反思复仇欲望导致的人的异化和人生意义问题。剧本、演出、舞台、服饰、道具都是由我们共同完成的，在此期间，我也收获了诸段最珍贵的友谊。直到表演结束、一切谢幕，恍然间我们领会了老师的用意：跨文化与跨媒介的艰难与细微之处，只有历经具身性的体验，才能真正体悟一二。这段经历也宛如埋下了一颗种子：只待更多生长的契机，对于这场表演所处理的问题，相信大家终会有更加成熟的思考。

认真检视过后，我惊奇地发现三年前的自己与这个课堂依旧鲜活明亮。我始终无法用单薄的词汇去形容这段丰厚的求学时光。在川大，我所领受、所结识、所创造的一切都让我怀念。或许就如比较文学的课堂所传授给我们的那样，我们终究无法逃避那份源自天然的比较的好奇与野心，不断向往更遥远的彼岸，一路急切地扣访、探求那异邦的知识并反观自身。而川大似乎早已深谙比较文学的精神，以一颗不老的心微笑地注视着每一股涓流的去向，放手让我们奔向更广阔的海洋。“海纳百川，有容乃大”，它知我们总会离去，也知我们总会回到它宽广的怀抱。

“听钟烟柳外，问渡水云西。当自勉行役，终期功业齐。”

当时，我作为班上比较文学课程学术刊物的主编，最后决定将这首古诗放在我们刊物的封面上。所谓“问渡”，问，讯也，渡，济也。而问渡之地在何方？“水云西”一语想必也只是一个暂时的答案，它所带有的朦胧的向往的色彩，正如我们无法被穷尽的渴望。而比较文学的课堂便宛如一叶扁舟，渡我以航。站在如今的立足地，求知的彼岸仍在远方光彩熠熠。此时念及诸多的师友，回想过去的航程，只有无限的感激。

七、2017 级本科生乔雨书①

比较文学：有用的“美学”

两年前初识比较文学的堂奥时，我曾用“脚踏实地，仰望星空”来形容她。今天我还想再加上一句：比较文学是一门有用的“美学”。

---

① 乔雨书，四川大学文学与新闻学院 2017 级本科生，上海交通大学人文学院 2021 级硕士研究生。

现在我在上海交通大学人文学院攻读比较文学与世界文学方向的硕士研究生，有上交的老师说川大是我们学院生源质量最高的学校，而当老师或同学得知我的母校是川大时，也都会刮目相看，还会提上几位熟识的川大老师的大名。可以说，川大文新学院、川大比较文学是我的底气。虽然暂离川大，但我还常从比较文学研究基地举办的丰富活动中获益，比如前段时间的“比较文学暨文化理论年度（2022）全球学术雅集”系列活动就大咖云集，能够在直播中获知前沿学者的研究成果对作为学生的我们来说是十分宝贵的机会。我也常常会翻看当时的笔记或刊物来重温知识，那段灼灼的时光也随之鲜活起来。

我在川大上比较文学课程时是疫情袭来、线上教学的第一个学期。加之面临升学的压力，多少有些慌乱与焦虑。但老师们专业耐心的讲授与细致入微的关怀抚平了这些不安的褶皱，每周二下午线上的比较文学课也成了我心目中“永不消逝的电波”。老师们根据实际情况不断摸索、调整授课方式，还利用课余时间为大家答疑解惑、辅导期末论文选题，使得距离与时差并没有影响教学质量。期末时小组同学一起编辑刊物的活动也让我兴奋不已。上课前我对“比较文学为何”全无概念，而在经过一个学期的系统学习和训练之后，在曹顺庆、徐新建、赵渭绒、庄佩娜、王一平、梁昭、莫俊伦等诸位先生的引领下，我被其深深吸引，更是将比较文学确定为日后研究的方向。

四年级的时候我还去旁听了几位相关专业的老师的研究生课程或通识课程：卢迎伏老师的“美国文学”、邱晓林老师的“西方思想史与文学研究”、赵渭绒老师的“比较文学”、寇淑婷老师的“东方文学”、王一平老师的“类型文学”……旁听时我常常感佩于研究生学长学姐的智识与才华，希望自己也能成为和他们一样厉害的人。我还发现，像我这样的旁听生不在少数，颇有几个低年级的学弟学妹后来也都选择了在比较文学专业继续深造。在这些课堂上的丰富收获，让我在与硕士阶段的衔接中更为得心应手，给了我学习和研究中的诸多灵感。

在赵渭绒老师的指导下，我在本科毕业论文中研究了“杨红樱长篇科学童话的外来文学影响”这一现象，主要探讨的是杨红樱受到安徒生童话和拉格洛夫《尼尔斯骑鹅旅行记》影响的情况。我在进行文献综述时发现，论文中涉及的几位作家都以各种不同的方式奇妙地联系在一起：在 1929 年《大公报·天津版》刊登的《瑞典女作家拉加洛夫》的报道中，作者将安徒生和拉格洛夫作了比较，“惟丹麦人安德生能独抒天才，重获‘艺术之天真时期’。安德生殁，其承继者即拉加洛夫也”①，而这两位在近一百年前便被一同比较的西方作家都对杨红樱产生了巨大影响；在 Cecilia Axell 和 Jonas Hallström 于 2015 年所发表的研究拉格洛夫《尼尔斯骑鹅旅行记》的论文“*Technology and the shaping of a Swedish national identity in the educational work of Selma Lagerlof, 1900－1907*”中，作者认为该小说隶属卢梭《爱弥儿》传统的成长小说，而《爱弥儿》实际上是另一部对杨红樱产生影响的教育论著……

东西方的作家作品就这样神奇地联系到了一起，而这也正是比较文学令我着迷的地方，正如天文学中的“克卜勒”定律指出的，在相等时间内，太阳和绕其运动的行星的连线所扫过的面积都是相等的。所以，在浩瀚宇宙中，对每个围绕太阳运转的行星甲来说，必定存在着另一个行星乙，在特定的位置、用特定的时间，和它扫过同样的面积。正如住在地球上的我们可以和 B612 小行星上的小王子惺惺相惜，当我们进行比较文学研究时，也正是发现了文学在不同国家、不同文明、不同境遇、不同心灵的呼应与回响，文学作品、读者和作者都注定不会孤单。

在本科毕业论文中我将安徒生《海的女儿》与杨红樱的创作进行了文本细读的比较。而如果就安徒生《海的女儿》探本溯源并“顺藤摸瓜”，还会有不少发现：中国新锐作家宝树创作有同名科幻小说《海的女儿》，有着向安徒生致敬的意味；著名日裔英国作家石黑一雄的小说《克拉拉与太阳》亦是对“海的女儿”题材的当代科幻书写。这三部作品发生了饶有意味的呼应与对话：人物形象上，其中的女主人公——无论是爱上王子的小人鱼（安徒生《海的女儿》），还是拯救地球的纳米机械人法蒂玛（宝树《海的女儿》），抑或救助人类少女的人工智能机器人克拉拉（石黑一雄《克拉拉与太阳》），都是作为他者、异类的存在，其主体意识和人性特征都被人类忽视了；情节设置上，她们都出于对人类的情感而奉献自己，在她们救助人类的途中也都困难重重；思想内涵上，三部小说都挑战伦理，反思现实。小说世界中的小人鱼和法蒂玛都作为主体追寻自我、超越自我、争取权利，闪烁着女性主义的光芒。而两部当代科幻小说更是构成了对现实世界中伦理的挑战。当下现实生活中的人工智能被认为不具有主体性，但这两部科幻小说中的技术设定超越了现实，其中的人工智能不再只是按照算法运行的机器，而是表现出意识、情感、创造力等主体性特征，因而对现实世界中的伦理构成了挑战，为我们提供了思考人机关系、探讨人性与社会问题、应对社会变革的契机。宝树和石黑一雄写作中的变异令“海

① 雍光译：《瑞典女作家拉加洛夫》，《大公报·天津版》，1929 年 2 月 4 日第 15 版。

的女儿”题材在当下焕发出新的生机，延续了科幻小说的脉络，探讨了“弗兰肯斯坦”式的问题。这两部人工智能版“海的女儿”正是科技进步和时代发展在文艺创作上的反映，而作者们也期待以此对时代、社会提供积极的反作用，促进人们的思考。

乐黛云先生在《比较文学与比较文化十讲》中讨论了热力学第二定律所引出的“熵”的概念对文学的影响。“熵”是测量混乱程度的标准，“熵”越大，一个系统单调、混沌、失序的程度就越高。“熵增定律”指的是在一个封闭系统中，熵增的过程是不可逆的，并且最终会达到熵的最大状态，即系统最混乱无序的状态。在文学中我们要警惕熵增，而具有创新性的作品就具有反熵的作用。因此我们需要“突破隔离封闭的体系，不断增加信息量，不断与外界交换能量，不断改变主体的结构以适应新的情况”，“无论是创作主体，还是审美主体都要力求突破自身的封闭性，成为一个善于结合新机、释放能量、变成新质的新颖、独创的开放性体系”。[①] 这一论述堪称建立自然科学与文学研究互动关系的典范。有趣的是，科学家庞加莱通过热力学第一定律对抗了“熵增定律”，提出了“庞加莱回归”，即在一个封闭系统中，自然界中运动的微观粒子在经过一段漫长的时间后必然能回到无限接近其初始位置的位置。这一猜想也得到了一定的证实。或许这在一定程度上也可以用来诠释某一母题、题材在不同时代作家中的反复书写。

概括来说，比较文学是一门脚踏实地而又仰望星空的学问。说她脚踏实地，是因为比较文学注重实证，拒绝比附，为文学研究提供了行之有效的新方法、新路径。说她仰望星空，是因为比较文学以寻求人类文学的共通规律和民族特色为宗旨，怀揣着“世界性的眼光和胸怀来从事不同国家、不同文明和不同学科之间的跨越式文学比较研究”[②]，追求“和而不同”。在全球化的今天，在世界范围内、不同领域中开展学科、文化、文明的平等对话是大有裨益的。如此，我们便会一步步走近费孝通先生所期盼的“各美其美，美人之美，美美与共，天下大同”的境界。

作为一门学科，从19世纪初算起，比较文学至今也有两百年左右的历史了。她是超越了个别民族国家文学范围的研究，清理和探究本国文学与外国文学的相互关系，研究本国作家与外国作家之间的相互影响、相互启发，追寻一国之文学、理论到他国旅行时的境遇（这总让我想到《庄子·逍遥游》中那生

① 乐黛云：《比较文学与比较文化十讲》，复旦大学出版社，2004年版，第82~86页。
② 曹顺庆：《比较文学概论》，高等教育出版社，2018年版，第28页。

于“北冥”、随着海运迁徙到“南冥”的“鹏”），思考本国作家对他国形象的建构或者他国作品对本国人的书写……这些都应该是比较文学研究的重心所在。可以肯定，比较文学不是简单的文学比较。

比较文学自身的性质与特色就要求文学之间的比较应该在更广大的文化背景下展开，文学、历史学、哲学、社会学、心理学、人类学、科学……各门学科都有可能涵盖在比较文学的门下。钱锺书说过：“在某一意义上，一切事物都是可以引合而相与比较的；在另一意义上，每一事物都是个别而无可比拟的。”[①] 比较文学就是这样一门既能展示共性又能揭示个性还能求同存异的奇妙而有趣的学科，她让被比较的二者相互照亮、彼此辉映，在同情共感中丰富我们的体验，增进人类的共识，可以说比较文学事实上建立了一个学科共同体。在将世界文学视作总体的过程中，比较文学“无问西东”，以平等、包容、多元的态度看待各国文学。在这个意义上来说，比较文学的确是仰望星空的。

同时，比较文学又是脚踏实地的，她为我们提供了感知和看待世界的全新方式。叶维廉先生曾有“文化模子”说，认为由于语言和思维方式的差别，不同的文化有着不同的文化模子，所以在跨文化研究中，就不能以自己的标准去对其他文化进行评价，而应该站在该文化本身的立场上。这种“当地人的眼光”与人类学的关怀不谋而合，是我们理解他人、获得共情和同理心的基础。而反过来，如果退后一步、借用“他者”的眼光来打量我们自己，或许可以得到不一样的答案，也会更加全面客观。在比较的过程中，我们才会更好地认识他人、认识世界，也才会更清醒地认识我们自己。也就是说，比较文学不仅仅是一门学科或者一个学科共同体，她更应该是一种思维方式，若是能以比较文学带给我们的启迪去为人、问道、处世、做事，我们是会有更丰盈踏实的收获的。

“美学”一词自有其西方传统与学科体系。但我在这里想谈论的只是一般意义上的“美”，或者说是费孝通先生“各美其美，美人之美，美美与共，天下大同”中的“美”，而这也正是比较文学的人文关怀。我们常常会见到诸如“无用之美”一类的表述，但我心目中的比较文学是一门有用的美学，因为她赋予我美好的体验、有效的研究思路与方法，因为她对世界有着开放包容的态度与胸怀。

里尔克说：“现在你不要去追求那些你还不能得到的答案，因为你还不能在生活里体验到它们。一切都要亲身生活。现在你就在这些‘问题’里生活

① 钱锺书：《年鉴寄语》，《钱锺书文集典藏》，人民文学出版社，2004年版，第130页。

吧。或者，不大注意，渐渐会有那遥远的一天，你生活到了能解答这些问题的境地。”[①] 现在的我对比较文学的认识或许还是粗浅的，相关研究也还不成熟，但川大教会我去发现、思考和解决问题。希望在未来两年或是六年甚至长长的一生与比较文学的共处中，我能给出更加坚实、笃定的答案。“海纳百川，有容乃大”，比较文学或是一门最精准地诠释了川大校训和这一精神的学科吧！如果我能在未来的学术研究中有一点点收获与成就，如果我学得了一点点待人接物时的包容心、同理心，我都要由衷感谢四川大学比较文学各位老师的培育与提携。愿母校的比较文学蒸蒸日上、虎虎生威。

八、2017 级本科生朱解语[②]

海纳百川，有容乃大——川大与比较文学

毕业已半年有余，如今漫步在人大的校园里，随着缓慢的步调目送两排笔挺的银杏树，脑海中还会不时闪现一教走廊和环形人道上的明黄树叶，闪现曾经在川大求学的四载时光。横在甬路间蹦跳的白颊噪鹛、打印店旁的草丛里偶然发现的小狗、白石桥的草坡和潺潺流水、子衿路偶然传来的琴音、路灯下细密的雪丝、仿佛掐好分秒在眼前飘然而落的一片银杏叶或是一瓣冬蜡梅……一切皆停留在了须臾定格的美好记忆之中。

进入大四的我选择继续深造，最终被保送至中国人民大学比较文学与世界文学专业攻读硕士学位。来到全新的环境，周围尽是陌生的面孔，来自全国各大高校的同学们在互相介绍时，当听闻我来自川大，总要由衷地表达对川大中文系尤其是比较文学的赞扬，这尤其令我惊喜又感动。川大是国内少有的将比较文学作为本科必修课程的学校，结合我个人的体验，我们的比较文学之所以闻名学界，我认为是因为对原典的注重，老师们的专业性、对学生的关切与鼓励，以及中西交汇、学科融通的视野。

相较于高校中文系通用的教材，川大版教材令我印象最深刻的便是选用了许多作品原文，以深入的原典体验代替纯粹的文学史梳理。在以结果为导向的风气的影响之下，用理论生套作品的做法可谓屡见不鲜，然而能够沉心静气阅读大部头作品，回归原初的心灵震动就显得弥足珍贵。大一的文学理论课上，

---

① 莱内·马利亚·里尔克：《给青年诗人的信》，冯至译，上海译文出版社，2011 年版，第 22～23 页。

② 朱解语，四川大学文学与新闻学院 2017 级本科生，中国人民大学 2021 级硕士研究生。

傅其林老师要求选择十部文学理论专著，阅读后进行答辩，并以此作为期末考核。大二修习外国文学课程时，邱晓林老师语重心长地告诫同学们要先多看书本式的专著，少看良莠不齐的破碎式论文，并且一定不可忽视原典阅读的感受，以防患上“理论焦虑症”，导致“那些本该在朴素的阅读过程中所产生的心理效应都被那些深重的理论焦虑阉割了”。这些都为我们比较文学的学习打下了颇为深厚的基础。即使在学习比较文学学科理论时，老师们在课堂上也经常用具体作品举例，布置的平时作业也不失以文本为依托的对比分析，比如对比郭沫若、郁达夫和卢梭的童年求学经历等。四年下来，从古至今、由中到西的作品一篇篇坚持读完，无论印象深浅，都已内化成我生命的一部分，令我受益匪浅。

而在文新学院的几年里，最幸运的莫过于遇见了一群尽职尽责的老师。彼时的我在学术上尚非常稚嫩，但每当我给老师发送邮件时，总能在最快的时间里得到温柔和蔼的回复。如若有需要手写上交的作业，发下来后也定是已被细细过目并用红笔批注，就连因疏忽造成的错别字和病句也被耐心地予以订正。从日常答疑到论文指导，再到准备保研材料时的帮助，老师们在方方面面都给予了我无微不至的关怀。撰写本科毕业论文时，我选择了赵渭绒老师作为我的导师，赵老师在每个时间节点都给予了我细致的监督。初稿写完后我不是很有自信，但赵老师对论文的格式和内容提出了细致中肯的建议，给了我很多肯定和鼓励。是赵老师和蔼的语气、耐心的教导让我意识到文中的缺陷，能够坚定地完善下去，最终顺利通过毕业答辩，圆满地完成本科学业。除此之外，老师们在教学方面也十分用心，经常大胆创新授课形式，格外注重过程考核，如卢迎伏老师用时下流行的说唱形式改编波德莱尔的《恶之花》，再如外国文学、古代文学以戏剧表演结课等。剧组的同学们深入原典再加以创新，服装、化妆、道具无不用心备至，一次次彩排确保了最终呈现的精彩效果，成了我每到学期末最为期待的环节。令我印象深刻的还有和比较文学小组同学们一起制作的刊物。在老师们的指导下，同学们自主撰写论文和短篇文学作品，按照模块专题进行排版装帧，设计封面，制作成课程论文集《莳语》。待到拿到成品，几乎不敢相信这样一本精美的刊物出自我们之手。

在小组刊物的封面上，我们放了这样一行文字：“文学的世界，世界的文学。”对比较文学而言，最重要的是拥有中西交汇、胸怀天下的视野，川大比较文学便格外重视这方面的培养。我们的西方文论课采用双语教学模式，老师绝大部分时间使用全英文授课。暑假我也依托川大的国际化平台参与了国际课程周，了解了东欧、北美等国家地区的文化和小说创作。在比较文学课上，曹顺庆老师关注异质性和变异性，以世界眼光分享了他在学科前沿领域——比较文学变异学上的学术心得；外教莫俊伦老师用英语授课，并介绍了自己的跨学科研究成果，推荐了很多搜集国外论文的网站，使我在本科阶段就能接触到大量英文文献，为研究生的文献阅读做好了准备。作为国内比较文学的学术重镇，川大文新学院还承办了一系列大型学术活动、国际讲座，为同学们提供了绝佳的学术平台和近距离感受大师风采的机会。疫情袭来时，我便是通过线上形式参与了一系列讲座，意图补齐自己的西方文论短板，当时虽听得一知半解，但列维纳斯、福柯、德里达等名字自那时起便在我心中生根发芽，现在已经是我学习过程中的“老朋友”了。

考量前途伊始，我本想选择现当代文学作为硕士学习的方向，但随着学业更加深入、课程更加丰富，我逐渐被比较文学独特的气质吸引。“海纳百川，有容乃大”是四川大学的校训，但我想它也同样适用于开放包容的比较文学。比较文学在我看来是拥有纯熟内质的年轻人，她蕴含着世界范围内从古至今的优秀作品和理论精华，但从学科历史来看，其产生不过一百余年，如朝气蓬勃的年轻人一般涉猎广泛，求同存异、贯通东西，既严格捍卫可比性的学科边界，又在不断开拓新的疆域，乃至实现跨学科的互动。在这里，古今中外跨越时空结合在一起，共同在可通约的人类处境中绽放不同的文化传统。当下，质疑比较文学、渲染比较文学学科危机的声音不断出现，但在质疑和变动中立足并蓬勃生长，这也是比较文学最吸引我的特质。在国际化交流日益加深的时代，我相信具有全球视野的比较文学定会焕发蓬勃的朝气，为世界文明搭建沟通的桥梁；在疫情常态化的时代，来自世界范围内的理论思考、文学作品，也会打破病毒的隔阂，给人们带来心灵的慰藉。

也许，多年以后，面对一个个平凡却闪光的日子，我还会想起某场盛大的日落之前，川大西侧那片草坡上空的温柔暮色。川大比较文学之于我，就是一抹温柔的霞光，她是我在比较文学之路上孜孜求索的底色，永不退却，永不落幕。

结 语

高等教育在培养社会发展所需的人才方面发挥着必不可少的作用，是中华民族伟大复兴的基石之一，也是衡量国家发展水平和可持续发展能力的重要标尺，而高等教育质量提升的基础便是本科教育水平的提高。本科教育是一所大学得以立足与谋求长远发展的根本，世界一流高等学府无不将其视为建设过程中的重中之重，高度重视本科阶段的人才培养。作为中国西南地区重点建设的高水平研究型综合大学及国家“双一流”建设高校，四川大学也始终秉持对本科教育重要性的深刻认同，并着重强调将建设一流本科专业作为办好一流本科教育、培养一流本科人才的着力点，以本科专业建设的具体措施为路径推动本科教育的总体进步。作为四川大学文科杰出教授、文科委员会主任、四川大学中国语言文学拔尖学生培养基地首席专家、比较文学学科带头人、文学与新闻学院学术院长，曹顺庆教授在从教四十年中始终坚持对新时代下文科专业人才培养路径与教学理念的探索，积极响应学校切实加强本科教育的理念和国家新文科建设的号召，将对人文学科本科教育改革的诸多思考贯彻于具体教学与学科建设活动之中，清除陈弊、创新变革，多年来取得了显著的成效。本书从“本科教学改革历史概述与理念研究”“四川大学比较文学学科团队建设”“本科教材改革特色研究”“比较文学教学团队著名学者访谈录”“国际知名学者走进本科课堂”“四川大学比较文学拔尖人才培养”六个部分对曹教授执教以来在本科教学改革与比较文学学科建设方面的心得及累累成果进行了回顾，不仅展现了他本人四十年教学生涯中立德树人的成就，更体现了四川大学在西南乃至全国高校人文学科教学改革领域的突出贡献，以期为有志于高校文科教育的后来者提供一点启迪。

在长期的教学实践与思考中，曹顺庆教授总结出本科教学改革的三条重要路径：一是人文学科本科教育理念的革新，二是本科教学团队建设及教学模式的创新，三是本科教材的改革、创新与实践应用。目前，虽然人文学科本科教学改革的重要性与迫切性已经成为全国各地高校的普遍共识，但在实践中仍暴露出诸多缺陷，存在创新能力不足、本科教育中学科话语转化滞后、国际化教学视野局限和“科技+教学”意识薄弱等突出问题。这些问题的解决首先依赖于有针对性的教学改革理念的确立，基于此，曹顺庆教授高屋建瓴地树立了本科教学改革的根本目标，即培养“博古通今、学贯中西”的优秀人才，为造就创新型学术大师打下人才基础，并以此为依据提出教学改革的五个重要方向——“立足原典，夯基储学”“双语教学，中西融通”“观点碰撞，磨砺思维”“加强学术，走向前沿”“接轨国际，拓展视野”。

“立足原典，夯基储学”是曹顺庆教授从教至今一直坚守的基本理念，是他对“为什么中国当代几乎没有培养出学术大师”这一问题深刻反思的结果。他认为教育特别是当代高等教育的弊端是造成这一缺失的重要原因，当前人文学科在课程设置和教学内容上普遍大而化之，教学围绕“概论”“通论”而非经典文本展开，学生缺乏原典阅读的基础，以至于学风日渐空疏。因此曹顺庆教授在一系列教学改革中尤其强调回到原典、打好基础的重要性，要求学生原汁原味地阅读乃至背诵典籍，真正进入经典的世界。“双语教学，中西融通”“接轨国际，拓展视野”是曹顺庆教授针对比较文学学科本科教育提出的特别要求，他认为，比较文学综合性交叉学科的性质要求学生有较高的外语能力和开放的国际视野，因此在该专业教学改革中应通过多种途径尽可能地增加双语环境并引导学生阅读外文原著，使学生能够在真正理解原文内涵的基础上展开比较，从而做到中西融通、文明互鉴。同时在教学中还应积极与国际接轨，通过引进外籍教师授课、加强与国际学者的学术交流、建立完善国际交流机制等措施，促进本科生开阔国际视野，不断提升对比较文学学科的感悟与认知。“观点碰撞，磨砺思维”“加强学术，走向前沿”则反映了曹教授对于本科教育在培养学科人才储备方面作用的殷切思考，体现出他对本科教学不够重视磨炼和培养学生创新思维、对学科前沿知识与发展动向介绍不足等弊端的反思。曹顺庆教授将这两个理念贯彻到自己教学改革实践的始终，他注重以课上或课后的设问、辩论及研讨会等形式来引发学生之间观点的碰撞与争论，以此激励学生提出创新观点，提升自身的思辨能力；也注重有意识地让本科生接触学科前沿问题，鼓励学生课外参与学术前沿讲座与会议，与名师交流，在具体的学术实践中增强学术能力。以上述本科教学改革理念为基本导向，自2000年起，曹顺庆教授以四川大学新世纪高等教育教学改革工程、四川省教育厅高等教育人才培养质量和教学改革项目、新文科研究与改革实践项目、国家社科基金重大项目、教育部社科重大招标项目为依托，以负责人带头或以主要负责人参与申报校级、省级、国家级本科教学改革项目近二十项，涵盖本科课程改革、本科教材改革、人才培养改革与教学资源改革等多个方面，多次获得各级荣誉奖项，在全方位推动中国语言文学专业人才培养模式的改革与创新上取得了突出成绩。

教学改革指导理念的贯彻落实离不开具体教学实践中的不懈坚持。四十年来，在曹顺庆教授的带领下，四川大学比较文学学科逐步建设起一支实力雄厚、富有创新探索精神，兼具老中青三个梯队教师的可持续发展的核心教学团队，在教学活动中不断深化教学改革理念。本书详细展现了这支教学团队走向壮大的线性发展过程，以及其涵盖比较文学各研究领域资深专家、中坚学者、青年教师的多元结构。它的建立依托于四川比较文学及"川大比较文学学派"的学术基础：四川比较文学经历了与中国比较文学同命运、共沉浮的三个阶段的历时性发展，从最初单向吸收理论成长到提出具有创新意义的独立观点，恰与中国比较文学逐渐建立独具特色的研究体系及自我学术话语的脉络一致。三个阶段内的学术研究共同构成了"川大学派"的特色，不同时期的学术命题均贯穿于本科教育之中，与本科教学改革相配合。曹顺庆教授师承杨明照先生，继承了杨先生古代文学思想理论研究的基础，从中西比较诗学研究起步，此后进一步创造性地提出了"比较文学跨文明研究"和"比较文学变异学理论"这两个比较文学学科的重要理论问题，深刻影响了川大比较文学研究方向。而在他的激励与指导下，众多具有文艺学、比较文学、外国文学、文学人类学、美学等形形色色学科知识背景的优秀博士弟子充分发挥了跨学科优势，在比较文学研究领域不断开拓创新，颇有建树，其中许多学者选择任教于四川大学，将自己的研究成果引入比较文学本科课堂。此外，大批有志于比较文学研究的学者的汇聚，使四川大学比较文学学科内形成了多个较为稳定且在国内颇具影响力的研究群体，除曹顺庆教授领军的比较文学研究大团队外，还有赵毅衡教授、唐小林教授领衔的符号学研究团队，徐新建教授带领的多民族国家文学与文化研究团队，以王晓路教授、阎嘉教授、傅其林教授为代表的比较诗学与比较文学团队等。最终这些不同研究方向、不同学科知识背景、不同资历的比较文学学者形成了老中青三代一体，互相补充、互相学习、彼此依靠的多样化研究梯队，为四川大学比较文学本科教学理念与教学模式改革的顺利进行提供了坚实的依靠。

经过近四十年的发展，依据授课中积累起来的教学经验与具体的教学情况，四川大学比较文学教学团队已经建立起一套较为成熟的团队教学模式，在课程的"教"与"学"两个方面双管齐下，均形成了鲜明的特色。首先是"教"的方面，比较文学课程作为四川大学文学与新闻学院本科生培养计划中的基础课程与培养中国语言文学专业优秀人才的必修课，具有课程容量大、学生众多的特点，针对这一状况，四川大学比较文学教学团队摒弃了传统的单一教师授课模式，创造性地采取了团队教学的形式。在团队教学模式下，比较文学课程的全部教学内容按照“总—分—总”的结构进行划分，多位老师分工合作，分阶段进入课堂授课，负责自己研究领域的教学内容，以最大限度地保证对比较文学各个知识点完整、清晰和翔实的传授。另外，根据每学期的具体情况，教学团队会在教师安排、教学分工及课程主题等方面做出灵活调整，而非因循不变，这一特点最突出地体现在外籍教师和国际学者的本科授课上。例如在2016年春季比较文学的课堂上，来自比利时鲁汶大学的德汉教授、丹麦奥胡斯大学的拉森教授、美国亚利桑那州立大学的李点教授分别就“世界文学研究”“英文论文写作”“北美汉学研究”等专题展开授课，而在2020年春季比较文学课堂上，外籍教师莫俊伦承担了比较诗学、跨学科研究与总体文学部分的教学任务，两个学期的教学安排有着明显不同。这种灵活性与机动性是团队教学的又一显著优势，也正因如此，四川大学比较文学本科课堂能够更好地践行“接轨国际，拓展视野”的理念，促进了本科课堂与国际学术界的融合。其次是“学”的方面，团队教学分“习、做、演”三步考查学生对课堂内容的接受情况，除理论层面对知识的掌握外，还注重学生自身能动性的充分发挥和在实践层面综合运用课堂所学的能力。因此，比较文学课程设置了包括论文写作、开卷测验、课程学生刊物、话剧演出和小组课程论文展示在内的多种考查形式，搭建了师生之间具象化和即时性的交流互动平台，着力增强学生的课程参与度，调动学生的自主创新意识与学术思辨意识。通过团队教学多年来在“教”与“学”两方面的发力，比较文学本科课程收获了许多达到研究生水准的本科学术研究成果，也激发了一批又一批本科生的学术热情，推动他们迈入比较文学学术领域，甚至走出国门，迈向国际比较文学学术界。

本科教学改革的最后一个重要方面是对本科教材的革新。教材是体现教学内容和教学方法的知识载体，是进行教学的基本工具，也是深化教育改革、全面推进素质教育、培养创新人才的重要保证，然而长期以来，人文学科的教材普遍存在话语滞后、内容陈旧、视野局限、“概论”泛滥等问题，对此曹顺庆教授深感其弊。为改变这一现状，从教以来他数次主持编写具有显著创新性的新教材，如“导读性”原典教材，融“新理论、新材料、新观点”于一体的“比较文学专业系列教材”，以及具备深纵连横的世界视野的本科教材。原典系列教材旨在将阅读经典转化为教学内容，包括《中华文化》、“高等院校汉语言文学专业系列教材”和“中国语言文学专业原典阅读系列教材”，共29部。其主要特色是编入了大量的文本内容，以经典原文代替通论概述，引导学生进行沉浸式原典细读，打牢基础，陶冶素养。“比较文学专业系列教材”的代表如《比较文学学》、国家级精品教材《比较文学教程》、*The Variation Theory of Comparative Literature*、马克思主义理论研究和建设工程教材《比较文学概论》和《比较文学变异学》等，聚焦于比较文学学科前沿理论，融入了曹顺庆教授在比较文学领域所提出的一系列学术观点，展现出中国特色的比较文学学术话语，充分体现了他“中西融通、科教相长，注重话语理论建设，引领学术前沿、加强文明互鉴与交流合作，理论与实践兼顾”的创新理念。这些教材顺应了中国比较文学学科发展的时代要求，推陈出新，目前已在本科生人才培养过程中得到大力推广使用，不仅对国内比较文学学科的本科教学改革做出了重要贡献，还在海外产生了广泛影响，成绩斐然。而除这两类教材之外，曹顺庆教授还以“视域创新”为宗旨，建设了一批克服旧教材文学与诗学“孤立存在、缺乏参照”的弊端，着重关注两者横向交流和影响关系的本科教材，例如《中西比较诗学》《东方文论选》《世界文学发展比较史》《中西比较诗学史》《中外文论史》《中西诗学对话》。这些教材从比较文学与比较诗学两方面出发，努力打通文学及诗学横向发展与纵向发展的关系，使学生能够在比较和参照中深刻认识中国文学与文论的价值和特色，将比较文学平行研究与影响研究相结合，研究中外文学和诗学的发展规律。本书分门别类地展现了曹顺庆教授教材改革的以上代表性成果，并挑选出数部教材对其编撰宗旨、体例及创新意义进行了详述，以便于读者全面理解。

本书的后半部分以访谈录、回忆录和实例记录的形式，呈现了四川大学比较文学学科教学团队著名学者、曾进入川大比较文学本科课堂授课的国际知名学者和比较文学本科教学培养出的拔尖人才这三类不同主体在本科教学改革中的亲身经历、看法或体悟。四十年来，以曹顺庆教授为首的四川大学比较文学著名学者引领本科教学改革工作持续推进，他们的学术精神、学术理念和学者风度如同旗舰与灯塔，源源不断地凝聚着四方有志于斯的优秀新老学者，使教学团队能够在年月的更迭中接力发展，稳步开辟和创新教研道路。在访谈录中，曹顺庆教授与赵毅衡教授都不约而同地回顾了自己的学术道路。曹教授认为，复旦大学为他打下了学术根底，四川大学则助他确立了学术方向，这两段学习生涯均为他提供了大量阅读古今中外各学科经典著作的平台，以及与杨明照、季羡林、张松如、钱仲联、杨周翰等学术大家交流的机会。而在成为教授后，他又得到机会先后到美国康奈尔大学、哈佛大学做访问学者，在西方社会文化氛围中学习和生活了两年多，并得以与艾布拉姆斯、乔纳森·卡勒、宇文所安、夏志清等国际著名学者结识。这些经历对他的教学与人才培养理念产生了深远的影响，从中生发的思考与心得成了他“扎根与储学”“融合与联动”“探索与创新”理念的重要基础，也是他日后在四川大学比较文学学科建设“原典阅读、团队上课、中外融通‘三位一体’鲜明特色的创新本科生人才培养体系”的思想根源。同时，通过总结多年的教学实践及博士生培养经验，曹教授还特别强调将学校特色、学科优势和学生个人的学术才华相结合，做到因材施教。通过师承关系中不断的继承、发展、变革、超越，推动学术研究的不断创新，推动整个学术传承的发展和进步，这也正是“文史哲拔尖创新人才培养”的要义所在。

赵毅衡教授娓娓道来他在社科院随卞之琳先生学习时得到指点而踏上符号学研究道路的经历，以及在远赴海外求学教研后，归国来到川大的心路历程。在个人学术方向上，几经曲折探索，赵毅衡教授最终将毕生献于“钻牛角尖”的符号学研究。而在人才培养上，二十年来，他在川大建设的“符号学—传媒学研究所”已经团结了百余名研究者和硕士、博士，不断多元化拓展研究，同时还致力于双语刊物和网站的建设，为在国际上贡献出中国声音而努力。人生也有涯，而知也无涯，赵毅衡教授将学生团队视为自己一生中最得意的成果，肯定了学生对其学术的承继和拓展，为此他高度重视作为未来学术研究者根苗的本科生培养。他以“勿急躁、要专注、去功利”寄语学子，承载了一片殷殷期盼之情。

徐新建教授则以“反身转向”为关键词，在访谈中介绍了文学人类学领域对于比较文学的新拓展。徐新建教授以平实生动的叙述回答了学生关于“文学人类学”的种种疑问，包括学科的界定、文学与人类学的关系以及学科的发展前景等，使或将步入学术研究领域的本科生知晓，无论对文学人类学还是比较文学而言，我们同样需要寻找新的表述体系来阐释和形塑学科，反身转向，重新回答文学研究的根本之问，这是在当前时代重塑自我的选择。

宇文所安教授、佛克马教授和托马斯·毕比教授这三位国际知名学者亲临四川大学比较文学本科课堂授课的场景则在当年负责接待的王蕾、卢婕等曹顺庆教授的博士弟子的回忆中得以追溯。虽然光阴荏苒，距离他们来川大交流已过去数年，但这些国际学术大咖在授课和讲座中对比较文学国际视野的引进，对前沿话题别开生面的评论，以及课下幽默风趣、平易近人的个人魅力仍深深地留在亲历过这一交流活动的学生心中。佛克马教授如今虽已逝世，但过去与他的接触直接启发了王蕾的学术研究方向，他的个人经历、学术思想与理论主张也因此能够被更多人了解，而毕比教授有关文学伦理、文学翻译和“世界文学”的见解也经由卢婕的采访成稿，给予国内学者较多的思考。请国际学者来到本科课堂的举措彰显了曹顺庆教授“转益多师”“中西合璧”的人才培养理念，从回忆文字中可以看出这些难得的经历无不令学生受益匪浅，体现了教学改革建设的重要成效。

本书最后选录了从四川大学比较文学本科课堂走出的优秀本科毕业生的实例。他们中的许多人已经成为高校教师或学术研究者，继续在高校从事科研与教学工作，作为新鲜血液终将成为比较文学等学术科研领域的中坚力量。也有许多近年来毕业的本科生，在川大比较文学的课堂上受到启发与鼓舞，萌发了对比较文学的研究热情，走上了探索学术方向的道路，最终选择前往海内外名校深造，继续攻读硕士、博士学位，他们怀着对母校的深情，将过往课程学习的回忆诉诸笔端。这些青年学子是四川大学比较文学教学团队为西南、中国以及世界比较文学输送的优秀人才，是对团队教学模式在可持续性人才培养方面做出突出贡献的印证，也是曹顺庆教授领导的教学改革建设卓越性的鲜明体现。

春风化雨，德沃群芳。四十年来，曹顺庆教授勤思求索，始终坚守在探寻本科教学改革方向、建设一流学科团队、培养拔尖人才的道路上，以不懈的追求与育人初心，构建了全方面发展的本科教育立体创新格局。四川大学比较文学教学团队将秉承他的精神与理念，继往开来，继续为中国高等教育的强基固本贡献自己的一份力量。

附　录

一、重要教学成果奖一览

1. 获奖成果：东方文论选

获奖者：季羡林、曹顺庆

奖项级别：国家级教学成果奖二等奖

获奖年份：2001 年

国家级教学成果奖

获奖证书

获奖成果：东方文论选

获　奖　者：季羡林　曹顺庆

获奖等级：二　等　奖

证　书　号：2001077

中华人民共和国
教育部　部　长：陈至立

二〇〇一年十二月

2. 获奖成果：比较文学学科建设与双语人才培养

获奖者：曹顺庆、刘颖、阎嘉、王晓路、冯川

奖项级别：国家级教学成果奖二等奖；四川省教学成果奖一等奖

获奖年份：2005 年

国家级教学成果奖
获奖证书

获奖成果：比较文学学科建设与双语人才培养

获 奖 者：曹顺庆 刘 颖 阎 嘉 王晓路 冯 川

获奖等级：二等奖

证 书 号：2005512

中华人民共和国
教育部部长：周济

二〇〇五年九月

四川省教学成果奖
获奖证书

证书编号：20040031

获奖名称：比较文学学科建设与双语人才培养

获 奖 者：曹顺庆 刘 颖 冯 川 王晓路 阎 嘉

获奖等级： 一等奖

四川省人民政府
2005年5月23日

3. 获奖成果：比较文学教学团队建设与创新人才培养

获奖者：曹顺庆、徐新建、王晓路、傅其林、梁昭

奖项级别：国家级教学成果奖二等奖，四川省教学成果奖（第六届高等教育教学成果奖）一等奖

获奖年份：2009 年，2010 年

4. 获奖成果：打造跨校跨地区通识教育联盟，构建优质教育资源共享体系

获奖者：马骁、杨丹、曾道荣、何云庵、杨海洋、曹顺庆、吴能表、蒋宁、陈秋生、习勇生

奖项级别：国家级教学成果奖二等奖

获奖年份：2018 年

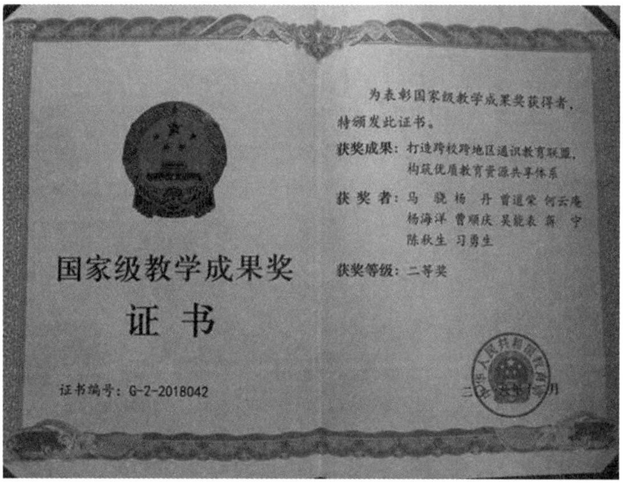
国家级教学成果奖
证 书
证书编号：G-2-2018042

为表彰国家级教学成果奖获得者，特颁发此证书。

获奖成果：打造跨校跨地区通识教育联盟，构筑优质教育资源共享体系

获 奖 者：马 骁 杨 丹 曹道荣 何云庵 杨海洋 曹顺庆 吴能表 蒋 宁 陈秋生 习勇生

获奖等级：二等奖

5. 获奖成果：原典阅读与“中华文化”素质课课程改革研究

获奖者：雷汉卿、曹顺庆、粟品孝、黄玉顺、熊兰

奖项级别：四川省教学成果奖（第六届高等教育教学成果奖）一等奖

获奖年份：2010 年

四川省教学成果奖
第六届高等教育教学成果奖
获奖证书
证书编号：SCJX06-1-067

获奖名称：

原典阅读与“中华文化”素质课课程改革研究

获 奖 者：

雷汉卿 曹顺庆 粟品孝 黄玉顺 熊 兰

获奖等级：一等奖

二〇一〇年三月二十九日

6. 获奖成果：以一流学科建设促进创新人才培养：话语建构与学术实践相结合的教学模式

获奖者：曹顺庆、徐新建、赵毅衡、梁昭、赵渭绒

奖项级别：四川省第八届高等教育优秀教学成果一等奖

获奖年份：2018 年

完成单位：四川大学

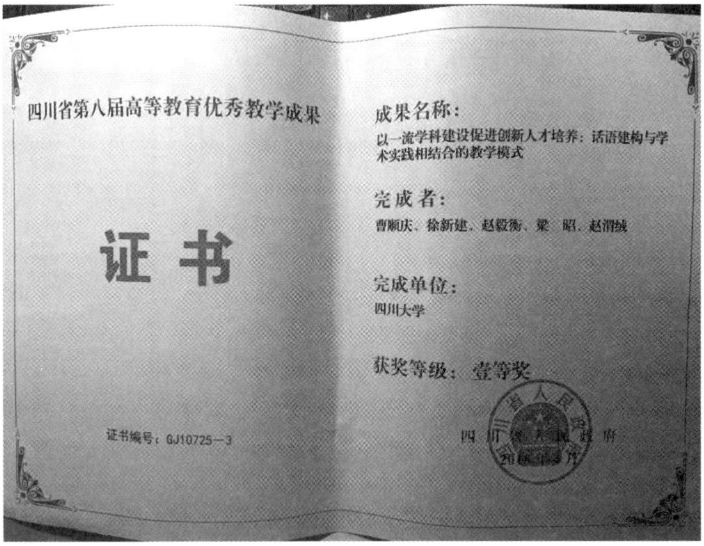
四川省第八届高等教育优秀教学成果

证书

证书编号：GJ10725—3

成果名称：

以一流学科建设促进创新人才培养：话语建构与学术实践相结合的教学模式

完成者：

曹顺庆、徐新建、赵毅衡、梁 昭、赵渭绒

完成单位：

四川大学

获奖等级：壹等奖

四川省人民政府

7．获奖成果：打造平台，优势互补，构建通识教育优质资源共享体系

获奖者：马骁、杨丹、曾道荣、何云庵、杨海洋、曹顺庆、吴能表、蒋宁、陈秋生、刁勇生

奖项等级：四川省第八届高等教育优秀教学成果一等奖

获奖年份：2018 年

完成单位：西南财经大学、四川大学、重庆大学、电子科技大学、西南大学

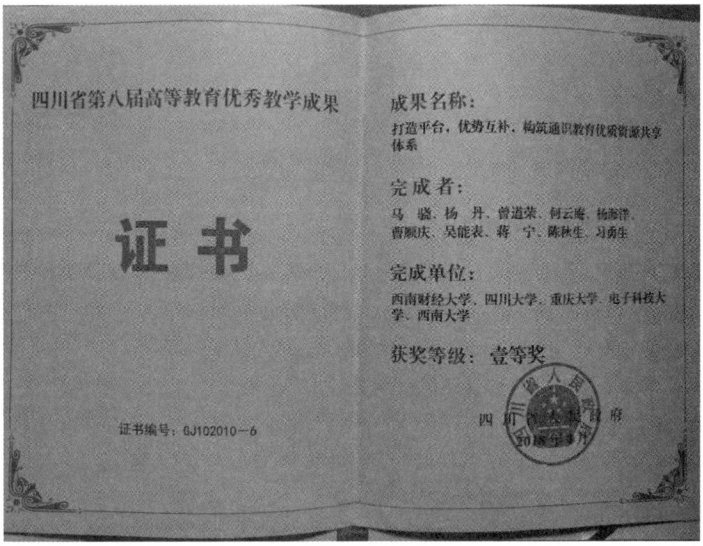
四川省第八届高等教育优秀教学成果

证书

证书编号：GJ102010—6

成果名称：

打造平台，优势互补，构筑通识教育优质资源共享体系

完成者：

马 骁、杨 丹、曾道荣、何云庵、杨海洋、曹顺庆、吴能表、蒋 宁、陈秋生、刁勇生

完成单位：

西南财经大学、四川大学、重庆大学、电子科技大学、西南大学

获奖等级：壹等奖

四川省人民政府

二、曹顺庆教授近年重要教学改革项目一览

1. 项目名称：研究型大学本科人才培养风格和特色的研究

项目信息：四川省 2009—2012 年高等教育人才培养质量和教学改革项目

立项年份：2009 年

项目负责人：曹顺庆

2. 项目名称：文化原典阅读与研究型大学本科教学改革研究

项目信息：四川大学新世纪高等教育教学改革工程（第五期）项目

立项年份：2011 年

项目负责人：曹顺庆

3. 项目名称：学术创新与本科人才培养的研究

项目信息：四川省高等教育人才培养质量和教学改革项目

立项年份：2013 年

项目负责人：曹顺庆

4. 项目名称：中外文化典籍阅读与一流人才培养

项目信息：四川省高等教育人才培养质量和教学改革项目

立项年份：2018 年

项目负责人：曹顺庆

项目组主要成员：赵渭绒、王一平、庄佩娜

5. 项目名称：中文卓越人才培养模式改革与创新研究

项目信息：四川省高等教育人才培养质量和教学改革项目重点项目

立项年份：2021 年

项目负责人：曹顺庆

项目组主要成员：张帅东、张法、金惠敏、杨清

6. 项目名称：文史哲拔尖创新人才培养创新与实践

项目信息：教育部首批新文科研究与改革实践项目（国家级）

立项年份：2021 年

项目负责人：曹顺庆

7. 项目名称：中国语言文学拔尖人才培养体系建设研究

项目信息：四川省高等教育人才培养质量和教学改革项目

立项年份：2021 年

项目负责人：周维东

项目组主要成员：曹顺庆、李怡、雷汉卿、韩江华、王长林、周仁平、刘天泉

8. 项目信息：四川省教育厅第三批高校省级课程思政示范专业

学校及专业信息：四川大学汉语言文学

专业负责人：曹顺庆

专业类别：普通本科教育

认定年份：2022 年

三、出版教材目录

1. 曹顺庆教授总主编，重庆大学出版社“高等院校汉语言文学专业系列教材”（“中国语言文学专业原典阅读系列教材”）

（1）《现代西方批评理论》，赵毅衡、傅其林、张怡主编，重庆大学出版社，2010 年版。

Ⅰ 马克思主义

卢卡奇

• 原典选读 现实主义辩

本雅明

• 原典选读 机械复制时代的艺术作品

巴赫金

• 原典选读 长篇小说的话语

阿尔都塞

• 原典选读 意识形态和意识形态国家机器

詹姆逊

• 原典选读 文化与金融资本

Ⅱ 现象学/存在主义/阐释学

英伽登

• 原典选读 现象学美学：其范围的界定

萨特

• 原典选读 为何写作？

海德格尔

• 原典选读 艺术作品的本源

加达默尔

• 原典选读 艺术作品的本体论及其诠释学的意义

姚斯

• 原典选读 文学史作为向文学理论的挑战

Ⅲ 精神分析

弗洛伊德

• 原典选读 创作家与白日梦

荣格

• 原典选读 集体无意识的概念

拉康

• 原典选读 助成“我”的功能形成的镜子阶段——精神分析经验所揭示的一个阶段

Ⅳ形式论

什克洛夫斯基

• 原典选读 作为技巧的艺术

艾略特

• 原典选读 传统与个人才能

索绪尔

• 原典选读 语言符号的性质

皮尔斯

• 原典选读 像似，指示，规约

雅柯布森

• 原典选读 隐喻和转喻的两极

巴尔特

• 原典选读 作者之死

Ⅴ后结构主义

福柯

• 原典选读 人文科学

德里达

• 原典选读 外与内

Ⅵ 后现代主义

格林布拉特

（2）《古代汉语》，俞理明、雷汉卿主编，重庆大学出版社，2010 年版。

目錄

(3)《古典文献学》，项楚、张子开主编，重庆大学出版社，2015年版。

五、金石形態

六、竹木形態

七、縑帛形態

八、紙張形態

第三節　文獻的流傳

【原典閱讀】

一、宋高承《事物紀原》卷四《經籍藝文部十七》（節錄）

二、西漢司馬遷《史記》卷一百二十八《龜策列傳》（節錄）

三、宋李昉等《太平御覽》卷六百一《文部十七·著書上》

四、宋李昉等《太平御覽》卷六百二《文部十八·著書下》

第三章　古典文獻簡史

第一節　上古：原始社會至夏商周秦

一、原始社會至夏

二、商

三、周

四、秦

第二節　中古（一）：兩漢

一、東漢

二、西漢

第三節　中古（二）：魏晉南北朝隋

一、魏晉南北朝

二、隋

第四節　中古（三）：唐五代

一、唐

二、五代

第五節　中古（四）：宋遼金元

一、宋

二、遼金元

第六節　近古（一）：明

第七節　近古（二）：清

一、政治與典章制度文獻

二、皇帝實錄

三、經學與思想意識文獻

三、其它分類法

第三節　目錄的類型

一、官修目錄

二、私修目錄

三、史志目錄

【原典閱讀】

一、漢班固等《漢書 藝文志》(節選)

二、清永瑢等《四庫全書總目》集部總序、楚辭類小序、《楚辭章句》提要

第六章　文獻類型（上）：傳統四部文獻

第一節　經部文獻

一、《易》

二、《書》

三、《詩》

四、三禮

五、春秋三傳

六、《孝經》

七、《論語》

八、《爾雅》

九、《孟子》

十、小學

第二節　史部文獻

一、《二十四史》

二、《資治通鑒》

三、《續資治通鑒長篇》

四、《三朝北盟彙編》

五、《史通》

六、《唐律疏議》

七、《通典》

八、《洛陽伽藍記》

九、《大唐西域記》

十、《水經注》

十一、《郡齋讀書志》

十二、《直齋書錄解題》

第三節　子部文獻

一、《荀子》

二、《朱子語類》

三、《孫子》

四、《韓非子》

五、《齊民要術》

六、《墨子》

七、《管子》

八、《晏子春秋》

九、《風俗通義》

十、《淮南子》

十一、《論語》

十二、《顏氏家訓》

十三、《老子》

十四、《莊子》

十五、《抱樸子》

十六、《大藏經》

十七、《祖堂集》

第四節　集部文獻

一、《楚辭》

二、《李太白詩集注》

三、《杜詩詳注》

四、《白氏長慶集》

五、《李商隱集》

六、《王梵志詩》

七、《經進東坡文集事略》

八、《文選》

九、《玉台新詠》

十、《樂府詩集》

十一、《全唐詩》

十二、《全上古三代秦漢三國六朝文》

十三、《先秦漢魏晉南北朝詩》

一、幾種少數民族的書面文獻（選擇介紹）

二、少數民族文字珍貴古籍

【原典閱讀】

一、清永瑢等《四庫全書總目》類書類小序

二、唐歐陽詢《〈藝文類聚〉序》

三、唐徐堅《初學記》卷二十一（節錄）

四、清永瑢等《四庫全書總目》“蒙古源流”提要

第八章　文獻的認知：版本

第一節　概述

一、版本

二、版本學

三、版本學史

第二節　版本認知

一、古書裝幀

二、古書版式

第三節　版本類型

一、古籍版本的類型

二、刻本與活字本

第四節　版本的鑒定

一、版本鑒定

二、善本淺說

【原典閱讀】

一、清葉德輝《書林清話》（節選）

二、古籍定級標準

第九章　文獻的利用：工具書的編排和查檢

第一節　紙質檢索工具書的利用

一、書名檢索

二、人名檢索

三、地名檢索

四、字詞檢索

五、利用紙質檢索工具書查找相關文獻須注意的問題

第二節　電子文獻檢索工具的利用

一、光碟資料庫

二、網路資料庫

三、利用電子文獻檢索工具須注意的事項

【原典閱讀】

一、清章學誠《校讎通義》卷一《校讎條理第七》之二

二、劉聲木《萇楚齋隨筆》卷七《皇清經解正續目錄》

三、毛謨《說文檢字序》

四、黎永椿《說文通檢例》

五、洪業《引得說》之《第一篇何謂引得》

第十章　文獻的整理：校勘與辨偽

第一節　校勘

一、何謂校勘?

二、校勘內容

三、校勘方法

第二節　辨偽

【原典閱讀】

一、唐顏師古《漢書·敘例》

二、宋鄭樵《通志·校讎略》

三、清章學誠《校讎通義》校讐條理第七

(4)《外国文学》，刘亚丁、邱晓林主编，重庆大学出版社，2010年版。

第一编　古代文学

第一章　希腊神话

第二章　荷马史诗

第三章　《俄狄浦斯王》

第四章　圣经文学

第五章　《摩诃婆罗多》

第六章　《贝奥武甫》

第七章　《源氏物语》

第八章　《神曲》

第二编　近代文学

第九章　《巨人传》

第十章　《堂吉诃德》

第十一章　《哈姆雷特》

第十二章　《伪君子》

第十三章　《浮士德》
第十四章　《抒情歌谣集》
第十五章　《艰难时世》
第十六章　《德伯家的苔丝》
第十七章　《红与黑》
第十八章　《巴黎圣母院》
第十九章　《高老头》
第二十章　《包法利夫人》
第二十一章　《恶之花》
第二十二章　《叶甫盖尼·奥涅金》
第二十三章　《罪与罚》
第二十四章　《战争与和平》
第二十五章　《樱桃园》

第三编　现代文学

第二十六章　《荒原》
第二十七章　《尤利西斯》
第二十八章　《等待戈多》
第二十九章　《约翰·克利斯朵夫》
第三十章　《变形记》
第三十一章　《静静的顿河》
第三十二章　《喧哗与骚动》
第三十三章　《洛丽塔》
第三十四章　《先知》
第三十五章　《吉檀迦利》
第三十六章　《雪国》
第三十七章　《百年孤独》

(5)《西方文化》，曹顺庆主编，重庆大学出版社，2011年版。

第一编　文学

第一章　古希腊古罗马文学
- 伊利亚特（第20卷）
- 奥德修纪（第9卷）
- 普罗米修斯（节选）

第二章　中世纪文学

- 新约·马太福音（节选）
- 罗兰之歌（节选）
- 神曲（节选）

第三章　文艺复兴时期的文学

- 论死后才能判定我们的幸福（节选）
- 巨人传（节选）
- 哈姆雷特（节选）

第四章　启蒙运动时期的文学

- 老实人（节选）
- 忏悔录（节选）
- 浮士德（节选）
- 阴谋与爱情（节选）

第五章　19世纪及现当代西方的文学

- 荒原（节选）
- 变形记（节选）
- 尤利西斯（节选）
- 等待戈多（节选）
- 第二十二条军规（节选）
- 百年孤独（节选）

第二编　艺术

第六章　古希腊古罗马艺术

第七章　中世纪艺术

第八章　文艺复兴艺术

第九章　从巴洛克到罗可可艺术

第十章　近现代西方艺术

第十一章　当代西方艺术

第三编　哲学

第十二章　古希腊哲学

- 希腊哲学的起源和传承等情况
- 研究哲学的缘由
- 事物分有同名理念而存在
- 什么是科学与智慧
- 科学的分类及三种思辨科学的研究对象

• 思辨是最大的幸福

第十三章　中世纪哲学

• 安瑟伦对上帝存在的证明

• 阿奎那对上帝存在的证明

• 阿奎那：神学高于哲学，哲学是神学的奴仆

第十四章　现代哲学

• 培根：《新工具》选读

• 笛卡尔：《哲学原理》选读

• 康德："答复这个问题：'什么是启蒙运动？'"

• 康德：《纯粹理性批判·第二版序言》选读

• 康德：《道德形而上学奠基》选读

• 黑格尔：《精神现象学·序言》选读

• 黑格尔：《哲学史讲演录·导言》选读

第十五章　当代哲学

• 海德格尔："哲学的终结和思的任务"

• 维特根斯坦：《哲学研究》选读

参考文献

(6)《现代汉语》，杨文全主编，重庆大学出版社，2010年版。

第一章　绪论

第一节　语言符号

一、符号概说

二、语言与符号

三、语言与文字

四、语言符号的特点

【原典阅读】语言在人文事实中的地位：符号学

语言符号的任意性问题——语言哲学探索之一

从现代常用字看汉字的符号性

第二节　语言的功能、机制与类型

一、语言的功能

二、语言的机制

三、语言的类型

【原典阅读】语言类型学

世界语言的分类

七、回环

【原典阅读】辞格

我们对辞格的看法

(7)《语言学概论》，刘颖主编，重庆大学出版社，2010年版。

第一章　总论

第一节　什么是语言学

一、语言学的性质及研究对象

二、从“语文学（Philology）”到“语言学（Linguistics）”

三、语言学的分类

四、学习语言学的意义

第二节　语言和言语

一、语言和言语的定义

二、语言和言语的对立统一

第三节　语言的功能

一、语言的交际功能

二、语言的思维功能

三、语言的其他功能

第四节　语言学的研究范围

一、内部语言学

二、外部语言学

【原典阅读】

1. Course in General Linguistics Saussure

译文：普通语言学教程（节选）高名凯，译

2. Introductory：Language Defined Sapir

译文：引论：什么是语言 陆卓元，译

3. 荀子·正名篇·第二十二（节选）

第二章　语音

第一节　语音的属性

一、语音的物理属性

二、语音的生理属性

三、语音的心理属性

四、语音的社会属性

第二节　音响和发声

三、句子的言语意义（言外之意）

第五节　语义和修辞

一、语义场理论与修辞

二、修辞造词与词义的形象性

三、修辞与语义的发展

【原典阅读】

1. Seven Types of Meaning G. Leech

译文：七类不同的意义 李瑞华、王彤福、杨自俭、穆国豪，译

2. On Sense and Reference Gottlob Frege

译文：论涵义和指称 肖阳，译

第四章　语法

第一节　语法和语法单位

一、语法是语言的组织规则

二、语法单位

第二节　语法和形态学

一、形态与句法

二、形态作为语法的表现手段

第三节　词法

一、词根与词缀

二、构词法

三、构形法

四、词类

第四节　句法

一、句法关系与句法表现形式

二、句法分析方法

第五节　超句法

【原典阅读】

1. Language L. Bloomfield

译文：语言论（节选）袁家骅，赵世开，甘世福，等译

2. Parts of Speech C. F. Hockett

译文：词类 索振宇、叶蜚声、译

第五章　文字

第一节　索绪尔（1857—1913）与日内瓦学派
第二节　布拉格学派
第三节　哥本哈根学派
第四节　美国的结构主义学派
第五节　伦敦学派
第六节　转换一生成语法理论
第七节　其他学派及理论
一、广义短语结构语法（Generalized phrase structure grammar，GPSG）
二、关系语法（Relational grammar）
三、词汇一功能语法（Lexical—functional grammar）
四、依存语法（Dependency grammars）
五、法位学（Tagmemics）
六、层次语法（Stratificational linguistics）
【原典阅读】
1. General Principles Saussure
译文：一般原则 高名凯，译
2. Prolegomena to a Theory of Language louis，Hjelmslev
第八章　语言学和其他学科的关系
第一节　语言学和文学
第二节　语言学和哲学
第三节　语言学和人类学
第四节　语言学和心理学
第五节　语言学和社会学
第六节　语言学和语言教学
一、语法翻译法
二、直接法
三、听说法
四、情境法
五、功能法
六、交际法
七、其他语言教学法
【原典阅读】

1. Nature and Constitution of Language Wilhelm von Humboldt
译文：语言的一般性质和特点 姚小平，译
2. Style and Image Roland Barthes
3. 庄子（选段）庄子
参考文献

（8）《中国古代文学（上、下）》，周裕锴、谢谦、刘黎明主编，重庆大学出版社，2010年版。

（上册）

先秦文学

总论

第一章 《诗经》

第一节 风诗

第二节 雅诗

第三节 颂诗

第二章 先秦历史散文

第一节 《尚书》

第二节 《左传》

第三节 《国语》

第四节 《战国策》

第五节 《逸周书》与《穆天子传》

第三章 先秦诸子散文

第一节 早期诸子散文

第二节 中期诸子散文

第三节 晚期诸子散文

第四章 楚辞

第一节 屈原作品

第二节 其他楚作家作品

第三节 宋玉赋

两汉文学

总论

第一章 秦汉诗

第一节 楚歌

第二节 乐府诗

第三节　文人诗
第二章　汉赋
第一节　骚体赋
第二节　散体大赋
第三节　东汉抒情小赋
第三章　秦汉文
第一节　秦及西汉前期散文
第二节　西汉中后期散文
第三节　东汉散文
第四章　史传文
第一节　《史记》
第二节　《汉书》

魏晋南北朝文学

总论
第一章　魏晋南北朝诗
第一节　建安诗坛
第二节　正始诗坛
第三节　两晋诗坛
第四节　刘宋诗坛
第五节　新体诗与齐梁陈诗坛
第二章　南北朝乐府
第一节　南朝乐府
第二节　北朝乐府
第三章　魏晋南北朝文
第一节　散文
第二节　骈文
第三节　辞赋
第四章　魏晋南北朝小说
第一节　志怪小说
第二节　志人小说

隋唐五代文学

总论
第一章　隋唐诗

第三章　宋词

　　第一节　北宋中期雅词

　　第二节　北宋中期俗词

　　第三节　苏轼词

　　第四节　北宋后期词人

　　第五节　李清照与南渡前后词人

　　第六节　辛弃疾与豪放词人

　　第七节　姜夔与姜派词人

　　第八节　宋季四家

金元文学

总论

第一章　金元诗词文

　　第一节　金代诗词

　　第二节　元代前期诗词

　　第三节　元诗四大家及中期诗词

　　第四节　铁崖体

第二章　金元散曲

　　第一节　元前期散曲

　　第二节　元后期散曲

第三章　金元戏曲

　　第一节　关汉卿

　　第二节　元前期其他作家杂剧

　　第三节　元后期杂剧

　　第四节　元南戏

明代文学

总论

第一章　明诗

　　第一节　明初诗

　　第二节　江南文人诗

　　第三节　前后七子诗

　　第四节　公安、竟陵诗及性灵诗人

第二章　明文

　　第一节　明前期文

第二节　前后七子、唐宋派及明中后期文
第三节　公安派文及小品文
第三章　明小说
第一节　长篇章回小说
第二节　文言小说与才子佳人小说
第三节　白话短篇小说
第四章　明戏曲
第一节　明杂剧
第二节　明传奇
第三节　明散曲

清代文学

总论
第一章　清诗
第一节　清前期诗
第二节　清中期诗
第三节　清后期诗
第二章　清文
第一节　清前期文
第二节　清中期文
第三节　清后期文
第三章　清词
第一节　清前期词
第二节　清后期词
第四章　小说戏曲

(9)《中国现当代文学》，李怡、干天全主编，重庆大学出版社，2010年版。

绪论
第一编　运动中的新文学（1917—1927）
导引
第一章　中国新文学的奠基人鲁迅
第一节　鲁迅的人生与文学
第二节　鲁迅的小说
第三节　鲁迅的散文

第四节　鲁迅的杂文
第二章　白话新诗的创立发展与郭沫若
第一节　白话新诗的创立发展
第二节　郭沫若的《女神》及其他诗歌
第三节　前期新月派诗歌
第四节　早期象征主义诗歌
第五节　其他诗人的创作
第三章　现代小说的新探索
第一节　社会问题小说
第二节　自叙传抒情小说
第三节　乡土小说
第四章　现代散文的新貌
第一节　《新青年》作家散文
第二节　“文研会”作家散文
第三节　创造社作家散文
第四节　新月社作家散文
第五章　现代话剧的萌芽
第一节　社会问题剧与早期写实戏剧
第二节　创造社戏剧与中国现代话剧的抒情传统
第二编　革命的文学（1927—1937）
导引
第六章　革命文学时代的小说
第一节　茅盾与巴金的小说
第二节　老舍与沈从文的小说
第三节　左翼作家与东北作家群的小说
第四节　新感觉派及其他作家小说
第七章　左翼文学运动时期的诗歌
第一节　中国诗歌会诗人群
第二节　后期新月诗派
第三节　现代诗派
第八章　左翼文学运动时期的散文
第一节　小品散文
第二节　报告文学与其他散文

第九章　革命文学时代的戏剧创作
　　第一节　曹禺的戏剧创作
　　第二节　左翼戏剧和广场戏剧
第三编　战争格局中的文学（1937—1949）
　　导引
　　第十章　战争时代的小说
　　　　第一节　张爱玲与李劼人的小说
　　　　第二节　赵树理小说
　　　　第三节　其他小说
　　第十一章　战争时期的中国诗歌
　　　　第一节　艾青、田间与七月诗派
　　　　第二节　穆旦与中国新诗派
　　　　第三节　其他诗歌创作
　　第十二章　战争时代的散文
　　　　第一节　蓬勃发展的散文
　　　　第二节　鲁迅风格的杂文
　　第十三章　战争时代的话剧
　　　　第一节　历史剧的中兴
　　　　第二节　大后方话剧的多重奏
　　　　第三节　解放区戏剧及其他
第四编　当代文学的转折（1949—1976）
　　导引
　　第十四章　转折时期的小说创作
　　　　第一节　茹志鹃和她的《百合花》
　　　　第二节　柳青和他的《创业史》
　　第十五章　转折时期的诗歌创作
　　　　第一节　郭小川与贺敬之的政治抒情诗
　　　　第二节　李瑛和闻捷的生活抒情诗
　　　　第三节　"新民歌"与"天安门诗歌"
　　第十六章　转折时期的散文创作
　　　　第一节　杨朔的散文
　　　　第二节　秦牧的散文
　　　　第三节　刘白羽的散文

第十七章　转折时期的话剧创作
第一节　郭沫若的《蔡文姬》
第二节　田汉的《关汉卿》
第三节　老舍的《茶馆》
第五编　当代文学的启蒙时代（1977—1989）
导引
第十八章　新启蒙时代的小说创作
第一节　王蒙的小说创作
第二节　张贤亮的小说创作
第十九章　新启蒙时代的诗歌创作
第一节　归来的歌：艾青、曾卓和唐湜
第二节　“朦胧诗”：北岛和顾城
第三节　“第三代”：韩东、于坚和海子
第二十章　新启蒙时代的散文、报告文学创作
第一节　巴金的散文《怀念萧珊》
第二节　杨绛与《干校六记》
第三节　徐迟的报告文学《哥德巴赫猜想》
第二十一章　新启蒙时代的话剧创作
第一节　现实主义话剧的深化
第二节　现代主义话剧的探索
尾篇　市场经济与新世纪的到来
第一节　市场化时代的中国文学
第二节　陈忠实与中国小说的繁复状态
第三节　分歧与喧闹中的诗歌
第四节　市场化时代的散文创作
第五节　市场化时代的话剧创作
推荐阅读书目后记
后记

（10）《中国古代文论史》，曹顺庆、李凯主编，重庆大学出版社，2015年版。

第一章　导论
一、中国古代文学理论发展简史
（一）先秦

雪涛阁集序/袁宏道
诗归序/钟惺
序山歌/冯梦龙
第八章 清代
读第五才子书法（选录）/金圣叹
闲情偶寄（选录）/李渔
姜斋诗话（选录）/王夫之
原诗（选录）/叶燮
带经堂诗话（选录）/王士禛
答沈大宗伯论诗书/袁枚
复鲁絜非书/姚鼐
艺概（选录）/刘熙载
白雨斋词话·自序/陈廷焯
论小说与群治之关系/梁启超
人间词话（选录）/王国维
参考文献

(11)《比较文学》，曹顺庆、徐行言主编，重庆大学出版社，2016年版。

第一章 什么是比较文学
第一节 比较文学的诞生背景
·原典选读 波斯奈特：比较法与文学（节选）
艾金伯勒：比较文学的目的、方法、规划（节选）
第二节 比较文学的发展阶段
·原典选读 巴登斯贝格：比较文学：名称与实质（节选）
韦勒克：比较文学的名称与实质
·研究范例 张隆溪：钱锺书谈比较文学与文学比较（节选）
第三节 比较文学的学科性质
·原典选读 克莱门茨：比较文学的定义与描述（节选）
野上丰一郎：比较文学概要（节选）
第二章 影响研究与国际文学关系
第一节 国际文学关系视域下的影响研究
·原典选读 梵·第根：比较文学论（节选）
伽列：《比较文学》初版序言（节选）
第二节 流传学

（节选）

• 研究范例　米丽耶·德特利：19世纪西方文学中的中国形象（节选）

乐黛云：文化对话与世界文学中的中国形象（节选）

第三节　接受学

• 原典选读　姚斯：走向接受美学（节选）

霍拉勃：接受理论（节选）

• 研究范例　赵毅衡：意象派与中国古典诗歌

第四节　译介学

• 原典选读　斯皮瓦克：翻译的政治（节选）

• 研究范例　钱锺书：林纾的翻译（节选）

第五章　总体文学研究

第一节　总体文学研究概述

• 原典选读　韦勒克：总体文学、比较文学与民族文学（节选）

• 研究范例　钱锺书：诗可以怨（节选）

第二节　跨文明体系的总体文学研究

• 原典选读　叶维廉：东西方文学中“模子”的应用（节选）

• 研究范例　王元化：刘勰的譬喻说与歌德的意蕴说（节选）

第三节　全球化时代的比较文学研究

• 原典选读　伯恩海姆：世纪之交的比较文学（节选）

苏源熙：从新鲜的恶梦中缝在一起的精美的尸体（节选）

（12）《中华文化概论》，曹顺庆、徐希平主编，重庆大学出版社，2015年版。

引言

上编

第一章　先秦诸子

第一节　先秦诸子与中华文化

第二节　先秦儒家

第三节　先秦道家

第四节　其他先秦诸子

第二章　儒家思想

第九章　明清小说
　第一节　《三国演义》
　第二节　《水浒传》
　第三节　《西游记》
　第四节　《红楼梦》
　第五节　明清小说与古代叙事艺术
第十章　古代艺术
　第一节　古代音乐与舞蹈
　第二节　雕塑艺术
　第三节　书画艺术
　第四节　建筑园林艺术
　第五节　古代戏曲
下编
第十一章　上古史
　第一节　古史系统
　第二节　出土文献与考古
第十二章　史书体例
　第一节　二十四史
　第二节　编年体和纪传体
　第三节　纪事本末体
第十三章　古代史学
　第一节　史官与历史意识
　第二节　史学名著
　第三节　古代史学的成就
第十四章　民族融合与文化传播
　第一节　人口迁移与民族融合
　第二节　汉文化与少数民族文化的交融
　第三节　中华文化的传播
第十五章　古代教育与科学技术
　第一节　学校与科举
　第二节　古代科技

(13)《美学与艺术理论》，冯宪光、肖伟胜、马睿主编，重庆大学出版社，2016年版。

第一章　美学的独立与艺术理论
第一节　沙夫茨伯里的审美直觉
原典选读：[英] 沙夫茨伯里：《道德学家》（节选）
第二节　鲍姆嘉通论“美学”
原典选读：[德] 鲍姆嘉通：《美学》（节选）
第三节　康德的“无目的的合目的性”
原典选读：[德] 康德：《判断力批判》（节选）
第四节　黑格尔的艺术哲学
原典选读：[德] 黑格尔：《美学》（节选）
第二章　艺术美感的多样性
第一节　休谟的趣味标准
原典选读：[英] 休谟：《论趣味的标准》（节选）
第二节　康德的“艺术中的鉴赏力”
原典选读：[德] 康德：《判断力批判》（节选）
第三节　伽达默尔的“作为游戏的艺术”
原典选读：[德] 伽达默尔：《美的现实性——作为游戏、象征和节日的艺术》（节选）
第四节　本雅明的“灵韵”
原典选读：[德] 本雅明：《机械复制时代的艺术作品》（节选）
第三章　艺术与情感
第一节　亚里士多德的净化论
原典选读：[古希腊] 亚里士多德：《诗学》（节选）
第二节　托尔斯泰论艺术的情感表现
原典选读：[俄] 托尔斯泰：《什么是艺术》（节选）
第三节　克罗齐和科林伍德的表现主义
一、克罗齐的“直觉即表现”
原典选读：[意] 克罗齐：《美学原理》（节选）
二、科林伍德的表现主义美学
原典选读：[英] 科林伍德：《艺术原理》（节选）
第四节　姚斯的“期待视野”
原典选读：[德] 姚斯：《审美经验与文学解释学》（节选）
第四章　文学与形式
第一节　古希腊的形式观

原典选读：[古希腊] 柏拉图：《理想国》(节选)

第二节 什克洛夫斯基的“陌生化”

原典选读：[俄] 什克洛夫斯基：《作为手法的艺术》(节选)

第三节 苏珊·朗格论艺术形式

原典选读：[美] 苏珊·朗格：《情感与形式》(节选)

第四节 詹姆逊的马克思主义视野下的艺术形式理论

原典选读：[美] 詹姆逊：《马克思主义与形式》(节选)

第五章 当代艺术理论

第一节 艺术定义的转变

原典选读：[美] 乔治·迪基：《艺术的体制理论》(节选)

第二节 当代马克思主义艺术理论

原典选读：[英] 雷蒙德·威廉斯：《马克思主义与文学》(节选)

第三节 结构主义艺术理论

原典选读：[英] 布列逊：《注视被忽视的事物：静物画四论》(节选)

第四节 后现代主义艺术理论

原典选读：[法] 福柯：《这不是一只烟斗》(节选)

第六章 从绘画到电影

第一节 再现与艺术价值

原典选读：[美] 戴维·萨默斯：《再现》(节选)

第二节 视觉艺术与非视觉艺术

原典选读：[英] 约翰·伯格：《观看之道》(节选)

第三节 作为艺术的电影

原典选读：[德] 鲁道夫·爱因汉姆：《电影作为艺术》(节选)

第四节 蒙太奇与电影艺术结构

原典选读：[法] 安德列·巴赞：《电影语言的演进》(节选)

第七章 作为艺术的建筑

第一节 功能主义

原典选读：[法] 勒·柯布西耶：《建筑或者革命》(节选)

第二节 形式主义

原典选读：[美] 伊利尔·沙里宁《形式与空间》(节选)

第三节 建筑与交流

原典选读：[英] 查尔斯·詹克斯：《建筑艺术交流的模式》(节

选）

第四节　后现代主义建筑

原典选读：［美］罗伯特·文丘里等：《向拉斯维加斯学习》（节选）

第八章　日常生活美学

第一节　杜威的“艺术即经验”

原典选读：［美］约翰·杜威：《拥有一个经验》（节选）

第二节　海德格尔的“艺术作品的本源”

原典选读：［德］马丁·海德格尔：《艺术作品的本源》（节选）

第三节　韦尔施的“美学转向”

原典选读：［德］沃尔夫冈·韦尔施：《审美化过程：现象、区分和前景》（节选）

第四节　费瑟斯通的“日常生活审美化”

原典选读：［英］迈克·费瑟斯通：《日常生活的审美呈现》（节选）

第九章　生活艺术与身体美学

第一节　尼采的“酒神精神”

原典选读：［德］弗里德里希·尼采：《日神与酒神》（节选）

第二节　维特根斯坦的“美是幸福的”

原典选读：［奥］路德维希·维特根斯坦：《1914—1916年笔记》（节选）

第三节　福柯的“审美化生存”

原典选读：［法］米歇尔·福柯：《关心自己》（节选）

第四节　舒斯特曼的“身体美学”

原典选读：［美］理查德·舒斯特曼：《身体美学》（节选）

（14）《文学理论基础》，阎嘉主编，重庆大学出版社，2014年版。

第一章　文学本质论

概述

第一节　作品与文学的本质

第二节　世界与文学的本质

第三节　作者与文学的本质

第四节　读者与文学的本质

复习思考题

第二章　文学作品论
　　概述
　　第一节　文学作品的内容与形式
　　第二节　文学作品的内容要素
　　第三节　文学作品的形式要素
　　复习思考题
第三章　文学创作论
　　概述
　　第一节　文学创作的双重属性
　　第二节　文学创作的影响因素
　　第三节　文学创作的动态过程
　　复习思考题
第四章　文学接受论
　　概述
　　第一节　文学的审美接受
　　第二节　文学生产与文学消费
　　第三节　文学传播
　　复习思考题
第五章　文学阐释论
　　概述
　　第一节　社会历史批评
　　第二节　文本批评
　　第三节　心理批评
　　第四节　意识形态批评
　　第五节　阐释学、接受美学和读者反应批评
　　第六节　身份批评
　　复习思考题
第六章　文学流变论
　　概述
　　第一节　文学的起源
　　第二节　文学的流变
　　第三节　文学的未来走向
　　复习思考题

参考文献

(15)《文学写作》，干天全、刘迅主编，重庆大学出版社，2014年版。

第三节 抒情性议论

第九章 诗歌写作

第一节 诗歌的抒情本性

第二节 诗歌的意象及运用

第三节 诗歌意象的表现方式

第四节 诗歌的意境

第五节 诗歌的语言与节奏

第十章 散文写作

第一节 散文的涵义及特征

第二节 散文的分类

第三节 散文的写作要求

第十一章 小说写作

第一节 小说的概念及基本特征

第二节 小说的情节

第三节 小说的人物形象

第四节 小说的环境描写

第十二章 报告文学写作

第一节 报告文学的概念与特征

第二节 报告文学的社会作用

第三节 报告文学的写作

第十三章 影视剧本的写作

第一节 影视剧本的概念与种类

第二节 影视剧本的特征

第三节 影视剧的主题

第四节 影视的人物

第五节 影视剧的情节

第六节 影视剧的结构

第七节 影视剧作的语言艺术

后记

(16)《当代应用文写作》,干天全、刘迅主编,重庆大学出版社,2014年版。

绪论

第一章 公文概述

第一节　公文的性质与作用
第二节　公文的特点与行文关系
第三节　公文的格式内容及撰写
第四节　公文的语言要求
第二章　规定公文文体
第一节　决定
第二节　通知
第三节　通报
第四节　公告
第五节　通告
第六节　报告
第七节　请示
第八节　批复
第九节　意见
第十节　函
第十一节 纪要
第三章　规章制度
第一节　规章制度概述
第二节　章程
第三节　规定
第四节　办法
第五节　细则
第六节　规则
第七节　守则
第八节　公约
第四章　非规定公文
第一节　调查报告
第二节　计划
第三节　方案
第四节　总结
第五节　安排
第六节　简报
第五章　会议文件

第八节 重文体广告
第十一章 专用书信
第一节 求职书
第二节 推荐书
第三节 辞职信
第四节 倡议书
第五节 慰问信
第十二章 启事文书
第一节 招聘启事
第二节 活动启事
第三节 招生启事
第四节 征订启事
第五节 招商启事
第六节 展销启事
第七节 征文启事
第十三章 礼仪文书
第一节 欢迎、欢送词
第二节 答谢词
第三节 祝酒词
第四节 贺词
第五节 讣告
第六节 悼词
第七节 司仪文案
第十四章 科研论文
第一节 科研论文的概念与特性
第二节 论文作者应该具备的学术意识
第三节 科研论文的选题原则
第四节 科研论文的基本结构与写作要领
参考文献
后记

(17)《汉语国际教育导论》，傅其林、邓时忠、甘瑞瑗主编，重庆大学出版社，2015年版。

第一章 教育学、心理学及语言教学

第一节 教育学

夸美纽斯：《大教学论》(选读)

第二节 心理学

桑代克：《教育心理学》(选读)

第三节 语言教学

哈德利：《在语境中教语言》(选读)

第四节 第二语言教学

库玛：批判课堂的话语分析

第二章 汉语国际教育教师素质与能力

第一节 汉语基础知识

周小兵：汉语第二语言教学语法的特点

第二节 教师的学科意识与素养

陆俭明：汉语教员应有的意识

第三节 跨文化交际

Samovar, Porter, and Mc Daniel：《跨文化交际学》(选读)

第四节 课堂组织与管理

闻亭、常爱军、原绍锋：课堂管理概说

第五节 中国文化基础

Derk Bodde：中国文化建构的主导观念

第三章 汉语国际教育课堂教学

第一节 汉字与词汇教学

高本汉：《汉语的本质和历史》(选读)

第二节 听力教学

Meng Yeh：Enhance the Listening Comprehension in Mandarin：Designing Active Listening Activities

第三节 语法教学

陆俭明："对外汉语教学"中的语法教学

第四节 语音教学

石锋：汉语语音教学笔记

第五节 计算机网络辅助教学

Zheng-sheng Zhang：CALL For Chinese Issues And Practice

第六节 文化教学

吴伟克：The Pedagogy of Performing Another Culture

第四章　汉语国际教育教材
　　第一节　中国大陆汉语国际教育教材
　　　　李培元：基础汉语课本（选读）
　　第二节　美国汉语教材
　　　　The Routledge Course in Modern Mandarin Chinese
　　第三节　法国汉语教材
　　　　白乐桑：A Key to Chinese speech and writing
第五章　汉语作为第二语言的习得
　　第一节　北美学生汉语习得
　　　　温晓虹：主题突出与汉语存现句的习得
　　第二节　欧洲学生汉语习得
　　　　崔希亮：欧美学生汉语介词习得的特点及偏误分析
　　第三节　亚洲学生汉语习得
　　　　陈绂：日本学生书写汉语汉字的讹误及其产生原因
第六章　汉语国际教育的国别化概览
　　第一节　美国汉语教育
　　　　John B. Tsu，"The Teaching of Chinese in Colleges and Schools of the United States"
　　第二节　法国汉语教育
　　　　白乐桑：法国汉语教学历史沿革与现状
　　第三节　意大利汉语教育
　　　　图莉安：意大利汉学研究的历史（十九世纪之前）
　　第四节　韩国汉语教育
　　　　孟柱亿：韩国汉语教育的现状与未来
第七章　汉语国际教育水平测试与等级标准
　　第一节　汉语国际教育水平测试
　　　　刘珣：试谈汉语水平测试
　　第二节　汉语国际教育等级标准
　　　　《汉语水平等级标准与语法等级大纲》选读
第八章　汉语国际教育的历史、现状与未来
　　第一节　汉语国际教育历史
　　　　吕必松：《对外汉语教学发展概要》（选读）
　　第二节　汉语国际教育现状与未来

赵金铭：国际汉语教育研究的现状与拓展

(18)《跨文化交际》，刘荣、廖思湄主编，重庆大学出版社，2015 年版。

第一章 概论

第一节 跨文化交际的界定

一、跨文化交际与沟通能力

二、跨文化交际与人际关系

三、跨文化交际的表现形态

第二节 跨文化交际与跨文化交际学相关术语

一、异质文化

二、他者文化认同

三、文化信息编码

四、符号解码

第三节 跨文化交际学的发展及相关学科

一、跨文化交际学的发展

二、跨文化交际与人类学

三、跨文化交际与心理学

四、跨文化交际与传播学

五、跨文化意识的培养

（原典阅读）

Cross Cultural Communication：An Introduction to the Fundamentals

第二章 文化与交际

第一节 文化的概念和特征

一、文化的概念

二、文化的特征

三、文化的层次

第二节 交际的概念

一、基本概念

二、交际的特点

三、交际的方式

四、文化与交际

第三节 跨文化交际

一、跨文化交际的表现形式

二、跨文化交际的四个阶段

一、文化认同
二、社会认同
（原典阅读）
1. Culture Shock：Adjustment to New Cultural Environments
2. Immigration，Acculturation，and Adaptation

第八章　跨文化交际能力的培养
第一节　交际能力与跨文化交际能力
一、交际能力
二、跨文化交际能力
第二节　跨文化交际能力的基本要素
一、跨文化敏觉力
二、跨文化认知能力
三、跨文化行为能力
第三节　跨文化交际能力培养的途径
一、培养跨文化敏觉力
二、培养跨文化认知能力
三、培养跨文化行为能力
第四节　跨文化交际学科的发展前景
一、"跨文化"相关学科的增加推动跨文化交际的学科建设
二、多国跨文化交际合作研究促进跨文化交际的学科发展
三、全球新现象、新事物扩大跨文化交际研究范围
（原典阅读）
1. Intercultural Communication Competence：A Synthesis (Excerpt)
2. Recoming More Intercultural

2. 曹顺庆教授编著的"比较文学"系列教材

(1)《比较文学论》，曹顺庆等著，四川教育出版社，2002年版。

绪论　推动比较文学学科理论的建设
第一章　比较文学的定义与学派
第一节　比较文学的定义与实质
第二节　比较文学的可比性
第三节　比较文学的学派问题
第二章　影响研究

(2)《比较文学学》，曹顺庆主编，四川大学出版社，2005年版。

第三章　文学变异学
第一节　译介学
一、学科渊源与研究现状
二、译介学：翻译研究的新发展
三、基本内容与学科特征
四、研究意义与学科前景
第二节　形象学
一、学科定位及学科史概要
二、形象概念及形象学基本原理
三、当代形象研究的主要特点
四、形象研究的基本方法
五、形象学在中国及形象研究的新趋势
第三节　接受学
一、接受学的发展沿革
二、接受学与接受理论、影响研究的联系和区别
三、接受学的研究内容、方法与模式
四、接受学对于比较文学研究及其学科理论建设的意义
第四节　主题学
一、主题学与比较文学
二、从文学变异学理解主题学
第五节　文类学
一、文类的划分与文类学的研究简述
二、文类学的界定、研究范围和对象
三、异质性视野下的文类变异：文类学研究的新视阈
第六节　文化过滤与文学误读
一、文化过滤
二、跨文化文学交流中的文学误读
三、文化过滤与文学误读的关系
四、文化过滤和文学误读对比较文学学科建设的意义
第四章　总体文学学
第一节　总体文学
第二节　多元时代的总体文学
一、研究现状

二、全球化浪潮与多元化
三、关于“失语症”与“话语霸权”
四、多元化时代的总体文学
第三节 比较诗学与一般诗学
一、诗学和比较诗学
二、比较诗学追求的目标是一般诗学（总体诗学）
三、比较诗学的研究状况
四、跨文明语境下的比较诗学研究
第四节 文学人类学与总体文学
一、文学人类学发展概述
二、文学人类学的研究内容、方法和范式
三、全球化和多元化语境中的文学人类学
主要参考文献

(3)《比较文学教程》，曹顺庆主编，高等教育出版社，2010年版。

绪论
小引 无所不在的比较
第一节 比较文学的名称与实质
第二节 比较文学的定义与可比性
一、同源性
二、变异性
三、类同性
四、异质性与互补性
第三节 比较文学的基本特征与四大研究领域
一、比较文学的基本特征：文学跨越性研究
二、比较文学研究四大领域
第一章 实证性影响研究
第一节 流传学
一、流传学的定义、渊源和发展
二、流传学的实证性特征、研究范围及类型
三、流传学研究的模式和实例分析
第二节 渊源学
一、渊源学的定义和特征
二、从影响方式来看渊源学的研究方式

二、文学人类学的研究内容与方法

主要参考书目

后记

修订版后记

(4)《比较文学概论》(第二版),曹顺庆主编,中国人民大学出版社,2015年版。

第一章 什么是比较文学

第一节 比较文学的定义

第二节 比较文学的可比性

第三节 比较文学的基本特征与三大研究领域

参考例文(一)比较文学的名称与性质(节选)

参考例文(二)比较文学学科理论发展的三个阶段(节选)

第二章 影响研究

第一节 影响的类型

第二节 流传学

第三节 渊源学

第四节 媒介学

参考例文(一)巴尔扎克与中国作家

参考例文(二)东西文学影响渊源的典型个案——拉封丹《乌龟和两只野鸭》里的部派佛教文学因素

第三章 平行研究

第一节 类型学

第二节 主题学

第三节 文体学

第四节 比较诗学

第五节 文学人类学

第六节 跨学科研究

参考例文(一)德国和英国浪漫主义的对比(节选)

参考例文(二)道与逻各斯——中西文化与文论分道扬镳的起点

第四章 变异学研究

第一节 变异学学科的基本原理

第二节 文学的他国化研究

第三节 文化过滤与文学误读

（5）**马克思主义理论研究和建设工程教材《比较文学概论》（第二版），曹顺庆主编，高等教育出版社，2018年版。**

第二版后记

(6)《中西比较诗学》，曹顺庆著，中国人民大学出版社，2010年版。

绪论
小引
中西社会文化特征与中西诗学特色
第一部分　艺术本质论
　　小引
　　第一节　意境与典型
　　第二节　和谐与文采
　　第二节　美本身与大音、大象
第二部分　艺术起源论
　　小引
　　第一节　物感与摹仿
　　第二节　文道与理念
第三部分　艺术思维论
　　小引
　　第一节　神思与想象
　　第二节　迷狂与妙悟
第四部分　艺术风格论
　　小引
　　第一节　风格与文气
　　第二节　风骨与崇高
第五部分　艺术鉴赏论
　　小引
　　第一节　滋味与美感
　　第二节　移情、距离与出入
附录一　中国学派：比较文学第三阶段学科理论的建构
附录二　文化经典、文论话语与比较文学
附录三　中国文论话语及中西文论对话
第一版后记
再版后记
参考书目

(7)《世界文学发展比较史》（上、下），曹顺庆主编，北京师范大学出版社，2001年版。

（上册）

绪论　文学的纵向发展与横向发展

上编　古代文学

第一章　苏美尔、巴比伦、古埃及文学

第一节　苏美尔、巴比伦文学的纵向发展

第二节　苏美尔、巴比伦文学的横向发展

第三节　古埃及文学的纵向发展

第四节　古埃及文学的横向发展

第二章　印度古代文学

第一节　印度古代文学的纵向发展

第二节　印度古代文学的横向发展

第三节　中印文学关系

第三章　希伯来文学

第一节　希伯来文学

第二节　希伯来文学对欧洲文学的影响

第四章　古希腊、罗马文学与欧洲古代文学

第一节　古希腊文学

第二节　罗马文学

第三节　欧洲中世纪文学与文艺复兴时期文学

第四节　欧洲17至18世纪文学

第五节　古希腊、罗马文学与欧洲近现代文学关系

第五章　中国古代文学

第一节　中国古代文学的纵向发展

第二节　中国古代文学的横向发展

第三节　东亚文化圈的形成与东亚各国文学的比较

第六章　波斯、阿拉伯古代文学

第一节　波斯古代文学的纵向发展

第二家 阿拉伯古代文学的纵向发展

第三节　波斯、阿拉伯古代文学的横向发展

第四节　中国与阿拉伯文学关系

第七章　日本、朝鲜及东南亚古代文学

第一节　日本古代文学

（下册）

第四节　意大利文学的纵向发展
第五节　意大利文学的横向发展
第六节　比利时、荷兰文学

第五章　俄苏、东欧文学

第一节　俄苏文学的纵向发展
第二节　俄苏文学的横向发展
第三节　中俄文学关系
第四节　东欧文学
第五节　东西欧文学关系
第六节　中国与东欧、南欧文学关系

第六章　美国与加拿大文学

第一节　美国文学的纵向发展
第二节　美国文学的横向发展
第三节　中美文学关系
第四节　加拿大文学的纵向发展与横向发展

第七章　拉丁美洲文学

第一节　拉丁美洲文学概述
第二节　拉美文学与欧洲文学
第三节　中国与拉美文学关系

第八章　大洋洲文学

第一节　澳大利亚文学
第二节　新西兰文学

第九章　近现代及当代波斯、阿拉伯文学与西亚、非洲文学

第一节　波斯文学
第二节　阿拉伯文学（包括北非文学）
第三节　西亚与中亚文学
第四节　非洲文学
第五节　中国与阿拉伯文学关系

第十章　近现代及当代印度文学

第一节　印度文学的纵向发展
第二节　印度文学的横向发展
第三节　中国与印度文学关系

第十一章　近现代及当代中国文学

(8)《中西比较诗学史》，曹顺庆主编，巴蜀书社，2008年版。

(9)《比较文学学科史》，曹顺庆主编，巴蜀书社，2010年版。

緒論　比較文學學科理論發展的三個階段

第一編　歐洲的曙光

——以“法國學派”為代表的影響研究時期

第一章　歐洲比較文學學科史概述

第一節　歐洲比較文學學科史前史（古希臘—1800）

第二節　歐洲比較文學學科的形成和發展概述（1800—1950）

第二章　法國比較文學學科史及法國學派學科理論

第一節　學科形成的背景

第二節　學科發展史

第三節　學科理論

第三章　英國、德國及北歐比較文學學科史（1800—1950）

第一節　英國比較文學學科簡史

第二節　德國及北歐比較文學學科簡史

第三節　萊辛、歌德的比較文學學科史意義

第四章　義大利及南歐比較文學學科史

第一節　義大利及南歐比較文學學科簡史

第二節　克羅齊的比較文學學科史意義

第五章　俄國及東歐比較文學學科史

第一節　俄國比較文學學科史及其基本理論

第二節　東歐比較文學學科史及其基本理論

第二編　歐洲北美的崛起

——以“美國學派”為代表的平行研究時期

第一章　美國比較文學學科的形成

第一節　美國比較文學的學科萌芽

第二節　美國比較文學學科的確立

第三節　比較文學在美國的發展

第二章　美國學派學科理論的誕生

第一節　韋勒克的《比較文學的危機》與美國學派的誕生

第二節　美國學派代表人物及其比較文學觀

第三節　平行研究理論及美國學派對比較文學學科理論的貢獻

第四節　美國學派學科理論的局限

第五節　二十世紀末期以來美國比較文學的新發展

第三章　加拿大比較文學學科史

3.《中华文化》，曹顺庆主编，复旦大学出版社，2006年版。

三、多元一统

【经典选读】《周易·系辞》★《公羊传》《礼记·王制》★《论语·季氏》★《孟子·梁惠王》★《春秋繁露》[西汉]司马迁《史记·西南夷列传》[宋]欧阳修、宋祁《新唐书·突厥上》

四、大同世界

【经典选读】《礼记·礼运》★《太平经》[东汉]何休《春秋公羊经传解诂》[晋]陶渊明《桃花源记》[清]洪秀全《原道醒世训》[清]康有为《大同书》

五、士人传统

【经典选读】《论语·泰伯》★《孟子·尽心上》★《礼记·儒行》[南朝宋]范晔《后汉书》之《党锢传》★、《逸民传》[北齐]颜之推《颜氏家训》[南朝宋]刘义庆《世说新语》

六、学术源流

【经典选读】《庄子·天下》★司马谈《论六家要指》★《淮南子·要略》[东汉]班固《汉书·艺文志》★

七、儒家思想

【经典选读】《大学》★《中庸》★《论语》★《孟子》★

八、道家精神

【经典选读】《老子》★《庄子》★《列子》

九、兵家智慧

【经典选读】《十一家注孙子》★《孙膑兵法》《司马法》《尉缭子》《李卫公问对》[唐]李筌《太白阴经》[宋]陈规《守城录》

十、玄学思潮

【经典选读】[魏]王弼《周易略例》★《庄子》郭象注[南朝宋]刘义庆《世说新语》

十一、宗教信仰

【经典选读】《魏书·释老志》[唐]释道世《法苑珠林》[北宋]张君房《云笈七签》

十二、禅宗文化

【经典选读】《坛经》★[五代]释静、筠禅师《祖堂集》[宋]释普济《五灯会元》[元]德辉重编《百丈清规》

十三、理学心学

【经典选读】[唐]韩愈《原道》★[宋]周敦颐《周敦颐集》★[宋]程

颢、程颐《二程集》[宋] 张载《张载集》★[宋] 朱熹《四书章句集注》★《朱熹集》★[宋] 陆九渊《陆九渊集》★[明] 王守仁《王阳明全集》★《宋元学案》《明儒学案》

十四、礼乐教化

【经典选读】《周礼》★《仪礼》★《礼记》之《王制》★、《礼运》★、《乐记》★、《冠义》★、《昏义》★[宋] 朱熹《家礼》

十五、孝道文化

【经典选读】《孝经》★[汉] 戴德《大戴礼记》[汉] 安世高译《佛说父母恩难报经》[唐] 宗密《佛说盂兰盆经疏》[清] 朱硅（校）[清] 蒋予蒲（重订）《文昌孝经》附：[清] 陈少梅绘《陈少梅二十四孝图》

十六、科举制度

【经典选读】[唐] 杜佑《通典·选举典》★[宋] 郑樵《通志·选举略》[元] 马端临《文献通考·选举考》★ 附：八股文选（三篇）★

十七、学校教育

【经典选读】《礼记·学记》★[宋] 朱熹《白鹿洞书院揭示》★[元] 马端临《文献通考·学校考》附：[清] 张之洞《四川省城尊经书院记 》

十八、汉字源流

【经典选读】[东汉] 许慎《说文解字·叙》★[东汉] 班固《汉书·艺文志》★《周礼· 春官· 保氏》

十九、古典文论

【经典选读】《毛诗序》★[三国魏] 曹丕《典论·论文》[晋] 陆机《文赋》[南朝梁] 刘勰《文心雕龙》★[南朝梁] 钟嵘《诗品》[唐] 司空图《与李生论诗书》、《二十四诗品》[明] 李贽《童心说》[清] 李渔《闲情偶寄》

二十、诗词艺术

【经典选读】[清] 彭定求、杨中讷等编《全唐诗》唐圭璋编《全宋词》[南宋] 严羽《沧浪诗话》[清] 何文焕《历代诗话》

二十一、古代散文

【经典选读】《左传》★《史记》★[清] 严可均辑《全上古三代秦汉三国六朝文》[清] 姚鼐编《古文辞类纂》[清] 吴楚材等编《古文观止》

二十二、历代辞赋

【经典选读】[汉] 司马相如《子虚赋》★[魏] 曹植《洛神赋》★ 谢庄《月赋》★ 江淹《别赋》★

二十三、传统戏曲

【经典选读】［明］臧懋循《元曲选》［元］王实甫《西厢记》［元］高明《琵琶记》［明］汤显祖《牡丹亭》［明］徐渭《四声猿》［清］洪《长生殿》［清］孔尚任《桃花扇》

二十四、古典小说

【经典选读】［晋］干宝《搜神记》［晋］陶潜《搜神后记》［南朝宋］刘义庆《世说新语》［南朝梁］殷芸《小说》汪辟疆校录《唐人小说》张友鹤选注《唐宋传奇选》钟兆华《元刊全相平话五种校注》欧阳健、萧相恺编订《宋元小说话本集》《明代小说辑刊》《古本小说集成 》

二十五、史家传统

【经典选读】《左传》★《公羊传》★《 梁传》★［西汉］司马迁《史记·太史公自序》［唐］刘知《史通· 直书》［宋］欧阳修《欧阳修全集·正统论》［清］章学诚《文史通义·史德》★《四库全书总目· 史部正史类 一· 三国志》

二十六、金石之学

【经典选读】［宋］刘敞《先秦古器记·序》［宋］吕大临《考古图·序》宋代官修《宣和博古图》［宋］赵明诚《金石录·后序》［宋］欧阳修《集古录》卷九跋咸通十二年《唐孔府君神道碑》［宋］郑樵《通志·金石略序》★［清］叶昌炽《语石》［清］王昶《金石萃编·序》

二十七、琴棋书画

【经典选读】［东汉］蔡邕《琴操》［宋］张拟《棋经十三篇》［唐］孙过庭《书谱》［唐］张彦远《历代名画记》

二十八、古代科技

【经典选读】《周礼·考工记》《周髀算经》《九章算术》《黄帝内经》［宋］沈括《梦溪笔谈》［宋］李诫《营造法式》［明］宋应星《天工开物》［清］阮元编《畴人传》

二十九、天文历法

【经典选读】《尚书·尧典》★《大戴礼记·夏小正》［西汉］司马迁《史记》之《历书》、《天官书》［西汉］刘安《淮南子·天文》［东汉］班固《汉书·律历志》［唐］王希明《步天歌》［唐］瞿昙悉达《开元占经 》

三十、五行观念

【经典选读】《尚书·洪范》★《吕氏春秋·十二纪》《礼记·月令》［汉］董仲舒《春秋繁露》［汉］刘安《淮南子》之《天文》、《时则》［东汉］班固《汉书·五行志》［东汉］班固《白虎通德论》［隋］萧吉《五行大义 》

三十一、姓氏源流

【经典选读】《世本·氏姓篇》[汉] 班固《白虎通·姓名》[汉] 王符《潜夫论·志氏姓》[汉] 应劭《风俗通·姓氏》[唐] 林宝《元和姓纂》[宋] 郑樵《通志·氏族略》[清] 钱大昕《十驾斋养新录·姓氏》

三十二、古代女性

【经典选读】《礼记·内则》[汉] 刘向《列女传》、《续古列女传》[唐] 宋若莘、宋若昭《女论语》[唐] 陈邈妻郑氏《女孝经》[清] 爱新觉罗·福临《御定内则演义》

三十三、婚姻风尚

【经典选读】《周易·贲》★《诗经·卫风·氓》★《仪礼·士昏礼》★《礼记·昏义》★《白虎通义·婚娶》附：[宋] 孟元老《东京梦华录·娶妇》[清] 徐珂《清稗类钞·婚姻类》尚秉和《历代社会风俗事物考·婚娶》

三十四、图书文化

【经典选读】《周易·系辞》★ [东汉] 班固《汉书·艺文志序》★ [南朝宋] 范晔《后汉书·蔡伦传》[南朝梁] 阮孝绪《七录序》《广弘明集》卷三 [宋] 沈括《梦溪笔谈·伎艺》

三十五、敦煌文献

【经典选读】敦煌变文 [唐] 王梵志诗 [唐] 寒山诗 敦煌赋

三十六、游侠武术

【经典选读】《韩非子·五蠹》★ [西汉] 司马迁《史记·游侠列传》★ [东汉] 班固《汉书·游侠传》[汉] 荀悦《汉纪》[晋] 袁宏《后汉纪》★ [宋] 张耒《游侠论》

三十七、饮食服饰

【经典选读】《尚书·酒诰》《礼记》★ [北魏] 贾思勰《齐民要术》[唐] 陆羽《茶经》《后汉书·舆服志》《晋书·舆服志》《旧唐书·舆服志》《宋史·舆服志》《金史·舆服志》《元史·舆服志》《明史·舆服志》《清史稿·舆服志》《新唐书·车服志》附：[清] 李渔《闲情偶记》

三十八、传统节日

【经典选读】《礼记·郊特牲》《礼记·月令》[西汉] 司马迁《史记·天官书》[东汉] 应劭《风俗通义》[晋] 司马彪《续汉书·礼仪志》[南朝梁] 宗懔《荆楚岁时记》[宋] 孟元老《东京梦华录》[宋] 吴自牧《梦粱录》

三十九、养生文化

【经典选读】《黄帝内经·素问》《道德经》★《庄子》★《悟真篇》[晋]

葛洪《抱朴子·内篇》《周易参同契》《黄庭经》《坐忘论》《灵宝毕法》

四十、中外交流

【经典选读】［东汉］班固《汉书·西域传》［晋］法显《佛国记》［唐］玄奘、辩机《大唐西域记》［宋］赵汝适《诸蕃志》［元］周大观《真腊风土记》［明］严从简《殊域周咨录》［法国］沙里昂注《马可波罗行纪》［葡萄牙］曾德昭《大中国志》

下编：经典选读

经　部

一、群经之首——《周易》

乾

坤

屯

贲

井

系辞上（节录）

系辞下（节录）

二、皇极经世——《尚书》

虞书·尧典

周书·洪范

三、风雅初开——《诗经》

周南·关雎

周南·桃夭

邶风·柏舟

邶风·击鼓

卫风·硕人

卫风·氓

卫风·伯兮

王风·葛

郑风·将仲子

郑风·有女同车

郑风·子衿

郑风·溱洧

唐风・绸缪
秦风・蒹葭
豳风・七月
豳风・东山
小雅・鹿鸣
小雅・常棣
小雅・采薇
小雅・斯干
大雅・生民
周颂・载芟
商颂・玄鸟
毛诗序

四、礼乐文明——《周礼》、《仪礼》、《礼记》
周礼・天官冢宰・大宰（节录）
仪礼・士昏礼
礼记・王制（节录）
礼记・礼运（节录）
礼记・学记（节录）
礼记・乐记（节录）
礼记・中庸（节录）
礼记・大学（节录）
礼记・冠义
礼记・昏义

五、微言大义——《左传》、《公羊传》、《谷梁传》
春秋・隐公元年
齐桓公伐楚盟屈完（《左传・僖公四年》）
齐晋之战（《左传・成公二年》）
子产不毁乡校（《左传・襄公三十一年》）
吴子使札来聘（《公羊传・襄公二十九年》）
西狩获麟（《公羊传・哀公十四年》）
晋杀其大夫里克（《 梁传・僖公十年》）

六、华夏圣经——《论语》
学而（节录）

九、六经之门——《尔雅》

释诂（节录）

释训（节录）

释亲（节录）

释宫（节录）

释器（节录）

释乐（节录）

释天（节录）

释地（节录）

释水（节录）

释木（节录）

释虫（节录）

释鱼（节录）

释鸟（节录）

释兽（节录）

释畜（节录）

十、汉字渊薮——《说文解字》

说文解字·叙

史　部

一、史家绝唱——《史记》

五帝本纪

游侠列传

太史公自序·论六家要指

二、典雅博洽——《汉书》

艺文志（节录）

举贤良对策（节录）

三、激扬名教——《后汉书》

党锢列传（节录）

四、乱世争雄——《三国志》

蜀书·诸葛亮传（节录）

五、会通古今——《通典》、《通志》、《文献通考》

通典·选举典（节录）

通志·金石略序

文献通考·选举考（节录）

六、别识心裁——《文史通义》

史德

子　部

一、东方智慧——《老子》（节录）

二、战争艺术——《孙子兵法》

始计

谋攻

兵势

虚实

三、苦行天下——《墨子》

兼爱（中）

四、天籁之音——《庄子》

逍遥游

齐物论（节录）

人间世（节录）

德充符（节录）

大宗师（节录）

马蹄

在宥（节录）

天道（节录）

刻意（节录）

秋水（节录）

外物（节录）

列御寇（节录）

天下（节录）

五、人性批判——《荀子》

性恶

六、法家峻言——《韩非子》

五蠹

七、见性成佛——《坛经》（节录）

集　部

一、惊采绝艳——楚辞

离骚
九歌·湘夫人
九歌·东君
九歌·山鬼
天问（节录）
九章·思美人
九章·橘颂

二、辞采飞扬——赋
子虚赋（汉·司马相如）
洛神赋（三国·魏·曹植）
月赋（南朝·谢庄）
别赋（南朝·江淹）

三、得意忘言——《王弼集》
周易略例（节录）

四、衡文宝典——《文心雕龙》
原道
神思
知音
序志

五、文以载道——《韩愈全集》
原道
原性

六、太极主静——《周敦颐集》
太极图说

七、民胞物与——《张载集》
正蒙·乾称（节录）

八、格物穷理——《朱熹集》
观心说
仁说
白鹿洞书院揭示
附：四书章句集注·补大学格物致知传

九、六经注我——《陆九渊集》
与曾宅之

十、知行合一——《王阳明全集》

传习录（节录）

大学问

附：八股文三篇

禹恶旨酒（明·唐寅）

惟仁者为能以大事小（明·顾宪成）

终日乾乾与时偕行（清·方苞）

后记

4.《东方文论选》，曹顺庆主编，四川人民出版社，1996 年版。

绪论　东方文论的历史地位和理论价值

第一编　印度文论

概述

印度文论选

婆罗多牟尼《舞论》

婆摩诃《诗庄严论》

檀丁《诗镜》

阿难陀伐弹那（欢增）《韵光》

胜财《十色》

新护《舞论注》

曼摩吒《诗光》

毗首那他《文镜》

附录：埃哲布《画像量度经（绘画的特点）》

印度文论参考书目

第二编　阿拉伯文论

概述

阿拉伯文论选

《古兰经》

伊本·萨拉姆《名诗人的品级》

贾希兹《修辞与阐释》

伊本·古泰白《诗与诗人们》

伊本·穆阿泰兹《诗人的品级》

伊本·塔巴塔巴《诗之标准》

法拉比《诗书》

景戒《日本国现抱善恶灵异记上卷序》
仲雄王《文华秀丽集序》
空海《文镜秘府论》
菅原道真《新撰万叶集序》
纪长谷雄《延喜以后诗序》
纪淑望《古今和歌集真名序》
纪贯之《新撰和歌序》
任生忠岑《和歌体十种》
菅原文时《七言北堂〈文选〉竟宴，各咏句，得念贤士风》等三篇
藤原敦光《白居易祭文》
花园赤恒《纪贯成向花园赤恒详和歌策问对》
惟宗孝言《纳和歌集等于平等院经藏记》
藤原清辅《奥义抄》
藤原亲经《新古今和歌集序》
虎关师炼《济北诗话》
世阿弥《风姿花传》
林梅洞《史馆茗话》
契冲《万叶代匠记（精撰本）总释》
松尾芭蕉《书箱小文》等四篇
衹园南海《诗学逢源》
太宰春台《文论》、《诗论》
荷田在满《国歌八论》
江村北海《日本诗史》
与谢芜村《其雪影序》等四篇
山本北山《作诗志彀》
椿园主人《古今小说唐锦题辞》
浅井了意《伽婢子自序》等三篇
都贺庭钟《古今奇谈前编英草纸序》等二篇
建部绫足《西山物语序》等二篇
原田东岳《诗学新论》
本居宣长《石上私淑言》
皆川淇园《淇园诗话》

上田秋成《藤篓册子自序》等二篇
山东京传《樱姬全传曙草纸序》等二篇
泷泽马琴《读本朝水浒传并批评》
田能村竹田《山中人饶舌》
广濑淡窗《淡窗诗话》
内山真弓《歌学提要》
斋藤拙堂《拙堂文话》
津阪东阳《夜航余话》
菊池五山《五山堂诗话》
西岛兰溪《孜孜斋诗话》
海保渔村《渔村文话》、《渔村文话绪》
日本文论参考书目
第五编 朝鲜文论
概述
朝鲜文论选
李仁老《破闲集》
李奎报《白云小说》
崔滋《补闲集》
徐居正《东人诗话》
曹伸《謏闻琐录》
丁若镛《与犹堂全书》
成伣《慵斋丛话》等
曹伟《杜诗谚解序》
柳梦寅《於于野谭》
李晬光《芝峰类说》
申钦《晴窗软谈》
梁庆遇《霁湖诗话》
许筠《惺叟诗话》
金得臣《终南丛志》
南龙翼《壶谷诗话》
任璟《玄湖琐谈》
金万重《西浦漫笔》
洪万宗《诗话丛林订正》后记等

5.《比较文学变异学》，曹顺庆、王超等著，商务印书馆，2021年版。